W0094060

Edith Sitwell

Queen
Victoria

Societäts-Verlag

Titel des englischen Originals: Victoria of England
Deutsch von C. F. W. Behl

Nachdruck 1986
Societäts-Verlag · Frankfurter Societäts-Druckerei GmbH
Satzarbeiten Hans Janß, Pfungstadt
Druck und buchbinderische Verarbeitung May & Co.
Schutzumschlag Heinrich Müller
Printed in Germany 1986

ISBN 3 7973 0438 2

Inhalt

Vorwort

Mein Buch soll keineswegs eine umfassende Geschichte der Regierungszeit der Königin sein. Es will keine politischen Fragen erörtern, sondern nur ein Porträt der Königin und einiger ihrer Zeitgenossen zeichnen und bestimmte soziale Zustände schildern. Politische Fragen sind schon in anderen Werken von berufeneren Schriftstellern eingehend behandelt worden. Die Verfasserin ist dem verstorbenen Lytton Strachey zu großem Dank verpflichtet, da sein Buch notwendigerweise häufig benutzt wurde. Sie dankt den Verlegern seiner „Queen Victoria", Chatto & Windus und Harcourt, Brace & Co., für die bereitwillig erteilte Erlaubnis, aus seinem Werke zitieren zu dürfen. Außerdem schuldet sie Hector Bolitho und seinem Verlag, R. Cobden-Sanderson Ltd., und Roger Fulford und seinem Verlag, Gerald Duckworth & Co. Ltd., großen Dank, da ihr die ausgezeichneten Werke „Albert the Good" und „The Royal Dukes" als wertvolle Quellen dienten, – nicht zu vergessen E. F. Benson, dessen jüngstes Buch „Queen Victoria" (Longmans, Green & Co.) neues Licht auf verschiedene Ereignisse geworfen hat.

Obgleich die allen Darstellungen gemeinsamen Quellen auch für dieses Buch benutzt werden mußten, glaubt die Verfasserin doch, darauf Anspruch erheben zu dürfen, diese Quellen selbständig und von anderen abweichend verwertet zu haben. Wer über die Königin Victoria schreibt, muß ständig ihr Tagebuch und ihre Briefe heranziehen, und so ist es selbstverständlich, daß gewisse Stellen aus ihren Briefen in allen Büchern über ihr Leben auftauchen. Die Verfasserin dankt im Besonderen dafür, daß sie „The Letters of Queen Victoria" und „The Queen's Journal", beide bei John Murray erschienen, anführen durfte.

Sie dankt auch Owen Rattenbury und seinem Verlag, The

Epsworth Press, für viele wertvolle Informationen aus dem Buch „Flame of Freedoom". Sie dankt Walter Greenwood und seinem Verlag, Jonathan Cape Ltd., für die Genehmigung, aus „Love of the Dole" zu zitieren; ebenso Frank Hardie und der Oxford University Press für die Erlaubnis, „The Political Influence of Queen Victoria" benutzen zu dürfen. Für das Kapitel „Die Königin und der Poeta Laureatus" hat „Alfred, Lord Tennyson, A Memoir" von seinem Sohn Hallam Lord Tennyson als Quelle gedient. Das Buch „Modes and Manners of the Nineteenth Century" von Dr. Oscar Fischel und Max von Boehn (J. M. Dent & Sons, Ltd.) ist besonders für das Kapitel „Modischer Geist" benutzt worden.

Einige Stellen aus Briefen des Prinzgemahls durften „The Life of His Royal Highness the Prince Consort" von Sir Theodore Martin entnommen werden. Die Zitate aus „The Creevey Papers" und „The Life of Benjamin Disraeli, Earl of Beaconsfield" von W. F. Monypenny bzw. G. E. Buckle sind vom Verleger, John Murray, genehmigt.

Es wurden außerdem folgende Quellen benutzt:

Sir Sidney Lee: Queen Victoria. A Biography (John Murray). – General Grey: The Early Years of the Prince Consort (John Murray). – The Greville Memoirs. – Leaves from the Journal of our life in the Highlands (John Murray). – More Leaves from the Journal of a Life in the Highlands (John Murray). – Lytton Strachey: Eminent Victorians (Chatto & Windus). – Walter Sidney Sichel: Disraeli. A Study in Personality and Ideas (Methuen & Co.). – André Maurois: Disraeli. A Picture of the Victorian Age (John Lane, The Bodley Head Ltd.). – Lord Morley: The Life of William Ewart Gladstone (Macmillan & Co.). – Letters of Lady Augusta Stanley 1849–1863 (Gerald Howe Ltd.). – Early Victorian England, edited by G. M. Young (Oxford University Press). Verfassern und Verlegern spreche ich meinen verbindlichsten Dank für die freundliche Genehmigung aus, ihre Werke benutzen zu dürfen. Zu großem Dank bin ich Mr. Arnold Freeman verpflichtet, der mir seine einzigartigen Kenntnisse der sozialen Fragen zur Verfügung gestellt hat; ebenso Mr. Geoffrey Gorer und Dr. Peter Gorer, die mir viel Wissenswertes mitgeteilt haben.

Der Herzog von Kent stirbt

Es war am 22. Januar des Jahres 1820. Leise rauschte das trübe, graue Meer. Zu Sidmouth lag ein Mann von zweiundfünfzig Jahren auf dem Sterbebett. Sein einstmals volles, gerötetes Gesicht war jetzt gelb; seine dünnen Haare, einst glänzend schwarz gefärbt und stets sorgfältig gebürstet, waren wirr und verschwitzt; das Grau kam unter dem Schwarz zum Vorschein, und die Kopfhaut schimmerte durch.

Ein feuchter, heulender Wind blies durch ein offenes Fenster des Erdgeschosses und trieb Hunderte von ungeöffneten Rechnungen über den Boden. Oben im Zimmer war es ganz still, man hörte nur die Atemzüge des Sterbenden, die sich abmühten, so regelmäßig wie die Uhren zu gehen, deren Herstellung einst die Lieblingsbeschäftigung des Mannes gewesen war. Der Atem kam stoßweise und wurde immer schwächer. Bald würde die Zeit ganz stille stehen und mit ihr alle mathematische Genauigkeit. Unruhig wandte sich der Sterbende mit einer nur halb bewußten Bewegung zu der rundlichen, sonst so gesprächigen, pausbäckigen Frau, die jetzt blaß und still an seinem Bette saß. Mit äußerster Kraftanstrengung flüsterte er: „Vergiß mich nicht!" Sagte er dies wohl aus Zärtlichkeit, die zum Teil wenigstens echt war, aus Heuchelei oder aus Mitleid mit sich selbst, das ihm so oft Trost und Ausflucht gewesen war?

So laut rasselte jetzt sein ringender Atem, daß alles andere ausgelöscht war. Nichts blieb als dieses Röcheln und dieser letzte, armselige Ausbruch von Ichsucht oder Zärtlichkeit. In den wenigen Augenblicken, die ihm noch vergönnt waren, schwanden auch Zucht und Ordnung, die Leitsterne seines Lebens. Längst vergessen lag in seinem blutbefleckten Grab der Soldat, dem der Herzog von Kent als Oberbefehlshaber einst

9

für irgendeine unbedeutende Verfehlung neunhundertneunundneunzig Peitschenhiebe zudiktiert hatte. Längst vergessen war der Soldat Draper, den der Herzog wegen Fahnenflucht und Meuterei zum Tode verurteilt hatte, längst vorbei auch jener Trauerzug, der mit dem Herzog an der Spitze zwei Meilen vor die Tore von Quebec gezogen war. Der Soldat Draper mußte damals hinter den anderen Soldaten und seinem eigenen Sarge aufrecht im Leichenhemd einhermarschieren, während die Militärmusik Grablieder spielte. Als der Zug beim Galgen angelangt war, trat der Herzog vor, kündigte dem Soldaten Draper an, daß nun der schlimmste Augenblick seines Lebens gekommen sei, daß er binnen weniger Minuten vor dem Richterstuhle seines Schöpfers stehen werde, und – begnadigte ihn am Schluß einer unmäßig langen Rede. „Das aber war", so bemerkt der Biograph des Herzogs, Roger Fulford, „eine kostspielige Lektion: Sarg und Leichenhemd bildeten eine – übrigens recht grausige – Vermehrung der prinzlichen Schulden."

Ich weiß nicht, was aus dem Soldaten Draper wurde, ob er die Fallsucht bekam oder in ein Irrenhaus gesperrt wurde.

In wenigen Stunden stand jetzt vielleicht das mit Blut besudelte Gespenst eines oder mehrerer Soldaten auf und mit ihnen die schauerliche Gestalt eines aufrecht im Leichenhemd Dahinschreitenden, um den kraftlosen Mann da auf seinem Bett anzuklagen.

Der Sterbende aber dachte an all dies nicht, nur das Uhrwerk in seiner Brust war ihm wichtig. Vergessen war auch seine seltsame Freundschaft mit Owen, sein Eintreten für dessen Weltverbesserungsideen und sein Interesse für die Baumwollspinnereien am Ufer des Clyde, wo die Arbeiter anständig wohnten, wo man für ihre Bildung sorgte und die Schrecken der Kinderarbeit zu mildern suchte. „Ich weiß", soll sich der Herzog über die sozialistischen Theorien Owens geäußert haben, „daß eine Zeit größerer Gleichberechtigung für unser Menschengeschlecht anbrechen wird, eine Zeit der Gleichheit, die allen mehr Sicherheit und Glück bringen wird." Bei einer späteren Gelegenheit sagte er: „Ich bin durchaus von den Grundsätzen, dem Geist und den praktischen Auswirkungen des Systems überzeugt, das Sie zur Umformung des menschlichen Charakters, soweit überhaupt möglich, und zur Umformung des Menschengeschlechtes empfehlen. Ich bekenne mich auch durchaus zu den Grundsätzen, dem Geist und der praktischen Anwendbarkeit Ihrer Philosophie. Aber", so fuhr er bezeichnenderweise fort, „wir müssen mit Umsicht und Voraussicht vorgehen. Die Engländer sind ein ausgesprochen praktisches Volk, und die Gewohnheit hat großen Einfluß auf sie."

Es mag stimmen, daß sich der Herzog einige hundert Pfund von Owen geborgt hatte. Das ändert aber nichts an der Tatsache, daß er mit ehrlichem Wohlwollen an seinen Plänen Anteil nahm und die Spinnereien bei Lanark sogar mit der Herzogin hatte besuchen wollen. Nun aber lag er auf dem Totenbett, und der Besuch sollte niemals stattfinden. Auch das geliehene Geld wurde nie zurückgezahlt, obgleich der Herzog nach Owens Bericht ihm mehrmals nach seinem Tode erschien, um ihm wichtige Dinge anzuvertrauen. „Der Verkehr seines Geistes mit mir war sehr schön", versichert uns sein vertrauter Freund Owen. „Er bestimmte die Zeit der Zusammenkünfte selbst, und immer war der Geist auf die Minute pünktlich."

Man könnte sich vorstellen, daß diese Geisterbesuche von der Vorliebe des Herzogs für Kleinigkeiten herrührten, denn außer der etwas unbestimmten Mitteilung, daß er „nicht nur einer einzelnen Klasse, Sekte, Partei oder irgendeinem Lande, sondern der ganzen Menschheit in aller Zukunft zu nützen wünsche", scheinen sich seine Offenbarungen auf die Nachricht beschränkt zu haben, daß es in der Geisterwelt keine Titel gebe.

Der Herzog von Kent schenkte sein wohlwollendes Interesse nicht nur den Plänen Owens. Er förderte durch Stiftungen und tatkräftige Hilfe auch das Westminster-Hospital, die Hausfürsorge für bedürftige Wöchnerinnen, den Hilfsfonds für notleidende Schriftsteller und viele andere wohltätige Einrichtungen. Jetzt aber war er viel zu müde, um noch an die Wohltätigkeit denken zu können. Längst dahin, längst vergessen war auch die Wohnung in Montreal und das Haus in Ealing, in dem er siebenundzwanzig Jahre lang mit der treuen Madame St. Laurent gewohnt hatte. Nach dem Tode der Prinzessin Charlotte hatte er sie verabschieden müssen, um zu heiraten, einen Thronerben in die Welt zu setzen und sich von seinem dankbaren Vaterland die

Schulden bezahlen zu lassen. Wie geregelt war das Leben des königlichen Schuldenmachers in dem Hause zu Ealing gewesen, inmitten all des heiteren Lärms aus Käfigen mit künstlichen Singvögeln, aus Spieluhren und kleinen Orgeln mit tanzenden Pferdchen. Springbrunnen und Rieselbächlein trieben in den Wassergrotten ihr Spiel. Alles war so nett, spießig und ordentlich, und alles ging wie am Schnürchen. Die Haare der Lakaien wurden täglich von einem Friseur gepudert, der im Nebengebäude wohnte und dem einzig und allein diese Verrichtung oblag. Jeden Morgen beim Frühstück öffnete der Herzog feierlich die Teebüchse. Dabei sagte er einmal zu einem Gast: „Lassen Sie sich von mir einen Rat geben, Sie fangen ja erst mit dem Leben an: Dünken Sie sich nie erhaben über die unbedeutenden Kleinigkeiten. Was sind denn Kleinigkeiten? Jedenfalls niemals Dinge, die etwas mit unserer Behaglichkeit, Unabhängigkeit und Ruhe zu tun haben."

Trotz aller Behaglichkeit, Unabhängigkeit und Ruhe aber hatte der Herzog unendliche Schulden. Diese zwar sehr lästigen Schulden und sein Pflichtgefühl gegenüber seinem Lande veranlaßten ihn noch zwei Jahre vor seinem Tode zu einer angenehmen Heirat. Prinzessin Charlotte, die Thronerbin, war tot; vom Prinzregenten war kein neuer Thronerbe zu erwarten; der Herzog von York war kinderlos, und der Herzog von Clarence schien nicht heiraten zu wollen. Mußte sich da nicht der Herzog von Kent opfern und England zu einem Thronerben verhelfen, zumal wenn er berücksichtigte, daß der Herzog von York seit seiner Heirat jährlich 25 000 Pfund bekam?

Unglücklicherweise wählte er sich für dieses Vorhaben als Vertrauensmann den schlauen, gehässigen und boshaften Creevey [1], ich nehme an, weil er durch ihn die Angelegenheit in einflußreichen Kreisen verbreitet wissen wollte. Die Besprechung zwischen dem Herzog und Creevey fand in Brüssel statt. Der Herzog leitete sie mit einem Geplauder über Nichtigkeiten ein, wechselte dann plötzlich das Thema und kam auf den wichtig-

---

[1] Creevey (1768–1838), englischer Politiker, gehörte der Whigpartei an, zeichnete sich durch scharfen Intellekt und große gesellschaftliche Fähigkeiten aus; er führte 36 Jahre lang ein Tagebuch. (Anmerk. des Übersetz.)

sten Punkt zu sprechen. Mit düsterer Stimme wies er darauf hin, daß die königliche Familie ihm das große Opfer, für einen Thronerben zu sorgen, wohl nicht ersparen werde. „Falls der Herzog von Clarence nicht heiratet, bin ich der nächste Thronanwärter. So bereit ich auch jederzeit bin, einem Ruf meines Landes zu entsprechen, so weiß doch nur Gott allein, welch großes Opfer es für mich wäre, dem Gebot der Pflicht zu folgen und zu heiraten. Seit siebenundzwanzig Jahren lebe ich nun schon mit Madame St. Laurent. Wir sind Altersgenossen und haben überall in Freud und Leid zusammengehalten. Sie können es mir vielleicht nachfühlen, Mr. Creevey, wie schwer mir eine Trennung von ihr fallen würde. Stellen Sie sich doch nur einmal vor, Sie müßten sich von Mrs. Creevey trennen. Was übrigens aus Madame St. Laurent wird, wenn ich zur Heirat gezwungen wäre, weiß ich nicht. Schon der bloße Gedanke daran hat sie aufs höchste erregt." Eines Morgens, wenige Tage nach Prinzessin Charlottes Tod, konnte man beim Frühstück im „Morning Chronicle" eine Andeutung über eine Heirat des Herzogs von Kent lesen. Als der Herzog wie gewöhnlich Madame St. Laurent die Zeitung über den Tisch zugeworfen und sich dann daran gemacht hatte, seine Briefe zu lesen, wurde er, wie er zu Creevey sagte, durch ein krampfhaftes Schluchzen aufgeschreckt. „Einen Augenblick machte ich mir ernsthaft Sorge um Madame St. Laurents Gesundheit. Als sie sich wieder erholt hatte und ich mich nach dem Grund der Erregung erkundigte, zeigte sie auf die Notiz im ‚Morning Chronicle'." Der Herzog hielt einen Augenblick inne, dann sprach er weiter, und aus seiner Stimme klang Pflichtbewußtsein und edle Selbstaufopferung: „Der Herzog von Clarence ist mein älterer Bruder und hat zweifellos das Recht zu heiraten, wenn es ihm paßt. Ich würde ihm dabei gewiß nicht in die Quere kommen. Wenn er König werden, heiraten und Kinder in die Welt setzen will, der Ärmste, dann mag er es in Gottes Namen tun. Ich für mein Teil habe keinen Ehrgeiz und will bleiben, was ich bin... Ostern fällt in diesem Jahre wohl sehr früh, auf den 22. März. Falls der Herzog von Clarence bis dahin nichts unternimmt, muß sich Madame St. Laurent an den Gedanken gewöhnen, daß ich für kurze Zeit nach England gehen muß. Bin ich erst einmal drüben, so kann ich mit meinen Freunden die notwendigen Maßnahmen besprechen. Macht der Herzog von Clarence bis dahin keine Miene zu heiraten, so erachte ich es als meine Pflicht, selbst etwas zu unternehmen."

Hinsichtlich seiner Brautwahl schien der Herzog noch unschlüssig, ob er die Prinzessin von Baden oder die Prinzessin von Sachsen-Coburg nehmen sollte. Letztere sagte ihm mehr zu, da ihr Bruder, der Witwer der Prinzessin Charlotte, beim englischen Volk sehr beliebt war. Aber, welche Braut er auch wählen mochte, er hoffte, nein, erwartete, daß die dankbare Nation Madame St. Laurent gerecht behandeln werde. Denn sie stammt, so versicherte er Creevey, aus sehr guter Familie und ist nie Schauspielerin gewesen. „Ich bin der erste und einzige, mit dem sie zusammengelebt hat", sagte er. „Ihre Selbstlosigkeit war ebenso groß wie ihre Treue. Als sie zu mir kam, erhielt sie 100 Pfund jährlich. Dieser Betrag wurde später auf 400 und schließlich auf 1000 Pfund erhöht. Aber als ich für meine Schulden einen großen Teil meines Einkommens opfern mußte, bestand sie darauf, daß auch ihre Bezüge wieder auf 400 Pfund jährlich herabgesetzt würden. Wenn Madame St. Laurent wieder unter ihresgleichen leben soll, muß sie äußerlich unabhängig sein, damit sie eine geachtete Stellung hat. Ich werde nicht viel für sie verlangen, aber einige Dienstboten und eine Equipage sind unbedingt nötig." Nun kam der Herzog auf das wichtigere Thema, nämlich seine eigene Versorgung, zu sprechen. Er erklärte, daß die dem Herzog von York nach seiner Heirat gezahlte Summe als Richtschnur zu dienen habe, denn auch dieser habe im Interesse der Thronfolge geheiratet. „Er erhielt nur aus diesem Grunde ein zusätzliches Einkommen von 25 000 Pfund jährlich. Ich würde mich mit der gleichen Regelung zufriedengeben und keinen Ausgleich für den Unterschied des Geldwertes von 1792 und heute verlangen. Was die Begleichung meiner Schulden anlangt", setzte der Herzog hinzu, „so sind sie nicht erheblich zu nennen. Im Gegenteil: die Nation ist in hohem Maße meine Schuldnerin."

Als er geendet hatte, schlug eine Uhr und erinnerte den Herzog an eine andere Verabredung. Er erhob sich, und Creevey eilte nach Hause, so schnell ihn seine Beine trugen. Er war ganz aufgeregt und seine Freude war grenzenlos. Hier hatte er wirklich einmal einen herrlichen Brocken höchst bedeutsamen Klatsches erwischt! Nachdem er dem Herzog von Wellington die Neuigkeit in aller Eile zugetragen hatte, schrieb er an Lord Sefton. Der Brief traf in dem Augenblick ein, als ein Wundarzt die Blase seiner Lordschaft nach Steinen untersuchte. „Nie habe ich jemanden so verdutzt gesehen, wie diesen Mann", schrieb der Patient in seiner Antwort auf Creeveys aufsehenerregende Neuigkeit, „als ich gleich nach der Operation loslachte. Es geht doch nichts über die Naivität des erlauchten Eduard. Man weiß wirklich nicht, was man mehr bewundern soll, seine zärtliche Liebe zu Madame St. Laurent, seine edlen Gefühle für den Herzog von Clarence oder seine Uneigennützigkeit in Geldsachen." Leider war der Herzog nämlich trotz all seiner selbstbewußt zur Schau getragenen Tugenden nicht beliebt. Der Herzog von Wellington konnte ihn nicht leiden und nannte ihn den „Korporal". Seine Brüder mochten ihn noch weniger; sie nahmen es ihm übel, daß er, der von ihrer eigenen moralischen Haltung nur um ein geringes abwich, dabei doch ständig hochtrabende Moralsprüche im Munde führte. Seine Schwestern teilten diese Gefühle. „Wissen Sie, wie seine Schwestern ihn nennen?" sagte laut wiehernd der Herzog von Wellington zu Creevey. „Joseph Surface[1]!" Der Prinzregent hatte diesen Spitznamen für seinen Bruder übernommen und nannte ihn außerdem: Simon Pure[2].

Der Herzog heiratete pflichtgemäß, und die neue Herzogin geriet aus einer Armut in die andere. Die Hochzeit fand am 29. Mai 1818 zu Amorbach nach lutherischem Brauch statt. Eine zweite Feier wurde am 11. Juli in Kensington in Anwesenheit der Königin Charlotte, des Prinzregenten und anderer Mitglieder der königlichen Familie abgehalten. Es war ein seltsames Zusammentreffen, daß zwölf Tage nach der Hochzeit der Herzog von Clarence dem Beispiel seines Bruders folgte und die Tochter

---

[1] Joseph Surface ist eine Figur in Sheridans „School for Scandal", etwa: der scheinheilige Joseph. (Anmerkung des Übersetzers.)

[2] Simon Pure ist ein pennsylvanischer Quäker in Mrs. Centlivre's Komödie „A bold stroke for a wife". Der Name bedeutet etwa: der wahre Jakob. (Anmerkung des Übersetzers.)

des Herzogs von Sachsen-Meiningen heiratete. Leider ist keinem der beiden aufopferungsvollen Männer die Märtyrerkrone zuteil geworden: die im Unterhaus eingebrachten Anträge auf Erhöhung ihrer Bezüge wurden mit großer Mehrheit abgelehnt, – zur Freude des Herzogs von Wellington, der aber durchaus nicht erstaunt darüber war. „Weiß Gott", sagte er zu Creevey, „es ließe sich viel darüber sagen. Sie sind die verdammtesten Mühlsteine, die sich eine Regierung um den Hals hängen kann. Sie haben zwei Drittel aller englischen Gentlemen beleidigt, und zwar persönlich. Da ist es kein Wunder, daß diese sich im Unterhause rächen. Es ist ihre einzige Gelegenheit, und, weiß Gott, sie tun recht daran, sie auszunutzen." Schließlich gab jedoch das Parlament nach und erhöhte die Bezüge des Herzogs von Kent um 6000 Pfund. Und noch ein Trost: Madame St. Laurent fiel keinem zur Last und kostete kein Geld. Sie verzichtete auf Equipage und Dienerschaft, zog sich hinter Klostermauern zurück und machte dem Herzog keine Sorgen mehr.

Der neue Haushalt begann nicht sehr vielversprechend. Die Herzogin Victoria Marie Luise, Prinzessin von Sachsen-Koburg-Saalfeld, war an Armut gewöhnt, aber an eine Armut anderer Art als die ihres zweiten Mannes, des Herzogs von Kent. Sie war eine Schwester des Prinzen Leopold, des Witwers der Prinzessin Charlotte, und hatte mit siebzehn Jahren den ältlichen, verarmten, aber großartig auftretenden Fürsten von Leiningen geheiratet. Ihr Vater und ihr Gatte waren beide gleich arm. Drei Jahre nach ihrer Heirat starb ihr Vater, ein durch seine Freigebigkeit und Verschwendungssucht völlig zugrunde gerichteter Mann. Unglück auf Unglück war über ihn hereingebrochen, und die Franzosen hatten sich des Herzogtums Sachsen-Koburg bemächtigt. Strachey berichtet in seiner „Queen Victoria", daß die „herzogliche Familie an den Bettelstab gebracht war und fast verhungerte". Prinz Leopold, der ebenso warmherzige wie vorsichtige, ehrgeizige und weitblickende Mann, hatte seit seinem 15. Lebensjahre für sich selbst sorgen müssen. Er tat es mit großem Erfolg und verband Liebe mit Ehrgeiz, als er die englische Thronerbin heiratete. Seine Schwester, die Fürstin von Leiningen, mußte unter dem Druck der ärmlichen Verhältnisse und an der Seite eines untätigen, willenlosen Mannes große

Charakterfestigkeit, um nicht zu sagen, Hartnäckigkeit an den Tag legen, mit der sie später König William IV. zur Verzweiflung brachte. Als ihr Gatte nach elfjähriger Ehe starb, blieb sie mit zwei Kindern zurück, der Prinzessin Feodora und dem Fürsten Karl. Da ihr bisheriges Leben Herrscherfähigkeiten in ihr entwickelt hatte, regierte sie das Fürstentum nicht ohne Erfolg. Nun aber wurde sie eine ebenso tüchtige Frau für den Herzog von Kent. Ohne zu klagen, zog sie mit ihm von Land zu Land, von Deutschland nach England, von England nach Belgien und wieder zurück, wie es gerade der Ehrgeiz oder die Schuldenlast des Herzogs verlangten, immer munter, rührig und redselig, eine kleine gedrungene Gestalt mit rosigen Wangen, braunen Augen und Haaren, in farbenprächtigen Samt und schönste Seide gekleidet. Sie kam in guter und in schlechter Stimmung stets wie ein Sturmwind mit flatternden Federn und raschelnder Seide dahergesaust und reizte damit in späteren Jahren ihren Schwager, König William, der sie sowieso nicht leiden konnte.

Das herzogliche Paar kehrte nach einigem Kreuz und Quer auf das Schloß der Herzogin in Amorbach zurück. Hier beschäftigte sich der Herzog damit, die englischen Arbeitertrupps zu beaufsichtigen, die das Schloß für ihn umbauen sollten (er hatte dafür ein Darlehen von 10000 Pfund aufgenommen). Nebenher erzog er die Lakaien zu militärischer Pünktlichkeit, machte Uhren, verschloß die Teebüchse und hatte andere wichtige Pflichten. Kaum hatte er sich an dieses geruhsame Leben gewöhnt, als die Herzogin ihm eines Tages eröffnete, daß sie ein Kind erwarte. Und nun begann das Umherziehen von neuem. Hatte nicht ein Zigeunerweib in Gibraltar prophezeit, daß der Herzog zwar ein Leben voller Wechselfälle führen, aber als glücklicher Mann sterben und daß sein einziges Kind dereinst eine große Königin sein werde? Wenn das aber stimmte, dann mußte dieses Kind in England geboren werden. Die Herzogin von Clarence und die Herzogin von Cambridge mochten nur ruhig ihre Kinder in Hannover zur Welt bringen, sein Kind sollte in England das Licht der Welt erblicken.

Das Reisegeld war allerdings vorerst nicht vorhanden, denn der Regent trug kein Verlangen nach seinem Bruder, und Prinz Leopold konnte ihm nicht helfen. Schließlich schickte der Vermögensverwalter des Herzogs etwas Geld, das aber nicht dazu ausreichte, um auf der Reise standesgemäß aufzutreten. Ein Reisewagen wurde gemietet, und im April machte sich, wie ein englischer Augenzeuge schildert, eine „unglaublich seltsame Karawane" auf, knapp zwei Monate vor der Niederkunft der Herzogin. Auf dem Bock saß der Herzog und schwang die Zügel, drinnen befanden sich die Herzogin, ihre Tochter Feodora, eine Amme, eine Zofe und die heißgeliebten Schoßhündchen und Singvögel der Herzogin. So ging es holpernd über steinige Landstraßen weiter und weiter. Die Reise war langwierig, anstrengend und unbequem, die Gasthöfe waren unerträglich, die Überfahrt war sehr stürmisch. Mitte April aber langte man schließlich doch in Kensington an, wo der Empfang durch den Prinzregenten nicht gerade herzlich war.

Durch nichts aber war des Herzogs Vertrauen auf die Dankbarkeit seines Landes zu erschüttern, so sehr er sich über die Undankbarkeit seines Bruders beklagen mochte. „Ich hoffe", schrieb er an einen Freund, „daß meine Landsleute das große Opfer und die große Anstrengung, die die Herzogin mit einer Reise so kurz vor ihrer Niederkunft auf sich genommen hat, zu würdigen wissen . . . Was die Glückwünsche von einer gewissen Seite, auf die Sie anspielen, betrifft, so ließe sich manches darüber sagen. Da ich aber Eintracht und Frieden wünsche, lasse ich lieber die Welt in dem Glauben, daß zwischen uns die größte Herzlichkeit herrscht."

Am 24. Mai 1819 gebar die Herzogin von Kent eine Tochter. Der Herzog schrieb: „Die Tatsache, daß dieses Kind kein Sohn, sondern eine Tochter ist, veranlaßt mich zu der Erklärung, daß ich Empfindlichkeiten deswegen nicht teile. Ich bin der Überzeugung, daß die Ratschlüsse der Vorsehung immer die weisesten und besten sind."

Leider sollte der Herzog nie erfahren, ob ihm das Vaterland dankbar war oder nicht. Der Regent war nämlich erzürnt, daß ihm, so bald nach Prinzessin Charlottes Tod, seine Unfähigkeit, einen Thronerben zu liefern, vor Augen gehalten wurde. Wütend über die eitle Genugtuung seines Bruders, verbot er jede öffentliche Kundgebung. Bei der Taufe, die am 24. Juni im großen Saal des Kensington-Palastes stattfand, spielte er die Rolle der bösen Fee. Durch seine prunkvolle Kleidung und sein auffälliges Benehmen überstrahlte er das goldene Taufbecken, das aus dem Königsschatz im Tower herbeigeschafft worden war; auch die roten Samtvorhänge, die man eigens aus dem Ausland hatte kommen lassen, kamen neben ihm nicht zur Geltung. Man konnte aber sehen, daß er sich über irgend etwas ärgerte. Die Augen, mit denen er seinen Bruder und seine Schwägerin anstarrte, schienen mehr als sonst vorzuquellen, die Tränensäcke waren dicker und röter denn je, – ein untrügliches Zeichen! Er hatte bereits ohne Rücksicht auf die Eltern angekündigt, daß auch Zar Alexander von Rußland Pate sein werde, und erschien bei der Taufe in der festen Absicht, den Herzog auf jede erdenkliche Weise zu ärgern. Als der Erzbischof von Canterbury fragte, welchen Namen das Kind erhalten solle, antwortete der Regent: „Alexandrina", worauf der Herzog schleunigst erwiderte, daß ein Name keineswegs ausreiche. Der Regent pflichtete ihm milde bei und setzte hinzu: „Georgina": „Oder Elisabeth", meinte der Herzog, wobei er an ein bestimmtes Zeitalter dachte. Das ging zu weit! Das Gesicht des Regenten sah unheildrohend aus. Wollte man auf diese dreiste Art etwa auf die Zukunft des Kindes anspielen? Es entstand eine peinliche Pause, dann sagte der Regent: „Also schön, nennt sie nach ihrer Mutter! Aber zuerst kommt Alexandrina!"

Der Zwischenfall war vorüber, nicht aber der Verdruß für den Herzog, denn der Prinzregent übersah weiterhin seine Ansprüche auf die Dankbarkeit des englischen Volkes. Das zeigte sich schließlich so deutlich, daß der fürsorgliche Prinz Leopold sich erbot, seiner Schwester, ihrem Gatten und ihren Kindern das Geld für die Rückreise nach Amorbach zur Verfügung zu stellen. Aber der Herzog wies dieses Anerbieten mit Entschiedenheit zurück. Seine Tochter war jetzt, nachdem das Kind der Herzogin von Clarence einige Stunden nach der Geburt gestorben war, die Thronerbin von England und sollte unter allen Umständen bis zu ihrer Entwöhnung in England bleiben. Er deutete an, daß sich die Familie dann voraussichtlich nach Deutschland zurückziehen würde, falls man bis dahin nicht mehr Verständnis für ihre Dienste aufbrächte.

Unterdessen erwartete fernab im gelben Schloß zu Rosenau,

am Fuße der dunklen Tannenberge des Thüringer Waldes, die junge Herzogin von Sachsen-Koburg die Geburt eines Kindes. Wie friedlich und feierlich doch alles in dem lieblichen Augustlicht aussah, dachte die Herzogin. Sie blickte durch die blumenumrankten Fenster ihres Zimmers mit den nachgeahmten Empiremöbeln auf die von der späten Nachmittagssonne beglänzten Buchen, Rüstern und Eichen, sie sah den klaren Wasserfall und den Fluß, die Gärten mit üppigen Rosen, die stillen Felder und die gravitätischen Störche. Die Herzogin-Witwe schrieb an ihre Tochter in England: „Luise hat hier viel mehr Bequemlichkeit für ihre Niederkunft als in Koburg. Die Stille in diesem Hause, die nur vom Plätschern des Wassers unterbrochen wird, ist so wohltuend . . ., keiner hatte daran gedacht, wie laut es im Koburger Schloß ist, wie die Kinder dort schreien und die Wagen durch die Straßen rattern."

Am 26. August 1819, um 6 Uhr früh, erblickte ein kleiner Junge „mit fröhlichen Augen" das Licht der Welt, und sieben Wochen später schrieb die Herzogin an ihre beste Freundin, Augusta von Studnitz, die Tochter des Präsidenten von Studnitz in Gotha: „Du solltest ihn nur einmal sehen! Er ist wie ein Engel, mit blauen Augen, einer schönen Nase, einem kleinen Mund und Grübchen in den Wangen. Er ist freundlich, lacht immerzu und ist schon so groß, daß ihm ein Mützchen, das Ernst mit drei Monaten trug, zu klein ist, und dabei ist er erst sieben Wochen alt."

In ihrer Freude rief die alte Herzogin: „Er ist das Seitenstück zu seiner niedlichen Kusine!"

Die Zeit verging, während es in England für den Herzog und die Herzogin von Kent immer unerträglicher wurde. Anfang Dezember fand der Herzog, daß es klüger sei, mit seiner kleinen Familie nach Sidmouth in ein gemietetes Haus zu übersiedeln, damit „die Herzogin warme Seebäder nehmen und unser Kind die Seeluft genießen kann". Außerdem aber – doch darüber schwieg er sich aus –, weil er sich den Blicken seiner Gläubiger entziehen wollte. Er selber hatte, so erklärte er, die Seeluft nicht nötig. Er fühlte sich so gesund, daß er von seinen Brüdern immer sagte: „Die überlebe ich alle. Die Krone wird mir und meinen Kindern zufallen."

Das neue Jahr brach an, und der Herzog, der von jeher abergläubisch gewesen war, entsann sich einer anderen Weissagung der Zigeuner: daß nämlich im Jahre 1820 zwei Mitglieder der königlichen Familie sterben würden. Nun ja, der König war ein verlorener Mann; die Herzogin von York war schwerkrank, und seine Brüder hatten ein äußerst zügelloses Leben geführt. „Ich überlebe sie alle!" wiederholte er. An einem milden, trügerisch warmen und feuchten Januartage erstieg er Peak's Hill und genoß von oben die Aussicht. Seenebel stiegen auf, hüllten ihn ganz ein und legten sich ihm schwer auf die Brust. Konnte man von einem so überströmend lebensvollen und robusten Mann erwarten, daß er eine Erkältung ernst nehme? Der Herzog war dazu viel zu ungeduldig, die Erkältung wurde nicht beachtet und griff auf die Lunge über. Nun lag er in dem gemieteten Hause auf dem Sterbebett, und das unregelmäßige Ticken der Uhr in seiner Brust wurde immer schwächer. Prinz Leopold und sein treuer Freund, der junge Doktor Stockmar, waren an sein Krankenlager geeilt. Der Prinzregent schickte Scharen von Ärzten und Boten. Aber alles war vergebens. Alles war jetzt trübe und kalt wie der Seenebel. Nichts außer dem Uhrwerk in seiner Brust war dem Herzog von Kent wichtig, dies und der Wunsch, nicht vergessen zu werden „Vergiß mich nicht!" murmelte er, „Gott sei meiner Frau und meinem Kinde gnädig und vergebe mir meine Sünden!"

Im Laufe der Nacht verlor er das Bewußtsein. Beim Morgengrauen war der seltsame Mischling zweier Jahrhunderte tot. In ihm hatten sich warme Zärtlichkeit und kalte Selbstsucht, strenge Zucht, natürliche Hilfsbereitschaft, Fürsorge für die Armen, Sichgehenlassen, Selbstgerechtigkeit, Heuchelei und ein weiter Blick vereinigt.

Prinz Leopold bezahlte die Beerdigungskosten und den Umzug seiner verwitweten Schwester und seiner kleinen Nichte in den Kensington-Palast.

Erste Kinderjahre

Am 24. Mai des Jahres 1829 spazierte ein alter Herr gemächlich durch das schattige Grün, das zwischen dem Kensington-Palast und den frischen, leuchtend bunten Gemüsegärten liegt. Er war müde von der Hitze, obwohl es noch früh am Tage war. Ein helles Lachen ließ den alten Herrn aufhorchen. Durch eine duftende Rosenhecke erblickte er ein kleines Mädchen, das einen kleinen Garten begoß. Es trug einen schützenden Strohhut über dem freundlichen, offenen, schlichten Gesicht und hatte ein gestopftes weißes Baumwollkleid an. Wie ein Vogel hüpfte es hin und her, bis das Kleid vom Tau ganz naß war. Es gab dabei viel zu lachen, und aus der Gießkanne strömten Wasserfluten, die vom Widerschein der Apfelzweige grün waren. Man hörte jemanden sprechen und zärtlich schelten. Eine Dame saß hochaufgerichtet unter dem Apfelbaum, das grüne Licht huschte spielend über ihr dunkles, spitzes Papageiengesicht. Aus einem der oberen Schloßfenster hörte man jemanden rufen: „Baronin Lehzen! Baronin Lehzen!" Die dunkle Gestalt erhob sich, klappte ihr Buch mit einem Knall zu, schob das Kind vor sich her und kehrte mit ihm zum Schloß zurück. Das war die Baronin Lehzen, die freundliche, strenge, wachsame Lehzen, die nichts wußte und alles erriet, die schwatzhafte Lehzen, die für Verschwiegenheit schwärmte und wie ein unscheinbarer Papagei aussah. Ihren scharfen, schwarzen Augen entging nicht die kleinste Schwäche der Ehrendamen, ihre spitzen, dünnen Lippen waren eingekniffen, weil sie ständig Kümmel kaute. Ihren Kopf mit den glänzend schwarzen Haaren hielt sie ein wenig schief, damit ihre scharfen Ohren jedes Geflüster, jeden Klatsch über ungehöriges Betragen auf den Hintertreppen und hinter den verschlossenen Läden der hohen Schloßzimmer auffangen konnten. Sie, die Tochter eines armen deutschen Pastors, wohnte nun in einem Schloß als Erzieherin einer kleinen Prinzessin mit einem gestopften Kleid, die eines Tages Königin werden sollte. Außerdem war sie Baronin. Eines Tages nämlich war es auf Grund der unsagbaren Unwissenheit der guten, treuen Lehzen nötig geworden, ihr für die Erziehung der Prinzessin eine gebildete Person an die Seite zu stellen. Damit sich die gute Seele nun nicht allzu verletzt fühlen sollte, hatte Prinzessin Sophie dem König Georg IV. vorgeschlagen, sie in Anerkennung ihrer Dienste zur hannoverschen Baronin zu machen. Das war denn auch geschehen, und die Lehzen wurde, soweit dies möglich war, noch redseliger. Sie gefiel sich in einem unaufhörlichen Geplätscher seichter Unterhaltung und vertilgte Unmengen von Kümmelkörnern, die ihr in geheimnisvollen kleinen Päckchen aus Deutschland geschickt wurden. Die Ehrendamen machten sich über die Kümmelkörner lustig, und die Lehzen, die in diesem Punkte empfindlich war, rächte sich, indem sie sie bei jeder Gelegenheit verklatschte.

Die kleine Prinzessin lief, begleitet von den Ermahnungen der Lehzen, über den betauten Rasen und verschwand im Schloß. Heute fielen glücklicherweise die langsam dahinschleichenden Schulstunden aus; denn sie hatte Geburtstag. Wie hatte sie sich über all ihre Geschenke gefreut und über den Brief von ihrer Halbschwester, der reizenden, lustigen Prinzessin Feodora, die jetzt mit dem Prinzen Hohenlohe verheiratet war. „Hätte ich Flügel", so stand in dem Brief, „dann könnte ich wie ein Vogel fliegen und käme heute als Rotkehlchen durch Dein Fenster, um Dir viel Glück und Segen zum vierundzwanzigsten zu wünschen und Dir zu sagen, wie lieb ich Dich habe, Du liebe Schwester. Ich wäre ja so gerne bei Dir. Aber was würde wohl der arme Ernst sagen, wenn ich ihn so lange allein ließe? Wahrscheinlich würde er versuchen, mir nachzufliegen. Aber er würde, fürchte ich, nicht weit kommen; denn er ist zu groß und zu schwer zum Fliegen."

Es war so aufregend gewesen, die Geschenke auszupacken und den Brief zu öffnen. Dann hatte man auf der glitzernden, weiten Rasenfläche vor dem Schloß gefrühstückt, und immer wieder war die Prinzessin vom Tisch weggelaufen, um eine Blume zu pflücken.

Es waren schon fünf Jahre vergangen, seit die gute Lehzen ins Schloß gekommen war, um die fünfjährige Prinzessin Victoria zu beaufsichtigen, aber es schien viel länger her zu sein. Bis dahin, erzählte die Prinzessin später, war sie von allen sehr verwöhnt worden und hatte allen viel zu schaffen gemacht: „Die alte Baronin von Spaeth, meine Amme Mrs. Brock, die gute alte Mrs. Louis, alle vergötterten das arme, vaterlose, kleine Kind, dessen Zukunft noch so ungewiß war." Damals schien in den Zimmern des Schlosses immer Winter oder Vorfrühling zu herrschen, und die kleine Prinzessin stahl sich gerne in die warme Vorratskammer, wo sie mit dem kleinen, silberhaarigen Hund der alten Wirtschafterin spielte. Oben in der Nähe der Herzogin gab es, obwohl doch die Prinzessin „son amour, ses délices" war, immer etwas, was sie nicht tun durfte. Eine ihrer frühesten Erinnerungen war, daß sie einmal auf einem Teppich herumkrabbelte, der so gelb war wie die ersten Osterglocken und die Wiesen mit Schlüsselblumen in Claremont. Sie hörte tiefe Stimmen sagen, daß, wenn sie weine und unartig sei, ihr Onkel Sussex es hören und sie bestrafen werde. Seitdem schrie sie, wenn sie ihn sah. Sie konnte ja nicht wissen, daß der Herzog von Sussex in seinen Gemächern über dem Kinderzimmer noch ganz im Stil des 18. Jahrhunderts lebte und viel zu viel zu tun hatte mit seinen buntgefiederten Dompfaffen und Kanarienvögeln, die Scarlatti-Arien sagen, mit seinem kleinen Negerpagen, den er Mr. Blackman nannte, und mit seinen vielen Uhren, aus denen beim Stundenschlag der großen Uhr des Kensington-Palastes Militärmärsche und Nationalhymnen schallten. Das Geschrei einer unartigen Prinzessin beachtete er nicht. Der Herzog von Sussex war übrigens nicht der einzige Mensch, vor dem sie sich fürchtete, sie hatte „schreckliche Angst vor Bischöfen wegen ihrer Perücken und seidenen Schurze". Diese Angst verlor sie zwar vor Dr. Fisher, dem damaligen Bischof von Salisbury, weil er zu ihr niederkniete und sie mit dem Medaillon des Hosenbandordens spielen ließ. Aber ein anderer Bischof hatte mit seiner wiederholten Bitte, ihm doch „ihre niedlichen Schuhe" zu zeigen, kein Glück.

Auf die Tage folgten die Abende, und der Schnee in den Dachtraufen wurde weich und rosig wie das Gefieder von Onkel Sussex' Dompfaffen, und wie deren Lieder verstummten auch die leisen Geräusche im Hause. Dann bekam die Prinzessin weißschäumende Milch aus einem kleinen Silberbecher zu trinken und wurde zu Bett gebracht und zwischen kühle, duftende Laken gelegt.

Dann war Fräulein Lehzen gekommen, und die Prinzessin hatte großen Respekt vor ihr, so sehr sie auch an ihr hing. Zuerst war Fräulein Lehzen über das Betragen ihres Zöglings entsetzt gewesen; noch nie hatte sie ein so ungezogenes Kind gesehen. Jedem Versuch, die Prinzessin zu bändigen, folgten stürmische Wutanfälle. Hier stieß ein unbezähmbarer Wille auf einen anderen. Aber dann ging der Pastorentochter ein Licht auf: die Prinzessin war unbedingt ehrlich, sie sah einem mit großen, blauen Augen offen ins Gesicht. Und der starke Wille, den kein anderer Wille beugen konnte, war nur durch Güte zu lenken. In kurzer Zeit hatte sich die Lehzen die Anhänglichkeit des Kindes erworben, das nun leicht zu leiten und zu erziehen war. Bis dahin war es zwecklos gewesen, ihm auch nur das A–B–C beibringen zu wollen. Jetzt lernte die Prinzessin willig die Buchstaben, wenn man sie ihr aufschrieb. Sie mochte zwar die Schulstunden immer noch nicht leiden; denn man mußte nicht nur lesen, sondern sogar schreiben lernen, und das war noch viel schwieriger. Die dünnen, auseinandergezogenen Buchstaben, die wie die Wurzeln von Wasserpflanzen aussahen, mußten auch noch zum Blühen gebracht werden. Schreiben war zwar schön, aber es war recht schwer, sich auszudrücken. Man hatte so viel zu sagen, und doch ließ es sich so schwer in Worte kleiden. Das war damals genau so wie später und machte ihr oft das Herz schwer. Dann gab es noch Erdkundestunden mit Landkarten, die so deutlich gezeichnet waren wie die Eisblumen an den Fensterscheiben. Aber bei den Namen der Länder – Australien, Neuseeland, Südafrika, Kanada – rauschten in ihren Ohren keine fernen Meere, sie bedeuteten ihr nichts, und doch sollte sie einst ihre Königin werden.

Manchmal wurde an Winternachmittagen ein anderes kleines Mädchen von seiner Großmutter in eine Kutsche gesetzt und schnell zum Kensington-Palast gefahren, um mit der sechsjährigen Prinzessin Victoria zu spielen. Als aber die kleine Lady Jane Ellice ihre Hand nach dem Spielzeug ausstreckte, sagte die Prinzessin zu ihr: „Das darfst du nicht anfassen; das gehört mir! Und ich kann Jane zu dir sagen, aber du darfst mich nicht Victoria nennen!" Einige Zeit später (im Jahre 1828) wurde Sir Walter Scott, als er bei der Herzogin von Kent zu Tische war, der Prinzessin vorgestellt und schrieb in sein Tagebuch: „Die kleine Dame wird so sorgfältig erzogen und so streng bewacht, daß kein Kammermädchen ihr einflüstern könnte: Du bist die Thronerbin von England!" Aber er fügte noch hinzu: „Wenn man in ihr kleines Herz schauen könnte, würde man, glaube ich, entdecken, daß eine Taube oder irgendein Vogel ihr dies schon eingeflüstert hat." Wahrscheinlich ist besagte Taube auch für die Behandlung der kleinen Lady Jane Ellice auf den winterlichen Teegesellschaften verantwortlich.

Bald nach Fräulein Lehzens Erscheinen im Kensington-Palast bemerkte man ihren Einfluß auf den kleinen Zögling in vielen Äußerungen, die im Munde eines Kindes seltsam klangen. Dieses Kind hatte schon in frühester Jugend einen ausgeprägten Charakter und war wohl in seinen Stimmungen, nicht aber in seinen Handlungen zu beeinflussen. Dann war da noch eine Stimme, die strenger und auch klüger klang, ebenso gut aber leicht dahinplaudern konnte: die Stimme des guten Onkel Leopold. Viele glückliche Tage verbrachte sie mit ihm in Claremont; nie sprach er zu ihr wie zu einem Kinde, sondern stets wie zu seinesgleichen. Er redete mit ihr über Güte, sittliche Würde, Pflichtgefühl, Selbsterkenntnis und Frömmigkeit; sie konnte nicht genug darüber hören. Der König der Belgier – bald sollte er es werden – hatte an ihr eine gelehrige Schülerin. Sie war übrigens nicht sein einziger Schützling. In dem fernen Märchenschloß am Saume des dunklen Thüringer Waldes und in Koburg wuchs der kleine Knabe heran, den man „das Seitenstück seiner niedlichen Kusine" genannt hatte. Hier wurde er für die große Zukunft erzogen, die seiner harrte. König Leopold war es nicht vergönnt gewesen, die Geschicke Englands durch die Person seiner Gattin, der Prinzessin Charlotte, mitbestimmen zu dürfen. Dazu boten nun diese beiden Kinder abermals Gelegenheit. Deshalb suchte er mit Hilfe des klugen, vorsichtigen Dr. Stockmar, diese beiden recht verschiedenen Charaktere von der frühesten Jugend an zu formen. Sehr früh zeigte Prinz Albert Anlagen zu Sanftmut, Schüchternheit und Güte. „Schon als ganz kleiner Knabe", schrieb Graf Mensdorff, „empfand er lebhafte Teilnahme für die Leiden der Armen." Schon als Sechsjähriger „sammelte er Geld für einen armen Mann, der durch einen Brand alles verloren hatte". Dies entnehme ich dem Buche Hector Bolithos, „Albert the Good", wo es weiter heißt, daß der Prinz schon im Alter von zehn Jahren geschrieben habe, wie traurig er darüber sei, „die Welt mit so wenig Moral regiert zu sehen". Auch seine Gründlichkeit, die im späteren Leben so bezeichnend für ihn war, soll sich schon bei dem sechsjährigen Knaben gezeigt haben. Der einsame kleine Prinz begann damals schon ein Tagebuch zu führen.

„1825, den 21. Januar. Als ich heute morgen aufstand, war ich sehr glücklich. Ich wusch mich und wurde angezogen. Danach spielte ich ein Weilchen. Dann wurde die Milch gebracht, und nachher kam der liebe Papa und holte uns zum Frühstück. Nach dem Frühstück zeigte uns der liebe Papa die englischen Pferde. Das kleine, weiße kann sehr schnell traben; aber das kastanienbraune ist sehr schwerfällig . . .

Jetzt bin ich müde. Ich werde beten und zu Bett gehen."

„23. Januar. Als ich heute morgen aufwachte, war ich krank. Mein Husten war schlimmer geworden. Ich hatte solche Angst, daß ich weinte. Ich zeichnete ein bißchen, dann baute ich eine Burg und stellte meine Soldaten auf. Dann machte ich meine Aufgaben und malte ein kleines Bild. Dann spielte ich mit der Arche Noah. Dann aßen wir, und ich ging zu Bett und betete."

„26. Januar. Wir sollten auswendig aufsagen, ich weinte, weil ich meinen Vortrag nicht konnte, denn ich hatte nicht aufgepaßt. Ich durfte nach dem Essen nicht spielen, weil ich beim Aufsagen geweint hatte."

„11. Februar. Ich sollte etwas aufsagen, aber ich hatte keine Lust. Das war nicht recht. Ungezogen!"

„28. Februar. Ich weinte heute in der Schulstunde, weil ich kein Verbum wußte, und der Rath (sein Hofmeister) kniff mich, um mir zu zeigen, was ein Verbum ist. Darüber weinte ich."

„4. April. Nach dem Essen gingen wir mit dem lieben Papa

nach Ketschendorf. Dort trank ich Bier und aß Brot mit Butter und Käse."

„9. April. Ich war beim Aufstehen froh und glücklich. Nachher prügelte ich mich mit meinem Bruder."

„10. April. Ich habe mich wieder mit meinem Bruder geprügelt. Das war nicht recht."

Frühjahr und Sommer bescherten der kleinen Prinzessin in England Freuden, die ihr Vetter am Rande des Thüringer Waldes nicht kannte. Jeden Morgen ritt sie, wenn sie nicht ihren Garten goß, auf einem frommen Eselchen, das ihr Onkel, der Herzog von York, ihr geschenkt hatte. Der Herzog war, so schrieb sie später, immer sehr gut zu ihr. Er war sehr groß und ziemlich dick, stets freundlich, aber sehr schüchtern. Stockmar beschreibt ihn als „sehr groß, mit gewaltigem Embonpoint und im Verhältnis dazu nicht sehr kräftigen Beinen. Er hielt sich so, daß man immer befürchten mußte, er werde hintenüber fallen." Er wirkte wie ein riesiges Kinderspielzeug, das umkippen soll und sich nur mit Mühe aufrecht hält. Er paßte weder körperlich noch geistig in das eben beginnende Jahrhundert, paßte auch nicht in die langen, engen Hosen, die für ihn das Hauptmerkmal dieses Jahrhunderts waren. Er war an die Umgangsformen, Denkart und Kleidung des 18. Jahrhunderts gewöhnt und konnte sich mit den langen Hosen nicht abfinden. Als er einmal seinen Vater, König Georg III., in Windsor besuchte, schreckte er den königlichen Irren aus seinem Harmoniumspiel und seinem unaufhörlichen, gespenstisch schrillen Geschnatter auf, weil er mit einem Sporn im Hosensteg hängenblieb und mit einem Krach zu Boden stürzte. Er hob seine Füße beim Gehen so hoch, als umkläfften ihn noch immer die vierzig Hunde der verstorbenen Herzogin. Um die Ecken schlich er ängstlich, als ob er ständig vor einem Haufen Gassenbuben flüchten müsse, die ihm „Herzog oder Liebchen" statt „Kopf oder Wappen" nachriefen. Dieser Ruf war noch die mildeste Strafe für den Skandal mit Mrs. Clarke und die verkaufte Soldatenehre. Schon in seinem Gang drückte sich Angst und Unsicherheit wegen seiner Vergangenheit und Furcht vor der Zukunft aus, – die Furcht vor der Zukunft aber überwog. Trotz seiner Lächerlichkeit liebte ihn seine kleine Nichte, weil er immer freundlich war. Hatte er ihr nicht einen Esel geschenkt und, obwohl er sehr krank war, in seinem Garten ein Puppentheater für sie aufbauen lassen? Diese Puppen aber waren nicht unwirklicher als die Menschen ringsum, die vom vorigen Jahrhundert übrig geblieben, aber noch nicht in die Rumpelkammer des Schlosses gebracht worden waren; im Gegenteil, sie lebten umgeben von Pracht und Pomp.

Erst im Jahre 1826, als die Prinzessin sieben Jahre zählte, ließ die großmächtigste der Puppen sie zu sich kommen. So lange hatte König Georg IV. gebraucht, um seinen Groll gegen „Joseph Surface" oder „Simon Pure", wie er seinen Bruder, den Vater der Thronerbin, genannt hatte, zu überwinden. Bis dahin, so erzählte später die Königin, hatte er die arme Witwe und das vaterlose, kleine Kind kaum beachtet; und sie waren doch beim Tode des Herzogs von Kent so arm gewesen, daß sie ohne die gütige Hilfe des Prinzen Leopold nicht nach Kensington hätten zurückreisen können. Jetzt erst, nach sieben Jahren, lud der „Erste Gentleman Europas" seine Schwägerin und Nichte zum erstenmal nach Windsor ein. Der König bewohnte mit Lady Conyngham, ihrem Mann und ihren Kindern das Royal Lodge, während die übrigen Mitglieder der königlichen Familie und die wichtigsten Besucher im Cumberland Lodge wohnten.

Als die Prinzessin ankam, streckte ihr der König seine große Hand entgegen, glotzte mit hervorquellenden Augen seine kleine Nichte an, die zu jung und noch viel zu hochherzig war, um sich schon über seine ungestalte Figur lustig zu machen, und sagte: „Gib mir dein Pfötchen!"

Dieses aufgedunsene Etwas, das früher einmal ein hübscher Mensch gewesen war, trug, wie wir von seiner Nichte wissen, „die damals noch gebräuchliche Perücke. Er war dick und gichtbrüchig, hatte aber ein sehr würdiges und einnehmendes Auftreten." – „Prinny", so schrieb der gemeine, hinterhältige Creevey, „hat seinen Bauch heruntergelassen; er reicht ihm jetzt bis zu den Knien, aber sonst soll es ihm gut gehen."

Creevey lauerte nur darauf, daß diese stolze Prunkgestalt mit dem furchtbar verunstalteten Körper, diese armselige, wassersüchtige Masse, hinter den verschlossenen Fenstern seines Wagens versteckt, durch die Straßen fuhr. Die Straßen mußten freigemacht werden, damit der König unerkannt und ungesehen durchfahren konnte. Creevey lauerte und wartete. „Prinny, Prinny, dein Stündchen wird schlagen, und dann werden auch dein Ruf und dein Ansehen zu ihrem Rechte kommen!" Erst kürzlich, so erzählte Creevey, sei der „arme Prinny nachts in die Stadt geschlichen, als keiner seine Beine sehen und seinen Gang beobachten konnte". Aber mit der Verborgenheit sollte es bald ein Ende nehmen. Es stand nämlich eine Sitzung des Kronrats bevor, und Lord Rosslyn hatte versprochen, „die Beine scharf im Auge zu behalten".

Jetzt aber war kein Beobachter da; der König entsann sich seines Rufes als „Erster Gentleman Europas" und machte der reizenden achtzehnjährigen Prinzessin Feodora den Hof, deren Wesen ihn sehr anmutete. Viele glaubten sogar, er werde sie heiraten.

Jeder Tag brachte neue Freuden für die Prinzessin Victoria. An einem schönen Morgen wurden die junge, hübsche Lady Mary Conyngham, später Lord Athlumneys erste Frau, und Lord Graves, der sich wegen des Lebenswandels seiner Frau später erschoß, gebeten, mit ihr auszufahren. Man setzte sie mit Fräulein Lehzen in eine Kutsche, die vier graue Ponys zogen. Zuerst ging es durch den Park zum Sandpit-Tor, wo der König eine kleine Menagerie mit Wapitihirschen, Gazellen und Gemsen hielt, und dann immer weiter über das helle Gras, durch das weite, sommerliche Land.

Am nächsten Tage ging die Prinzessin mit der Herzogin von Kent und der Lehzen durch den dunklen Wald nach Virginia Water. Dort trafen sie den König, der mit der Herzogin von Gloucester in seinem Phaeton fuhr. „Hebt sie hinein!" sagte der König; man setzte sie zwischen ihren Onkel und ihre Tante. Die Mutter hatte große Angst um sie, obwohl die Herzogin von Gloucester das Kind fest um die Taille faßte. Die aufgeregte kleine Prinzessin bewunderte die scharlachroten und blauen Livreen der Lakaien (der Rest der königlichen Familie mußte sich mit Scharlachrot und Grün begnügen). Der Zweispänner fuhr durch den schönsten Teil von Virginia Water und machte am Fishing Temple halt. Hier lag ein großes Boot, das man bestieg, um zu angeln. In einem anderen Boot spielte eine Musikkapelle. Eine große Menschenmenge schaute vom Ufer aus der königlichen

Gesellschaft zu. Der König fragte seine Nichte nach ihrem Lieblingslied. Das siebenjährige Kind erwiderte: „God Save the King!"

Als man genug geangelt hatte, fuhr die Prinzessin mit der Lehzen zum Landhäuschen Whitings, der einst im Dienst des Herzogs von Kent gestanden hatte. Dort aßen sie Obst, und die Prinzessin vergnügte sich damit, der kleinen Tochter des Dieners den Mund mit Pfirsichen vollzustopfen.

Sie war traurig, als der Sommertag vorbei war, er war allzu schnell vergangen. Die Tage in Windsor waren bald vorüber, und die Prinzessin mußte nach Kensington zurückkehren. Sie nahm ein sehr schönes, mit Diamanten besetztes Miniaturbild des Königs mit nach Hause. Es hing an einem blauen Bande und konnte an der linken Schulter getragen werden. Von den vielen bleibenden Eindrücken, die sie empfangen hatte, war einer besonders merkwürdig. Nach der Rückkehr in den Kensington-Palast fragte sie Fräulein Lehzen: „Weshalb nehmen alle Männer vor mir den Hut ab, und nicht vor Feodora?" Der große Augenblick war gekommen. Fräulein Lehzen gab keine Antwort. Aber am nächsten Tag fand das Kind einen Stammbaum des Königshauses zwischen den Seiten seines Geschichtsbuches. „Ich will gut sein", sagte die künftige Königin von England, und als sie fortfuhr, klang ihre Stimme wie die der Lehzen, jedoch mit einem neuen Unterton von Würde: „Viele Kinder würden damit prahlen, aber sie wissen nicht, wie schwer es ist! Viel Glanz hängt daran, aber noch mehr Verantwortung."

Spätere Kinderjahre

Im Morgengrauen des 29. Mai 1829 müssen verspätete Geister, die unter dem schwindenden Mond heimwärts huschten, sehr erstaunt gewesen sein, als aus dem Schloßhof des St. James-Palastes zwei kleine Mädchen in duftigen, weißen Gewändern herausgeführt wurden. Das eine trug einen potugiesischen Orden, beide waren von ihrem eigenen Gefolge begleitet. Das eine Kind schien wie eine weiße Wasserlilie auf der dunklen Flut der Morgendämmerung dahinzutreiben: es war die Prinzessin Victoria. Das andere Kind, dem dunkelhäutige, gewichtige Herren folgten, war die zehnjährige Königin Maria II. da Gloria von Portugal, der zu Ehren der „Erste Gentleman Europas" einen Kinderball gegeben hatte. Königin und Prinzessin fuhren ab. Gleich darauf erhob sich ein Gezwitscher wie von zahllosen, schlaftrunkenen Vögelchen, und eine Schar kleiner Mädchen und Knaben wurde aus den Schloßtoren herausgelassen. Sie stiegen in ihre Kutschen und fuhren durch den schlafenden Park davon.

Ihre Majestät von Portugal war in vollem Staat mit Gefolge in zwei Wagen erschienen, von der Leibwache mit miliätirschen Ehren empfangen und zum König geleitet worden, der zu seiner Feldmarschalluniform den Hosenbandorden und alle hohen russischen, französischen und preußischen Orden trug. Nachdem sich die Monarchen ein wenig miteinander unterhalten hatten, tanzten die Königin und die Prinzessin zu den schmetternden Klängen der Militärmusik Quadrillen. (Eine dieser Quadrillen soll eine besonders schöne und lange Stelle nur für Trompeten enthalten haben.) Dann schauten sie zu, wie die Kinder, die nicht von königlichem Rang waren, Walzer tanzten.

Aber jetzt dämmerte schon der Morgen, und die kleine Königin und die noch kleinere Prinzessin mußten ins Bett gebracht werden. Schon gegen Mittag hatte die kleine Prinzessin wieder Unterricht bei Mr. Davis, dem Dechanten von Chester, der eine tiefe, krächzende Stimme hatte und in seinem schwarzen Priesterkleid wie ein Rabe aussah. Auch die wohlgemeinten Ermahnungen der guten, wachsamen Lehzen mußte sie wieder über sich ergehen lassen. Dann kamen Signorina Taglioni, die große Ballettmeisterin, zum Tanzunterricht, und Mr. Sale, der Organist von St. Margaret, zur Gesangstunde. Schließlich gab es noch Zeichenunterricht bei Mr. Richard Westall von der Royal Academy (später wurde der berühmte Landseer ihr Lehrer). Und die Oberaufsicht über alle Unterrichtsstunden führte die Baronin Lehzen; gelegentlich war auch die Herzogin von Kent zugegen.

Wichtiger als Bildung und Künste aber war der Religionsunterricht und die Tugendlehre. Als die Prinzessin das elfte Lebensjahr erreicht hatte, wurde sie von den Bischöfen von London und Lincoln geprüft; beide zeigten sich mit ihren Fortschritten sehr zufrieden. „Die Antworten der Prinzessin auf die verschiedensten Fragen", heißt es, „bewiesen eine für einen so jungen Menschen erstaunliche Kenntnis der wichtigsten Grundzüge der biblischen Geschichte und der Hauptlehren der christlichen Religion im Sinne der Kirche von England, sowie auch der wesentlichsten Daten und Begebenheiten der englischen Geschichte. In Erdkunde, Arithmetik und lateinischer Grammatik waren ihre Antworten gleichfalls zufriedenstellend."

Die Herzogin war entzückt, hatte sie doch den Bischöfen schon erzählt, daß die Prinzessin, seit sie alt genug dazu sei, regelmäßig den Gottesdienst mit ihr besuche: „Ich habe das bestimmte Gefühl, daß sie echte Frömmigkeit im Herzen trägt. Dadurch besitzt sie einen moralischen Halt, der sie als besinnliches Kind vor der Gefahr schützt, in die Irre zu gehen. Sie hat einen scharfen Verstand, der alles leicht auffaßt; dazu bildet sie sich, wenn man sie fragt, ihr Urteil selbst und ist stets gerecht und wohlwollend. Ihre Wahrheitsliebe ist so ausgeprägt, daß ich nicht befürchte, dieses Bollwerk könnte je erschüttert werden." Wie sollten auch, so überlegte die Herzogin, bei der ständigen Überwachung Mängel im Charakter ihres Kindes sich entwickeln können? Sie schlief sogar bei ihrer Mutter und durfte nie eine Treppe hinuntergehen, ohne daß jemand sie an der Hand hielt.

Zwei oder drei Jahre nach der erfolgreichen Prüfung kamen höchst aufregende Unterrichtsstunden, und die kleine Prinzessin, deren große, blaue Augen auf den Vortragenden geheftet waren, merkte sich wenigstens die Namen der Unterrichtsgegenstände und trug sie in ihr Tagebuch ein. Aus ihm ersehen wir, daß Mr. Walker am 30. Dezember 1833 folgende Gegenstände behandelte: „Eigenschaften der Materie; unendlich kleine Teilchen, teilbar und fest; Kohäsion; Kapillaranziehung usw. – kurze Wiederholung; Mechanik; Schwerkraft und ihre Wirkung auf fallende und geworfene Körper; die nationalen Maße und Gewichte; mechanische Kraft, an verschiedenen Maschinen dargestellt usw."

Es beruhigt einen, daß Ihre Königliche Hoheit am gleichen Tage in die Aufführung von „Mütterchen Hubbard und ihr Hund, oder Harlekin und die Ammenmärchen" mitgenommen wurde.

So verlief das Leben im Kensington-Palast mit viel Unterricht und gelegentlichen Theaterbesuchen. Früher hatte es auch noch glückliche, friedliche Ferientage bei dem guten Onkel Leopold in Claremont gegeben. Wie gerne hatte sie zugehört, wenn er, die Augen halb geschlossen, mit seinem eigentümlichen Lächeln von den Pflichten eines Herrschers, von Güte und Wahrhaftigkeit sprach. Aber nun hatte er England verlassen, um König der Belgier zu werden, und statt auf lange Gespräche über Tugend und Weisheit konnte man nur noch auf Briefe hoffen. Sie waren zwar ebenso lang wie die Gespräche, aber es fehlte doch die Wärme seiner Gegenwart. Prinzessin Feodora hatte sich verheiratet und war weit fort. Nur die gute Lehzen war noch da, „die beste und treueste Freundin, die sie je besessen". So gehorsam sie auch gegen ihre Mutter war, und so gern sie sie auch hatte, die Lehzen stand ihrem Herzen am nächsten, die Lehzen wachte über ihr Wohl und Wehe. Alle diese Empfindungen, alle die kleinen Freuden ihres täglichen Lebens hat sie mit ihrer kindlichen Handschrift ihrem Tagebuch anvertraut, das ebenso wie ihre Briefe an den König der Belgier, ganz absichtslos, viele Seiten ihres Wesens offenbart.

34

„Der Ausritt war wunderschön. Wir sind viel galoppiert. Die süße, kleine Rosy ging wundervoll." Diese Eintragung ist bezeichnend; denn zeitlebens hat ihre gütige, aber eigenwillige Natur sehr zur Ungeduld geneigt. Langsamkeit konnte sie nicht ertragen. Und doch sollte sie es später lernen, die Dinge reifen zu lassen. Sie hatte die unbewußte Gabe der Selbstoffenbarung; so zum Beispiel, wenn sie, mit siebzehn Jahren, an den König der Belgier schreibt: „Ich liebe Mrs. Hutchinsons Biographie ihres Mannes nur comme cela; sie ist so schrecklich leidenschaftlich. Sie und Clarendon sind so verschieden, daß es einfach unmöglich ist. Ich glaube nur an das ‚juste milieu'." Das juste milieu beherrscht ihr Leben. Zu der Zeit aber, als sie mit der „süßen, kleinen Rosy" galoppierte, war ihr Wesen noch nicht so ausgeprägt, und in ihrem Tagebuch findet man häufig die von der Lehzen übernommenen Ansichten, etwa ihre Abneigung gegen Draufgängertum und ihre Auffassung über gute Erziehung. „Mrs. Butlers Tagebuch (Fanny Kemble) gelesen. Es ist sehr keck und eigenartig geschrieben. Nach ihrem Stil zu schließen, ist die Verfasserin sehr vorlaut und nicht sehr wohlerzogen gewesen, denn das Buch enthält viele gewöhnliche Ausdrücke. Es ist sehr bedauerlich, daß eine so hochbegabte Frau wie Mrs. Butler, ein Buch schreibt, das voller Unsinn ist und ihr nur schadet. Das Buch des Bischofs von Chester über das Matthäus-Evangelium ist sehr schön. Diese Art Bücher lieb ich gerade; es ist einfach, leicht verständlich, voller Wahrheit und von anständiger Gesinnung." Noch schöner als das Buch des Bischofs von Chester aber waren die Konzerte oder die Oper „Norma" mit der Malibran oder ein Ballett mit der Taglioni.

Wenn man das Tagebuch liest, glaubt man die hohe Kinderstimme der kleinen Prinzessin zu hören, die es vor hundert Jahren schrieb.

Seit dem Besuch in Windsor hatten die Herzogin und König Georg IV. Frieden oder wenigstens Waffenruhe geschlossen, denn der „Erste Gentleman Europas" wußte die angeborene Überschwenglichkeit der Herzogin einzudämmen, ohne daß sie es merkte. Am 26. Juni 1830 starb der „arme Prinny" mit der „dramatisch zur Schau getragenen Königswürde" an der schrecklichen Krankheit, über deren Anzeichen schon Creevey gespottet hatte. Sein Nachfolger wurde sein Bruder, der Herzog von Clarence, der seine Freude darüber kaum verbergen konnte. Von diesem Augenblick an entbrannte ein immer erbitterter werdender Krieg; denn die Herzogin von Kent wirkte wie ein rotes Tuch auf den reizbaren, im Grunde aber gutmütigen alten Herrn mit den ruckartigen Bewegungen, der ein Zimmer nicht betrat, sondern hineinplatzte, der eigensinnig und doch leicht zu beeinflussen war, und dessen Gedanken einander jagten. Sein Kopf hatte die Form einer Ananas, auf der die Augen wie hohle Glaskugeln saßen. Greville berichtet, daß dem König William „das Wort leicht zu Gebote stand, daß aber alles, was er sagte, unbrauchbar war". Seine Majestät machte von seiner Beredsamkeit seiner Schwägerin gegenüber ausgiebig Gebrauch.

Schon vor seines Bruders Tod hatte er sich, wie der Biograph des Herzogs, Roder Fulford, berichtet, auf die Nachfolge vorbereitet und Vorsorge getroffen, daß nichts dazwischenkam. Der Herzog von York war schon 1827 unter Hinterlassung von 200 000 Pfund Schulden gestorben, so daß nur noch König Georg IV. zwischen ihm und dem Throne stand. Er dachte an das Schicksal des Herzogs von Kent und trug stets Galoschen, gurgelte jeden Morgen und ging an feuchten Tagen in seinem Arbeitszimmer in Bushey auf und ab, um in guter körperlicher Verfassung zu sein, wenn ihn die Staatsgeschäfte zu einer sitzenden Lebensweise zwingen sollten. Er hatte einen ausgedehnten Briefwechsel, weil dies, wie er sagte, seine Hand geschmeidig erhielt; denn er werde in Zukunft sein „William" unter zahllose Urkunden setzen müssen.

Am frühen Morgen, als der Herzog von Clarence die Nachricht vom Tode seines Bruders erhalten hatte, sahen die erstaunten Einwohner von Putney und Chelsea „einen älteren Herrn, von dessen weißem Hut ein langer Trauerflor herabwehte, in schneller Fahrt durch die Straßen jagen und sich nach allen Seiten verneigen". Die Nachricht von König Georgs Tod war noch nicht bis zu ihnen gedrungen, und nicht viele kannten König William von Ansehen. Der neue König begab sich in den St. James-Palast, um den ersten Kronrat abzuhalten, dessen Mitglieder nicht minder erstaunt über das Benehmen Seiner Majestät waren als die Leute auf den Straßen. Die Tür des Sitzungssaales flog auf, ein lebhafter, kleiner Mann mit rotem Gesicht schoß herein und eilte, ohne die Anwesenden eines Blickes zu würdigen, zum Tisch, ergriff eine Feder und schrieb mit einem kühnen Tintenspritzer „William R.".

Mit dem Augenblick seiner Thronbesteigung begann die Fehde; denn Seine Majestät konnte seine überschwengliche, schwatzhafte Schwägerin nicht ertragen und ärgerte sich maßlos über ihre ständigen Anspielungen auf die Stellung ihrer Tochter als Thronerbin. Gleichwohl bestand er darauf, daß seine Nichte trotz ihrer Jugend allen Staatsakten beiwohnte, und das führte zu neuen Zwistigkeiten, die allerdings nicht gleich ausbrachen. Zum erstenmal erschien die elfjährige Prinzessin, noch in tiefer Trauer um den verstorbenen König, bei einer Feier der Mitglieder des Hosenbandordens; sie trug eine lange Schleppe und einen schwarzen Schleier, der über den Boden schleifte, und ging hinter der Königin Adelaide. Aber bei einem Empfang zum Geburtstag der Königin am 24. Februar 1831 bemerkte Seine Majestät, daß die Prinzessin ihn mit einem steinernen Blick musterte. Vergeblich versuchte die freundliche, gütige Königin ihn zu beruhigen, das Thema zu wechseln und seine Aufmerksamkeit abzulenken. Seine Majestät hatte diesen Blick bemerkt und vergaß ihn nicht.

Die Herzogin erwiderte die Abneigung des Königs und war entschlossen, ihre Tochter so selten wie möglich bei Hofe erscheinen zu lassen. Sie, die Herzogin von Kent, war die Mutter der Thronerbin und hatte es nicht nötig, einem alten Narren, der sich wie ein Kapitän, nicht aber wie ein König aufführte, um den Bart zu gehen, der zwar mehrere uneheliche, aber kein einziges eheliches Kind hatte und immer über irgend etwas beleidigt war. Er war zwar jetzt König, aber eines Tages würde ihr Kind Königin sein, ob es ihm nun paßte oder nicht. Das seltene Erscheinen der Prinzessin bei Hof löste natürlich neue Verstimmung aus, und als bei der Königskrönung am 9. September 1831 weder die Prinzessin noch ihre Mutter zugegen waren, geriet der König in höchste Wut. Ihr Nichterscheinen hatte so viel Staub aufgewirbelt, daß sogar im Parlament eine Anfrage darüber erfolgte. Die Antwort war zurückhaltend und ausweichend. Seine Majestät wisse die Gründe dafür einzusehen. In

Wirklichkeit waren die Herzogin und ihre Tochter nicht erschienen, weil man sich nicht darüber einigen konnte, welchen Platz die Prinzessin im Festzuge einnehmen sollte. Der König, der sich keine klare Vorstellung von der Sache machte, hatte den Wunsch ausgesprochen, daß sie nicht vor, sondern hinter seinen Brüdern gehen sollte. Die Herzogin hatte mit vielen Worten darauf bestanden, daß ihre Tochter als Thronerbin unmittelbar hinter dem König gehen müsse. Keiner wollte nachgeben; die Prinzessin durfte der Krönung nicht beiwohnen und verbrachte den Tag und viele Tage vorher in Tränen. „Nichts konnte mich trösten", erzählte sie viele Jahre später ihren Kindern, „nicht einmal meine Puppen."

Die Herzogin hatte sich vorgenommen, den König so viel wie möglich zu ärgern, indem sie ihn immer wieder an die hohe Stellung seiner Nichte erinnerte, und Seine Majestät war seinerseits entschlossen, diese Stellung sehr zu begrenzen. Als im August 1831 die Thronerbin und ihre Mutter auf der Fahrt nach der Insel Wight in Portsmouth von den Schiffen mit Salutschüssen begrüßt wurden, ersuchte der König die Herzogin, in Zukunft auf solche Ehrenbezeugungen zu verzichten, und befahl, als sie sich weigerte, daß so etwas in Zukunft zu unterbleiben habe. Später sollte er sich noch mehr ärgern müssen über die, wie er sie nannte, „königlichen Rundreisen" der Prinzessin, die in Begleitung ihrer Mutter Fabrikstädte und öffentliche Plätze besuchte und dabei Adressen entgegennahm, – das heißt: die Herzogin von Kent nahm sie entgegen, in Federn und rauschende Seide gehüllt und nach allen Seiten huldvoll lächelnd. Dabei hielt sie sich stets gut im Vordergrund; die Ansprachen verlas sie selbst. Der König war wütend über diese Aufdringlichkeit und Anmaßung, über die öffentlichen Reden, in denen die Herzogin von der „künftigen Königin" sprach, nicht ohne mit taktvollem Lächeln zuzufügen: „hoffentlich erst in ferner Zukunft", und über das Benehmen ihres Majordomus, Sir John Conroy, der diese Reden wie ein Ministerpräsident arrangierte. „Das Frauenzimmer ist 'ne Plage! Das Frauenzimmer ist 'ne Plage!" rief der König eines Tages. Diese Plage wurde immer schlimmer. Auch die gegenseitige Abneigung zwischen König William und dem König der Belgier trug nicht zur Verbesserung der Beziehungen bei. Diese

Abneigung vertiefte sich noch bei König William, weil König Leopold lieber Wasser als Wein trank. „Was trinken Sie da eigentlich, Sire?" fragte König William eines Abends beim Diner. „Wasser, Sire!" lautete die Antwort. „Verdammt noch mal, Sire! Warum trinken Sie keinen Wein? Ich gestatte nicht, daß an meiner Tafel Wasser getrunken wird." Der Marquis Peu-à-Peu, wie sein Schwiegervater, König Georg IV., ihn genannt hatte, erwiderte nichts. Aber seitdem versäumte er keine Gelegenheit, seine Nichte zu warnen, sich früh genug gegen die schlechte Behandlung zu wehren, der sie und ihre Verwandten ausgesetzt sein würden, wenn sie im Verkehr mit König William nicht die genügende Vorsicht walten ließen.

Die Prinzessin wurde der mündlichen und schriftlichen Ratschläge ihres geliebten Onkels Leopold nie müde. „Wenn man den lieben Onkel über irgend etwas reden hört", schrieb sie in ihr Tagebuch, „ist es, als ob man ein höchst lehrreiches Buch liest. Seine Gespräche sind belehrend und klar. Er gilt heute allgemein als einer der ersten Staatsmänner. Über Politik spricht er gemäßigt, aber bestimmt und vorurteilslos." Seine Majestät sprach aber noch viel bestimmter und lehrreicher über sittliche Würde, Pflichtgefühl, Selbstkritik und anderes mehr.

Mit der Zeit sah man die Herzogin immer seltener bei Hofe. Immerhin machte sie einen leisen Versuch, Seine Majestät zu versöhnen. Sie gab ihm zu Ehren am 24. April 1832 ein großes Essen, bei dem seine Nichte nur kurz erschien, nachdem die treue Lehzen sie vorher zu Anstand und Vorsicht ermahnt hatte. Als Gegenleistung gab der König im nächsten Jahre zum Geburtstag der Prinzessin einen Kinderball, bei dem keine der Majestäten zugegen war, – wie es hieß, wegen Unpäßlichkeit. Dann wurden die Prinzessin und ihre Mutter in die Oper eingeladen, wo der neugierige Creevey sie beobachtete. „Billy der Vierte in der Oper", schrieb er, „das ließ nichts zu wünschen übrig. Es gibt keinen König, der mehr nach Wapping[1] aussieht. Sein Haar hatte fünfmal so viel Puder wie meines, und sein alter Biberhut mit der goldenen Seemannstresse war einfach bezaubernd. Er

---

[1] Matrosenviertel im Eastend von London. (Anmerkung des Übersetzers.)

verschlief den größten Teil der Oper, sprach mit keinem Menschen und zeigte nicht die geringste Anteilnahme ... Schade, daß ich nicht mehr von Victoria sehen konnte. Sie saß mit der Herzogin von Kent in einer Loge, natürlich unter uns. Als sie sich aus der Loge herausbeugte, konnte ich sie sehen. Sie ist wirklich ein hübsches kleines Mädchen."

Am 30. Juli 1835 wohnten die Majestäten der Konfirmation ihrer Nichte im St. James-Palast bei. Die kleine Prinzessin zitterte dabei vor Angst und war in Tränen gebadet. Sie saß im Wagen neben ihrer Mutter und trug ein weißes Spitzenkleid, dazu ein weißes Tüllhäubchen mit einem Kranz aus weißen Rosen. Hinter ihnen fuhren Lady Flora Hastings, die Lehzen, der König und die Königin, der Herzog und die Herzogin von Cambridge, die Herzogin von Gloucester, die Herzogin von Weimar, die Herzogin von Northumberland mit ihren Gatten, Lord Conyngham, Lord Denbigh und Mr. Ashley. Es war heiß, die Sonne hatte den Tau von den Blättern fortgetrunken. Die Kinder, die die Straßen säumten, hatten von der Hitze Negergesichter bekommen. Der König führte seine Nichte in die Kapelle, hinter ihnen kam die Königin mit der Herzogin von Kent. Nach dem Gottesdienst schenkte der König der Prinzessin einen schönen Smaragdschmuck. Ihre Mutter gab ihr ein Armband und einen Türkisschmuck, und auch die gute Lehzen erhielt zur Feier des Tages ein Armband. Der Tag aber brachte der Prinzessin noch mehr: gegen Abend erfuhr sie, daß ihre Schwester Feodora eine Tochter bekommen habe. Vier Tage später traf dann der erwartete Brief ihres geliebten Onkels ein. Er stellte mit Bedauern fest, daß „Heuchelei zu allen Zeiten, besonders aber heutzutage, eine Gewohnheitssünde ist. Und groß ist die Zahl der Wölfe in Schafspelzen. Bei all meiner Liebe für Old England muß ich leider gestehen, daß die gesellschaftlichen und politischen Zustände dort viele Menschen zu ausgesprochenen Schwindlern und Betrügern machen." Dann aber tröstete er seine Nichte und versicherte ihr: „Mögen andere davor zittern, daß ihr wahres Wesen eines Tages enthüllt wird und sie der verdienten Verachtung preisgegeben sind. Dein Herz und Deine Seele werden stets still und glücklich sein in dem Bewußtsein, es ehrlich zu meinen und Dich nur von Wahrhaftigkeit und Güte leiten zu lassen."

Mit lobenswerter Zurückhaltung unterließ es der König der Belgier, den Wolf im Schafspelz, die Schwindler und Betrüger und die „anderen" mit Namen zu nennen. Man fühlt aber, daß er „sie" hätte nennen können, wenn er gewollt hätte, und daß er sich hier der Mehrzahl nur aus Taktgefühl bediente.

Jungmädchenzeit

In einem Zimmer des Kensington-Palastes, dessen Fensterläden wegen der großen Hitze geschlossen waren, saß die Baronin Lehzen und schrieb an ihre Schwester in Deutschland. Eilig kratzte ihre Feder, seitenlang erzählte sie von den Fortschritten der Prinzessin, von der versteckten Unfreundlichkeit der Herzogin ihr gegenüber, von Sir John Conroys Unhöflichkeit und wie seltsam es sei, daß sie beim Betreten eines Zimmers oft die Herzogin und Sir John überraschte, wie sie nahe beieinander sitzend leise flüsterten. In den lebendigsten Farben schilderte die Baronin, was alle sie sich von Lady Flora Hastings, der Hofdame der Herzogin, gefallen lassen müsse: scharfe Blicke und spitze Bemerkungen über die Kümmelkörner, die doch so viele frohe Erinnerungen an das geliebte Deutschland in ihr wachriefen. Die Lippen der Baronin wurden schmal, als sie an eine bestimmte Bemerkung dachte. Aber sie sollte sich hüten! Die Baronin Lehzen hatte Augen im Kopf, sie wußte, wer diese Lady Hastings war mit dem bösen Mundwerk und dem lebhaften Geist. Man mußte nur abwarten!

In diesem Augenblick hörte man ein helles, junges Lachen, und herein stürmte die kleine, vierzehnjährige Prinzessin in ihrem gestopften Kleid mit zwei Knaben, Prinz Alexander und Prinz Ernst von Württemberg, den Söhnen des regierenden Herzogs und der Schwester der Herzogin von Kent. Sie waren bei ihrer Tante im Kensington-Palast zu Besuch. Die Prinzessin schrieb in ihr Tagebuch, beide Prinzen seien ungewöhnlich groß, Alexander sei sehr hübsch und zeige sich beim Aussteigen aus einem Boot immer sehr besorgt um seine Kusine. Ernst habe einen sehr netten Gesichtsausdruck und sei ebenfalls sehr aufmerksam. „Beide sind in höchstem Maße liebenwert." Ihre

Königliche Hoheit und ihre Vettern hörten unter der Obhut der allgegenwärtigen Lehzen und ihres Feindes Sir John Conroy zum erstenmal Signor Paganini Geige spielen. „Er spielte solo, einige Variationen ganz wundervoll", sagte sie in ihrem Tagebuch.

Die Prinzessin war sehr betrübt, als ihre Vettern nach Württemberg heimreisten. Sie sah vom Ufer aus mit der Lehzen, wie sie in ihrem Schiff davonfuhren. Noch viele Tage sehnte sie sich nach ihrer Gesellschaft.

Zwei Jahre später kamen zwei andere Vettern, die ihr fast noch besser gefielen: die Prinzen Ferdinand und August. Ferdinand eroberte aller Herzen; er war unbefangen und vornehm in Erscheinung und Benehmen und hübscher als August. Er hatte wunderschöne Augen und einen lebhaften, klugen Gesichtsausdruck. Wenn er sprach und lächelte, sah er bezaubernd aus, dazu war er sehr gut. Aber auch August war sehr liebenswürdig und hatte viel gesunden Menschenverstand. Die Prinzen waren viel mit ihrer Kusine zusammen; sie schrieb in ihr Tagebuch: „Der liebe Ferdinand setzte sich zu mir und sprach nett und verständig. Ich habe ihn sehr lieb. Auch August setzte sich zu mir. Er ist ebenfalls ein lieber, guter Junge und sehr hübsch."

Das größte Ereignis aber war der erste Besuch ihrer Vettern Prinz Ernst und Prinz Albert, der Söhne des Herzogs von Sachsen-Koburg. Sie hatte alle ihre Vettern sehr lieb, am liebsten hatte sie jedoch Ernst und Albert.

Der Besuch fand im Mai 1836 statt, als die Prinzessin gerade siebzehn Jahre alt geworden war. König William, der genau wußte, daß König Leopold seinen Neffen Albert seit seiner Geburt zum Gemahl der künftigen Königin von England ausersehen hatte, beschloß, den wassertrinkenden Herrscher zu ärgern und ein paar andere junge Leute als Nebenbuhler der Prinzen von Sachsen-Koburg einzuladen. Er bat also König Leopolds Gegner, den Prinzen von Oranien, und seine beiden Söhne, dazu den jugendlichen Herzog von Braunschweig, in den St. James-Palast zu Gast, just für die gleiche Zeit, in der Prinz Ernst und Prinz Albert im Kensington-Palast weilten. Der Prinz von Oranien hegte eine besondere Abneigung gegen den König der Belgier, von dem er zu sagen pflegte: „Voilà un homme qui a pris ma femme et mon royaume!". Er hatte nämlich Prinzessin Charlotte heiraten wollen. Der König der Belgier erwiderte diese Abneigung von Herzen. Dieser Besuch war deshalb geeignet, ihn sehr zu erbittern. In den Briefen an seine Nichte schalt und klagte er unaufhörlich.

„Ich bin wirklich sehr erstaunt über das Benehmen Deines alten Onkels, des Königs", schrieb er; „diese Einladung an den Prinzen von Oranien und seine Söhne, mit denen er anderen Leuten zur Last fallen will, ist sehr merkwürdig ... Erst gestern erhielt ich aus England eine halbamtliche Mitteilung, es sei erwünscht, daß der Besuch Deiner Verwandten in diesem Jahre unterbleibe ... Die entferntesten Verwandten des Königs und der Königin aber dürfen sich hier breitmachen, während man Deinen Verwandten das Land verbietet. Dabei sind sie, wie Du weißt, dem König gegenüber immer sehr ehrerbietig und höflich gewesen." Er hoffte, daß dieses empörende Verhalten seine Nichte aufrütteln werde. „Heute, da selbst in den britischen Kolonien die Sklaverei abgeschafft ist", schrieb er, „kann ich nicht einsehen, warum es ausgerechnet Dein Los sein soll, zur Belustigung des englischen Hofes als kleine weiße Sklavin gehalten zu werden. Schließlich hat man Dich doch nicht gekauft, man hat sich, soviel ich weiß, überhaupt für Dich niemals in Unkosten gestürzt, und der König hat noch nie einen Sixpence für Dich ausgegeben. Ich nehme an, daß meine Besuche in England durch eine Kabinettsorder verboten werden. Ach, Verlaß und Anstand in politischen und anderen Dingen, wo soll man euch suchen? Ich habe nicht den geringsten Zweifel, daß der König bei seiner Vorliebe für die Oranier sich gegen Deine Verwandten sehr unhöflich benehmen wird. Aber das hat nicht viel zu sagen. Sie sind ja Eure und nicht seine Gäste und werden sich nichts daraus machen."

Die Prinzen kamen mit ihrem Vater und brachten der kleinen Prinzessin einen „ganz entzückenden Lori" mit; er war so zahm, daß er auf ihrer Hand sitzen blieb und niemals biß, wenn sie ihren Finger in seinen Schnabel steckte. Er hatte ein prachtvolles Gefieder: scharlachrot, blau, braun, gelb und purpurn. Der Kensington-Palast hallte nun von jugendfrohem Lachen und von Haydnschen Menuetten wider.

„Ernst", so schrieb seine Kusine, „hat dunkles Haar und

schöne, dunkle Augen und Augenbrauen. Nase und Mund aber sind nicht so hübsch. Er sieht sehr freundlich, offen und klug aus und hat eine sehr gute Figur. Albert ist ebenso groß wie Ernst, aber kräftiger. Er ist sehr hübsch. Sein Haar hat ungefähr die gleiche Farbe wie meines. Seine Augen sind groß und blau. Er hat eine wunderschöne Nase, einen sehr hübschen Mund und schöne Zähne. Aber der Zauber seiner Erscheinung liegt in seinem Gesichtausdruck." Einige Tage darauf, so erzählt das Tagebuch der Prinzessin, saß sie zwischen ihren beiden Vettern auf dem Sofa und betrachtete Zeichnungen mit ihnen, beide zeichneten sehr gut, besonders Albert, und beide spielten sehr schön Klavier. Drei Wochen später heißt es: „So lieb ich auch Ferdinand und den guten August habe, Ernst und Albert habe ich doch noch viel lieber. August", so fügte sie in jugendlichem Hochmut hinzu, „war wie ein gutes, anhängliches Kind, recht weltfremd, phlegmatisch und nicht sehr mitteilsam. Ernst und Albert dagegen haben schon etwas Erwachsenes. Albert war beim Frühstück stets zu Späßen aufgelegt und hatte immer eine schlagfertige Antwort bereit. . . . Er spielte auch so nett und lustig mit Dash."

Als die geliebten Vettern und der Onkel England verließen, schrieb die künftige Königin: „Ich habe bitterlich, sehr bitterlich geweint." Nachdem sie ihre Tränen getrocknet hatte, setzte sie sich hin und schrieb, mit einer eigenartigen Mischung von Selbstgefühl und Herzlichkeit, an ihren Lieblingsonkel, dessen Pläne sie sehr wohl kannte. Sie dankte ihm „für die Aussicht auf ein großes Glück, zu der Du mir in der Person des lieben Albert verholfen hast. Er besitzt alle Eigenschaften, die ich mir nur wünschen könnte, um vollkommen glücklich zu werden. Er ist verständig, freundlich und liebenswürdig und hat auch das angenehmste und entzückendste Äußere, das man sich denken kann. Ich bitte Dich nur, mein lieber Onkel, auf die Gesundheit eines Menschen zu achten, der mir jetzt so teuer ist, und ihn unter Deinen besonderen Schutz zu nehmen. Ich hoffe zuversichtlich, daß in dieser für mich so bedeutsamen Angelegenheit alles einen günstigen Verlauf nehmen möge."

Prinz Albert seinerseits äußerte nur, daß er seine Kusine „sehr liebenswürdig" finde, und wandte sich dann anderen Dingen

zu. Begleitet von des Onkels Ermahnungen zu Rechtschaffenheit und seinem Rat, „eine ernste Geisteshaltung anzunehmen,
die aus freien Stücken das Vergnügen dem wahren Nutzen op-
fert", und verfolgt von Baron Stockmars Predigten über die
Pflichten eines Prinzen, ging er mit seinem Bruder auf die Universität Bonn, um seine Studien abzuschließen. Dort waren
beide bald durch ihren Anstand bekannt. In Bolithos Biographie des Prinzen Albert beschreibt ein Engländer, der damals
die Universität besuchte, die kostspieligen Bankette des Prinzen
Albert: „Zwanzig bis dreißig Studenten wurden eingeladen, und
sie alle waren lediglich nach ihrem persönlichen Wert und ihren
Fähigkeiten ausgewählt ... Die Prinzen selbst genossen fast
nichts von all den Leckerbissen, die bei diesen Gelegenheiten
aufgetischt wurden, da sie beide, besonders aber Prinz Albert,
sehr enthaltsam waren."

Unterdessen kamen aus Belgien und England Nachrichten
über neue Mißstimmungen und Streitigkeiten. Der König der
Belgier wurde ständig beleidigt, und zwar nicht nur vom englischen König, sondern auch vom englischen Volk, vor allen Dingen von der Presse. „Ein niederträchtiges Blatt der Radikalen
oder Radikalkonservativen", schrieb er am 18. November 1836
an seine Nichte, „scheint das Haus Koburg heruntermachen zu
wollen. Ich weiß nicht, was das bedeuten soll. Das einzige
Glück, das die arme Charlotte kennengelernt hat, erlebte sie
während unserer kurzen Ehe. Und darüber, daß wir dem Lande
eine glänzende Zukunft verhießen, gab es nur eine Stimme. Seit
jener Zeit habe ich für Englands Wohlstand und Macht mein Bestes getan, obwohl ich geschmäht und verunglimpft worden bin,
bloß weil ich auf Grund eines von beiden Häusern des Parlaments einstimmig gutgeheißenen Vertrages ein Einkommen
bezog. Ich habe England 1831 vor großen Wirren und vielen
Ausgaben bewahrt; denn wäre ich nicht hierhergekommen, so
hätten sich ernste Verwicklungen, Krieg und alle kostspieligen
Begleiterscheinungen ergeben. Ich überlasse mein ganzes Einkommen bis auf den letzten Farthing dem Lande, halte auf dem
Kontinent die Einigkeit aufrecht und habe des öfteren in Paris
Unheil verhütet. Und zum Dank dafür werde ich das Opfer ge-
meinster Beschimpfungen, auf die sich diese guten Leute aus

ständiger Übung meisterhaft verstehen. Eine weitere Folge sind törichte Beschimpfungen des Hauses Koburg. Ich möchte nur wissen, was das Haus Koburg den Engländern angetan hat. Doch genug davon." Die Antwort seiner Nichte lautete: „Mein teurer, geliebter Onkel! Du kannst Dir gar nicht vorstellen, wie glücklich Du mich durch Deinen lieben, freundlichen, langen Brief vom 18. gemacht hast . . . Dein Brief ist so interessant und aufschlußreich, daß ich ihn immer wieder lesen könnte . . ." Sonderbar ausweichend, dachte Seine Majestät, als er diesen Brief noch einmal durchlas. Was konnte das gute Kind damit nur meinen? Er konnte nicht ahnen, daß dieser ausweichende Ton sich später noch öfter in den Anworten des guten Kindes auf die Briefe des Onkels finden würde, nachdem es erst Königin von England geworden war. In England nahmen die Streitigkeiten zwischen der Herzogin von Kent und dem König immer heftigere Formen an; es sah so aus, als ob es über kurz oder lang zum Bruch kommen würde. Das heiße Wetter im August des Jahres 1836 erhitzte die Gemüter. Die Herzogin war darüber beleidigt, daß der König nach dem Zwischenfall bei der Insel Wight den Königssalut für alle Schiffe untersagt hatte, die nicht den regierenden Herrscher oder dessen Gemahlin an Bord hatten. Der König war wütend über die „königlichen Rundreisen" der Thronerbin und ihrer Mutter. Während der letzten vier Jahre hatte sie auf dem Eisteddfod[1] Preise verteilt und den Grundstein zu einer Knabenschule bei Plas Newydd gelegt. Aus Anlaß ihrer Reise durch Wales lautete das Thema für den Dichterwettstreit beim Bardenfest in Cardiff: „Prinzessin Victoria". So ungehalten der König über diese „Rundreisen" war, – für seine Nichte waren sie immer erregend und neu. Aus Anlaß des Eisteddfod besuchte sie Sir Richard und Lady Bulkeley und schilderte diesen Besuch in allen Einzelheiten in ihrem Tagebuch. „Wir wurden an der Einfahrt von Sir Richard und später von Lady Bulkeley empfangen, deren Toilette ich beschreiben will. Sie trug ein Kleid aus weißer Atlasseide mit kurzen hellen Ärmeln, ein Halsband, Ohrringe, einen Schmuck à la Madame

[1] Versammlung der Waliser Barden mit Wettkämpfen in Gesang und Musik! (Anmerkung des Übersetzers.)

de Sévigné aus Chrysolithen und Diamanten und einen Kranz von Orangeblüten im Haar. Dann begaben wir uns auf die Terrasse, und die Kapelle der Bürgerwehr von Anglesey spielte ,God save the King!' Danach überreichten wir allen Barden und Dichtern Medaillen . . . Um fünf setzten wir uns in einem provisorischen Raum, der mit rosa und weißer Leinwand ausgeschlagen war, zu Tisch. Das Essen wurde blendend serviert. Das Porzellan war kostbar und wunderschön. Das Obst war großartig. Nach dem Dessert hielt Sir Richard eine Ansprache und brachte auf Mama und mich einen Toast aus. Dann gingen wir nach oben in Lady Bulkeleys reizendes, kleines Ankleidezimmer. Ihr Toilettentisch war rosa, und darauf lag ein weißes Musselindeckchen, mit wunderbarer Spitze eingefaßt. Die Toilettengegenstände waren aus Gold. Dann gingen wir wieder nach unten und tranken Kaffee, und Lady Williams berühmter Hund ,Kapriole' zeigte seine Kunststücke." Hierauf reiste sie nach Chester und weihte eine Brücke ein, die „Victoria Bridge" getauft wurde. Sie hatte auch Strutts Baumwollspinnereien in Belper besichtigt, und bei allen diesen Gelegenheiten stand ihre rührige Mutter mehr im Vordergrund als sie selbst. Diese ganze Geschäftigkeit erbitterte den König. Sein Ärger steigerte sich noch, als er die Herzogin und die Prinzessin am 12. August auf elf bis zwölf Tage nach Windsor einlud, um an den Geburtstagsfeiern des Königs und der Königin teilzunehmen, und die Herzogin ablehnte, vor dem 20. zu kommen. Der König war wütend. Aber es wurde noch viel schlimmer, als er sich nach der Ankunft von Mutter und Tochter für einen Tag zur Vertagung des Parlaments nach London begab und es ihm einfiel, einmal dem Kensington-Palast einen Besuch abzustatten. Er wollte sehen, was „diese fürchterliche Person dort eigentlich treibt". Das sollte er sehen! Sie hatte trotz seines audrücklichen Verbots gerade eine Flucht von siebzehn Zimmern für sich in Anspruch genommen. Die Wut Seiner Majestät kannte keine Grenzen mehr. Der entsetzte Greville erzählt, daß der König sich gleich nach seiner Ankunft in Windsor um 10 Uhr abends in das Gesellschaftszimmer begab, wo alle beisammen saßen. „Er ging sofort auf Prinzessin Victoria zu, faßte sie an beiden Händen und sprach ihr seine Freude darüber aus, sie bei sich zu sehen, aber auch sein Bedauern, daß dies nicht öfter der Fall sei. Dann wandte er sich mit einer tiefen Verbeugung an die Herzogin und sagte, daß man sich mit einem seiner Paläste eine ,unverantwortliche Freiheit' herausgenommen habe. Er komme gerade von Kensington, wo er habe feststellen müssen, daß man sich einer Flucht von Zimmern nicht nur ohne seine Erlaubnis, sondern entgegen seinen Befehlen bemächtigt habe. Er habe für ein derart unehrerbietiges Betragen kein Verständnis und werde es sich nicht bieten lassen. Das sagte er laut vor aller Ohren im Ton ernster Mißbilligung."

Das war schon schlimm genug. Aber der folgende Tag brachte einen noch viel heftigeren Ausbruch. Der Schauplatz war das Geburtstagsessen zu Ehren des Königs; es waren über hundert Gäste zugegen. Die Herzogin saß in übler Laune und recht unruhig zur Rechten des Königs, die Prinzessin ihm gegenüber. Nach dem Essen erhob sich der König, um für den auf seine Gesundheit ausgebrachten Toast zu danken – und jetzt kam das Unheil. Rot vor Wut, mit lauter Stimme, klagte der König seine Schwägerin öffentlich an: in neun Monaten werde die Prinzessin volljährig; er hoffe und bete zu Gott, daß er noch neun Monate leben dürfe, damit nicht eine gewisse Persönlichkeit zur Regentschaft gelange, „eine Persönlichkeit, die neben mir sitzt, die von schlechten Beratern umgeben ist und nicht in der Lage wäre, das ihr zufallende Amt würdig zu versehen. Ich scheue mich nicht zu erklären, daß ich von dieser Persönlichkeit schwer gekränkt worden bin, und zwar andauernd, daß ich aber nicht gewillt bin, dies länger zu dulden. Von vielen anderen Dingen abgesehen, muß ich mich besonders über die Art und Weise beklagen, wie die junge Dame dort von meinem Hofe ferngehalten worden ist. Sie ist meinen Empfängen, denen sie immer hätte beiwohnen müssen, wiederholt ferngehalten worden. Ich bin aber fest entschlossen, das nicht wieder zuzulassen. Sie möge wissen, daß ich der König bin und meinen Willen durchsetzen werde. Künftig werde ich darauf bestehen und befehlen, daß die Prinzessin an meinem Hofe erscheint, wie es ihre Pflicht ist." Nach diesem Ausbruch herrschte tödliches Schweigen. Die Gäste hielten den Atem an, die sanfte Königin Adelaide errötete, bis sie ebenso rot war wie der König. Die Prinzessin brach in Tränen aus. Aber die Herzogin, bleich vor Ärger über die Demütigung, sagte kein Wort.

Das Schweigen hielt an, bis die Gäste gegangen waren. Dann sprang die Herzogin, außer sich vor Wut, auf und rief nach ihrem Wagen. Sie wollte noch in derselben Nacht nach Kensington zurückkehren. Erst nach langem Zureden willigte sie ein, bis zum nächsten Morgen in Windsor zu bleiben.

Von nun ab verbarg keiner von beiden den Abscheu gegen den anderen. Nach ihrer Abreise aus Windsor fand die Herzogin keine Ruhe, denn auch zu Hause gab es Reibereien. Die Lehzen mischte sich in alles ein und stiftete überall Verdruß. Sir John Conroy und sie zankten sich unaufhörlich. Eines Tages platzte die Bombe. Die Herzogin hatte mehr Gefallen an Sir John Conroy gefunden, als es in ihrer Stellung und einem verheirateten Manne gegenüber zulässig war. Sie tauschten Zärtlichkeiten miteinander aus und wurden eines Tages von der Prinzessin Victoria überrascht, die peinlich berührt war und das Ganze der Baronin Lehzen und deren Freundin, der Baronin Spaeth, erzählte. Die Lehzen kniff die Lippen zusammen und überlegte. Sie hatte also mit ihrem Verdacht recht gehabt! Die Baronin Spaeth aber überlegte nicht lange, sie war ebenso geschwätzig und nicht so verschwiegen wie die Lehzen. Sie klatschte nicht nur, sondern ging sogar so weit, der Herzogin Vorwürfe zu machen, mit dem Erfolg, daß sie auf der Stelle entlassen wurde. Die Lehzen zu entlassen, war nicht so einfach. Sie verhielt sich nach wie vor zurückhaltend und ausgesprochen ehrerbietig; ihre Gedanken behielt sie für sich. Außerdem hätte der König bei einer Entlassung der Lehzen mitzureden gehabt. Er war aber mit ihr als Erzieherin seiner Nichte sehr zufrieden und wollte nichts Absprechendes über sie hören. So blieb sie also, und von nun an hallte der Kensington-Palast von Kriegsgeschrei wider. Die Herzogin hatte auf ihrer Seite Sir John Conroy, seine Zuneigung und seinen Rat, außerdem war ihr Lady Flora Hastings, die sich so gut auf Kosten der Lehzen lustig zu machen verstand, treu ergeben. Dagegen aber stand das befremdende Schweigen der Prinzessin Victoria und der merkwürdig harte Blick ihrer sonst so sanften Augen, wenn sie ihre Mutter ansah. Die Herzogin wußte nur allzugut, daß sie auf keine Unterstützung von seiten ihrer Tochter rechnen konnte, die auf Grund ihrer Jugend und Veranlagung lockere Sitten streng ablehnte. Außerdem war sie der entlassenen Baronin Spaeth und der Lehzen, die die Herzogin so gern entlassen hätte, sehr zugetan. Die Herzogin litt unter ihrer Demütigung. Wie hatte sie es nur so weit kommen lassen können! Es gab keinen Ausweg. Sie hatte bei der Prinzessin an Ansehen verloren, das wußte sie. Ihr ganzer Einfluß auf sie hatte sich auf Religion und auf Sittenstrenge gegründet, in der sie die Prinzessin mit Hilfe des Dechanten von Chester und der Lehzen unterwiesen hatte.

Mitten in diese Aufregung traf, nur wenige Tage vor dem achtzehnten Geburtstag der Prinzessin, die Nachricht ein, daß der König ernstlich krank sei. Sein starker Wille aber und seine gute Natur ließen ihn die Krankheit überwinden, und die Prinzessin konnte ihren Geburtstag feiern, für den ein Besuch der Royal Academy, ein Empfang und ein Hofball vorgesehen waren.

Früh am Morgen wurde die Prinzessin durch ein Ständchen geweckt, das die Bewohner von Kensington vor dem Schloß darbrachten. Dann nahm sie die Geburtstagsgeschenke entgegen, darunter einen Flügel, den ihr der König geschickt hatte. Danach wurden, wie Sir Sidney Lee finster bemerkt, „ihrer Mutter Adressen öffentlicher Körperschaften überreicht". Die Herzogin, die in der Erregung des Augenblicks ihren Kummer vergaß, war so redselig, lebhaft und taktlos wie je. In Erwiderung auf die von der Londoner Stadtbehörde überreichte Ehrenurkunde hielt sie eine lange Rede, die Sir John Conroy für sie verfaßt hatte. Sie erwähnte die „königlichen Rundreisen" ihrer Tochter, die sich mit allen Schichten des Volkes vertraut gemacht habe, und beklagte sich bitter über die Geringschätzung, mit der sie von der königlichen Familie behandelt werde. Der Rest dieser Ansprache, die ein regierender Fürst hätte halten können, handelte von der „Verbreitung der Religion, der Erhaltung der verfassungsmäßigen Vorrechte der Krone und dem Schutz der Freiheit des Volkes als den vornehmsten Aufgaben eines Herrschers".

Nachdem die Abordnungen sich empfohlen hatten, widmete man sich leichteren Vergnügungen. Die Prinzessin besuchte die Royal Academy am Trafalgar Square, wo die Untertanen ihres

Onkels sie in großen Scharen begrüßten. Sie unterhielt sich mit dem Dichter Rogers, und als sie von der Anwesenheit des Schauspielers Charles Kemble erfuhr, ließ sie sich ihn vorstellen. Abends fand der Hofball zur Feier ihrer Volljährigkeit statt, den aber wegen des Gesundheitzustandes des Königs weder er noch die Königin besuchen konnten. Auf dem Ball wurde ihr Graf Eugen Zichy vorgestellt, „berühmt", wie sie dem König der Belgier berichtete, „durch seine prachtvollen Türkisen und als Walzertänzer ein gutmütiger Elegant". Später schrieb sie, daß ihm die Uniform ausgezeichnet stehe, aber Zivilkleidung nicht. Auch Graf Waldstein, der in seiner prächtigen ungarischen Uniform bemerkenswert gut aussah, wurde ihr vorgestellt. Leider konnte sie nicht mit ihm tanzen, wie sie gern getan hätte; denn er tanzte keine Quadrille, und Walzer und Galopp vertrugen sich nicht mit ihrer Stellung. Der Tag nahm einen glücklichen Verlauf, und die Herzogin vergaß ihren Kummer über ihre eigene Unbesonnenheit. Aber schon einige Tage später wurde sie von neuem gedemütigt. Lord Conyngham, der Lordkämmerer, erschien im Kensington-Palast mit einem Brief des Königs an die Prinzessin. Als er in das Zimmer geführt worden war, in dem die Prinzessin und die Herzogin saßen, streckte diese sofort ihre Hand nach dem Brief aus. Lord Conyngham bat sie mit ernster Miene um Verzeihung, aber er habe ausdrückliche Weisung, den Brief der Prinzessin selbst auszuhändigen. Die Herzogin warf ihm einen vernichtenden Blick zu und zog sich zurück. Die Prinzessin öffnete den Brief und las ihn. Der König bot ihr ein jährliches Taschengeld von zehntausend Pfund an; diese Summe solle zu ihrer eigenen Verfügung stehen und dürfe von ihrer Mutter nicht angegriffen werden. Die Herzogin war wütend. Hatte sie deshalb ihre Tochter zu dieser bewundernswerten Einfachheit erzogen? Viertausend Pfund im Jahr wären reichlich genug für das junge Mädchen, und es wäre nur recht und billig, wenn man ihr die restlichen sechstausend Pfund anböte.

Der König der Belgier schrieb einen aufgeregten Brief an sein „liebstes Kind": „Du hast Streit und Schwierigkeiten gehabt, über die ich nichts Genaueres weiß. Ich bin sehr neugierig, welche Summe der König Dir für Deine Versorgung angeboten hat. Ich will mit meiner Meinung zurückhalten, bis ich besser darüber unterrichtet bin. Aber was ich gerüchtweise hörte, könnte ich nicht gutheißen, da ich es für unangebracht halte. Zweierlei erscheint mir notwendig: Du darfst Dich an keine Abmachung binden, die Dir nicht liegt, ferner mußt Du auf jeden Fall einen Bruch mit Deiner Mutter vermeiden . . . Ich bin sehr neugierig, was er Dir angeboten hat. Es steht ganz bei Dir, seinen Vorschlag abzuändern; denn auf Deine Zustimmung wird er nicht gut verzichten können. " Wenn seine Nichte, so überlegte König Leopold, erst ihr eigenes Einkommen hatte, dann dürfte es schwerer halten, das Tun und Treiben der künftigen Königin von England mit wachsamem Vaterauge zu verfolgen. Das „liebste Kind" hatte aber schon vor Empfang seines Briefes an König William geschrieben und sein freundliches Anerbieten mit Dank angenommen. Dabei hatte sich wieder der seltsame Ausdruck in ihren Augen gezeigt, und ihr Mund hatte einen Zug bekommen, den man später öfter an ihr sah.

König William schien sich noch einmal von seiner Krankheit erholt zu haben. Aber sie war nicht spurlos an ihm vorübergegangen, und infolgedessen war es bei Hofe noch langweiliger geworden als zuvor. Lady Gray, die etwa um diese Zeit in Windsor Castle zu Besuch war, erzählte Creevey „mit ihrer Leidensmiene", sie sei „mehr tot als lebendig. Die Langeweile, die sie bisher über sich habe ergehen lassen müssen, sei nichts im Vergleich mit der Trübsal der beiden letzten Abende. Sie könne keine Mahagonitische mehr sehen, sie hätte gerade genug von dem einen, um den sie mit der Königin und dem König, der Herzogin von Gloucester, Prinzessin Augusta und Madame Lieven stundenlang herumgesessen habe. Die Königin habe an einer Geldbörse gestrickt oder gehäkelt; der König habe geschlafen, um von Zeit zu Zeit mit den Worten: ‚Sehr richtig, Ma'am!' aufzuwachen und gleich wieder einzunicken." Die Besserung des Königs aber war nicht von Bestand. Der arme, freundliche alte Mann, von dem seine Nichte sagte, er sei „wunderlich, sehr wunderlich und einzig in seiner Art" gewesen, seine Absichten seien aber sehr oft verkannt worden, er habe sich aber „stets freundlich" gegen sie gezeigt, brach plötzlich zusammen. Bald verbreitete sich das Gerücht, daß er im Sterben liege. Der König der Belgier schrieb in größter Aufregung an seine Nichte: „Laß

Dich nicht beunruhigen durch die Aussicht, wider Erwarten bald Königin zu werden. An Hilfe wird es Dir nicht fehlen. Die Hauptsache ist, daß Du ein paar anständige Menschen um Dich hast, denen Dein Wohl wirklich am Herzen liegt. Stockmar wird uns in dieser Beziehung nicht enttäuschen. Wir wollen nur hoffen, daß eine befriedigende Tätigkeit seine Gesundheit vor Schaden bewahrt ..." Der König wußte, daß sein Freund ein „eingebildeter Kranker" war. Im nächsten Brief, eine Woche später, hieß es: „Du darfst in allen Schwierigkeiten auf meinen treuen Beistand zählen, außerdem steht Dir Stockmar zur Verfügung." Und er fügte hinzu, denn Humor war nicht seine starke Seite: „Mir kommt es vor allem darauf an, daß Du niemandes Werkzeug wirst!" Der König der Belgier konnte kaum der Versuchung widerstehen, persönlich herüberzukommen, um das Verhalten und die Politik seiner Nichte zu überwachen. Aber er hatte doch das Gefühl, daß es besser und klüger sei, diesem Verlangen nicht nachzugeben: „Meine Überlegung sagt mir", so schrieb er, „daß es besser ist, Dich erst später zu besuchen. Wenn Du mich aber irgendwann einmal brauchen solltest, würde ich im Augenblick da sein. Man könnte sich einbilden, ich käme, um Dich zu beherrschen, während ich mir schmeichle, gerade das Gegenteil zu wollen. Schließlich könnte man mein Kommen mit Mißtrauen betrachten oder zumindest so tun, als ob ich das Land in eigennütziger Absicht regieren wollte."

Unterdessen ging es mit seinem einstigen Gegner, dem armen, gutmütigen, alten Matrosenkönig mit dem Eastend-Aussehen und den „Achterdeck-Manieren" schnell zu Ende. Sonntag, den 18. Juni, fiel dem Sterbenden beim Erwachen ein, daß heute der Jahrestag von Waterloo war. Er sagte zu Dr. Chambers: „Lassen Sie mich noch diesen denkwürdigen Tag überleben. Ich werde keinen zweiten Sonnenuntergang mehr sehen." Dr. Chambers anwortete: „Ich hoffe, daß Eure Majestät noch recht viele Sonnenuntergänge sehen werden." „Ach, das ist ganz was anderes, ganz was anderes!" erwiderte der König.

Als am Abend der Erzbischof von Canterbury das Zimmer des Königs betrat, begrüßte ihn eine schwache Stimme: „Der Erzbischof gehört ganz gewiß zu den Menschen, die für mich beten!", und als er ging, faltete der König seine Hände über der Brust und sagte: „Gott segne Euch, lieber, würdiger Mann, tausend, tausend Dank!" Am nächsten Morgen flüsterte er, nur wenige Stunden vor seinem Tode, der Königin zu: „Ich will noch einmal aufstehen, um die Regierungsgeschäfte zu erledigen." Als er in seinem Rollstuhl aus dem Schlafgemach in den Ankleideraum gefahren wurde, wandte er sich um und winkte freundlich lächelnd dem Gefolge der Königin zu, das weinend an der Tür stand. Obwohl der letzte Lebensfunke fast erloschen war, fand er noch die Kraft, seine Umgebung zu trösten. Als der Erzbischof von Canterbury abends im Schlafzimmer des Sterbenden die Krankenbettandacht hielt, sagte der König, wie er zum erstenmal seit seiner Erkrankung die Königin hemmungslos ihrem Schmerz sich hingeben sah, tröstend zu ihr: „Kopf hoch! Kopf hoch!"

Die Königin hielt die ganze Nacht über, neben dem Bette kniend, seine Hand in der ihren. Diese Hand war noch warm, und sie konnte nicht glauben, daß er für immer von ihr gegangen war.

Zwei Tage im Juni

Am Dienstag, dem 20. Juni 1837, konnte man um fünf Uhr morgens zwei Herren von ernstem und würdigem Aussehen vergeblich am Tor des Kensington-Palastes klopfen hören. Nur mit Mühe gelang es ihnen, den Pförtner zu wecken. Als sie ihm erklärten, sie seien der Erzbischof von Canterbury und der Lordkämmerer und müßten sofort die Prinzessin sprechen, weigerte er sich, kurz angebunden, diese zu stören. Nach einstündigen, aufgeregten Verhandlungen ließ er sich schließlich brummend dazu herbei, die Baronin Lehzen zu wecken, die, vor Aufregung und Neugierde ganz außer Atem, heruntergeflattert kam und dabei wie ein Vogel im Laub raschelte. Kaum hatte sie die Neuigkeit erfahren, als sie zur Herzogin stürzte. Beide weckten die Prinzessin, und nach wenigen Augenblicken kam eine kleine Gestalt im Morgenrock zum ersten Male allein die Treppe herunter. Sie war eingehüllt in einen langen Schal, das blonde Haar fiel lose über den Rücken, die kleinen Füße staken in Pantoffeln. Die Tür zu dem Zimmer, in dem der Erzbischof und Lord Conyngham warteten, öffnete sich, und herein trat die achtzehnjährige Königin von England. Lord Conyngham kniete nieder, küßte ihr die Hand und berichtete leise vom Tode des Königs. Der Erzbischof folgte seinem Beispiel. Die kleine Königin fragte mit Tränen in den Augen und gefalteten Händen, wie es ihrer Tante, der Königin-Witwe ginge, ob sie vor Schmerz zusammengebrochen sei, was man zu ihrem Troste tun könne.

Sie hatte ihren geschäftigen, wichtigtuenden und gutmütigen alten Onkel gern gehabt, der immer freundlich zu ihr gewesen war, nachdem er ihr erst einmal den „steinernen Blick" verziehen, und der ihr ein Taschengeld von zehntausend Pfund zugedacht hatte, um sie von ihrer Mutter unabhängig zu machen. Die

Tatsache, daß die Mama und Onkel Leopold sich so viel mit ihm gezankt hatten, war für sie kein Grund gewesen, ihm abhold zu sein. Darum hatte die Königin von England auch Tränen in den Augen, als sie langsam die Treppe hinaufstieg, um sich in dem einfachen, kleinen Raum neben dem Schlafzimmer, das sie mit der Mutter teilte, anzukleiden. Die Tränen entsprangen aufrichtiger Trauer. Die Achtzehnjährige aber besaß sehr viel Lebenskraft; deshalb war es kein Wunder, daß dies größte Ereignis in ihrem Leben sie bei aller Trauer in freudige Erregung versetzte. Nun war es vorbei mit gestopften Musselinkleidern und mütterlichen Vorwürfen. Nie wieder würde sie im Zimmer der Mutter schlafen, denn die Königin von England mußte ein eigenes Zimmer haben. Eine seltsame Härte verwandelte für einen kurzen Augenblick den kleinen, hübschen, aber eigenwilligen Mund, und die blauen Kinderaugen schienen ein wenig mehr vorzutreten als gewöhnlich. Vielleicht aber war nur die Sommersonne daran schuld, die durch die halbgeschlossenen Fensterläden drang. Diesen Gesichtsausdruck sah man in späteren Jahren oft: Sir Robert Peel mußte ihn sehen, einmal auch Fürst Bismarck, am häufigsten aber Lord Palmerston.

Schnell kleidete sie sich an und lief nach unten in ein Zimmer, das von hellem Sonnenlicht durchflutet war. Hier war der Frühstückstisch bereits gedeckt, hier wartete auch der liebe, freundliche Baron Stockmar, der gute Freund und Ratgeber ihres Onkels Leopold. Er war ernst, er hatte die Nachricht schon gehört. Zugleich aber drückte sein Gesicht einen heimlichen Triumph aus. Der Baron hatte zum Frühstück noch weniger als sonst zu sich genommen, da sich durch die plötzliche Erregung und selbstverständlich durch die Trauer um den verstorbenen König sein altes Leiden, die schlechte Verdauung, wieder meldete. Gleichwohl war er mit vielen freundlichen Ratschlägen zur Hand und ebenso ehrerbietig wie väterlich zu der kleinen Königin.

Nach dem Frühstück mußte sie schnell einen Brief an ihren Onkel schreiben, der so fern in Belgien weilte, außerdem einen Brief an ihre Schwester; und noch ehe die große Turmuhr neun geschlagen hatte, suchte der Ministerpräsident, Lord Melbourne, ein stattlicher und gleichzeitig väterlicher Mann, bei seiner Königin in voller Hoftracht um eine Audienz nach. „Es ist immer meine Absicht gewesen", sagte sie zu ihm mit ihrer angenehmen, jugendlichen Stimme, „Eurer Lordschaft und dem übrigen Ministerium die Führung der Staatsgeschäfte weiterhin zu übertragen." Als Lord Melbourne sie verlassen hatte, war der Augenblick gekommen, einen Beileidsbrief an ihre liebe Tante, die Königin Adelaide, zu schreiben, die stets so gut zu ihr gewesen war. Kaum war sie damit fertig, als der Herzog von Sussex erschien und vor der neuen Königin niederknien wollte. Aber sie ließ es nicht zu, sondern umarmte und küßte ihn herzlich. Dann kam der große, ehrwürdige Herzog von Wellington und alle waren so ehrerbietig und lieb zu ihr. Sie war nun nicht mehr die kleine Prinzessin Drina. Sie war Alexandrina Victoria, Königin von England.

Der unruhige Tag aber brachte noch weitere Aufregungen. Um elf Uhr erschien Lord Melbourne abermals und bat um eine Audienz, und um halb zwölf war der große Augenblick dieses sehr traurigen, aber herrlichen Tages gekommen: der in aller Eile einberufene Kronrat erwartete die Königin. Ihre Oheime, die Herzöge von Cumberland und Sussex, bejahrte Minister, würdige Bischöfe und Generäle, alle warteten. Dann sahen sie, so schreibt Strachey, „wie die Türflügel aufsprangen, und ein sehr kleines, sehr schmächtiges junges Mädchen in schlichter Trauerkleidung allein in den Saal trat und mit ungewöhnlicher Würde und Anmut auf seinen Platz ging". Als sie sich gesetzt hatte, verlas sie eine von Lord Melbourne sorgsam ausgearbeitete Rede. Sie sagte: „Eine schwere Verantwortung ist mir plötzlich und in so frühem Lebensalter zugefallen"; sie erklärte, daß sie „in England unter der zärtlichen Obhut einer sie herzlich liebenden Mutter aufgewachsen" sei, und daß sie „von Jugend auf gelernt habe, die Verfassung ihres Vaterlandes zu achten und zu lieben."

„Sie saß nicht bloß auf ihrem Sessel", so berichtete der Herzog von Wellington wenige Stunden nach diesem Kronrat, „sondern beherrschte den ganzen Saal." Nicht nur der Herzog, sondern alle Versammelten, Sir Robert Peel, Lord Melbourne, sogar der übellaunige Croker und der brummige Greville, waren des Staunens voll über ihre vollendete königliche Haltung. Mit ihrer

58

schönen, jugendlichen Stimme las sie die Rede laut vor, und dann sah man, um abermals Strachey anzuführen, „eine kleine Gestalt sich erheben und mit der gleichen vollendeten Anmut, der gleichen erstaunlichen Würde die Versammlung verlassen – allein, wie sie gekommen war". Die Königin ging durch das Vorzimmer des Ratssaals und traf hier die sie herzlich liebende Mutter, unter deren zärtlicher Obhut sie in England aufgewachsen war. Nun war endlich, so dachte die Herzogin, von Stolz geschwellt, die große Stunde gekommen: jetzt hatte sie die Macht in der Hand, für die sie achtzehn lange Jahre gekämpft und gelitten hatte. Die Tochter trat ins Zimmer und blieb stehen. „Und jetzt, Mama", fragte das gehorsame Kind, „bin ich also wirklich und wahrhaftig Königin?" „Wie du siehst, liebes Kind!" erwiderte die ehrgeizige Frau. „Dann, liebe Mama, hoffe ich, daß du mir die erste Bitte erfüllen wirst, die ich als Königin an dich richte. Laß mich für eine Stunde allein!"

Während ihre Tochter sprach, fiel ein leichter Schatten auf die Seele der Herzogin, und sie fror ein wenig trotz der Wärme des Junitages. Was war mit dem Kind vorgegangen, daß es der eigenen Mutter gegenüber seine Stellung als Königin betonte? Allein wollte es sein und hatte doch noch niemals auch nur für eine halbe Stunde erfahren, was Einsamkeit hieß? Die Königin lächelte ihrer Mutter zu und verschwand durch die Tür. Als sie nach einer Stunde wieder erschien, befahl sie, ihr Bett aus dem Schlafzimmer der Mutter zu entfernen.

Als die Herzogin dies hörte, ließ sie ihre dicken, ausdruckslosen Hände kraftlos in den Schoß fallen. Ihre Federn und Seidenbänder wehten nicht mehr wie Fahnen hoffnungsvoll im Winde.

Dafür also hatte sie sich achtzehn Jahre lang gemüht, dafür ihr Leben der Aufgabe gewidmet, den Charakter ihrer Tochter zu bilden! Es war ihre Hoffnung, ihr Ziel gewesen, die eigentliche Herrscherin Englands zu werden. Um dieser Hoffnung willen hatte sie ihre Tochter so streng erzogen und so sorgsam behütet.

Die Herzogin gab sich keiner Täuschung über ihre Zukunft hin. Sie wußte, daß man sie mit aller gebührenden Achtung, die ihr als Mutter der Herrscherin zukam, behandeln würde. Sie würde sich nie zu beklagen haben. Aber sie wußte auch, daß eine Tür ins Schloß gefallen war und sich niemals wieder öffnen würde.

All das sah die Herzogin, als sie ein Taschentuch an ihre bebenden Lippen preßte. „Il n'y a pas d'avenir pour moi", sagte sie zu Madame de Lieven, „je ne suis pour rien." Ihre Ahnungen hatten sich erfüllt. Sie, die achtzehn Jahre ihres Lebens für ihr Kind – „mon amour, mes délices" – hingegeben und für sein Wohl gekämpft und sich herumgeschlagen hatte, würde nun ihren Platz, fern vom Leben des Kindes, angewiesen bekommen. Die Lehzen, die treuergebene Lehzen genoß das Vertrauen der Königin von England und erfuhr alles. Als bald darauf die Königin in den Buckingham-Palast übersiedelte, erhielt ihre Mutter eine Zimmerflucht weit entfernt von den Räumen der Tochter zugewiesen, während die Lehzen ihr Schlafzimmer neben dem der Königin hatte.

Oben kritzelte „das Kind" in seinem Tagebuch: „Da es der Vorsehung gefallen hat, mich an diesen Platz zu stellen, werde ich mein Äußerstes tun, um meine Pflicht dem Lande gegenüber zu erfüllen. Ich bin sehr jung und in vielem, wenn auch nicht in allem, noch ohne Erfahrung. Aber sicherlich gibt es nur wenige, die ehrlicher und ernster als ich bestrebt sind, gut und richtig zu handeln."

Der nächste Tag brachte ihr ein neues Leben vom Augenblick des Erwachens bis spät nachts, als sie ihre Kerze löschte. In der Frühe des strahlenden Junitages mußte sie in vollem Staat zum St. James-Palast fahren, um dort der Proklamation ihrer Thronbesteigung beizuwohnen. Sie stand im Saal des Kronrats am offenen Fenster zwischen Lord Melbourne und Lord Landsdowne und schaute auf ein Meer von Gesichtern unten im Schloßhof, während die Herolde ihre Botschaft ausriefen. Eine unübersehbare Menge jubelte gerührt dem jugendlichen, anmutigen kleinen Menschenkind zu, und Taschentücher wurden geschwenkt. „Beim ersten Freudengeschrei wich alle Farbe aus dem Gesicht der Königin", schrieb Lord Albemarle, der Oberstallmeister, „und ihre Augen füllten sich mit Tränen."

Vielleicht dachte der alte Mann an einen schönen Maitag vor acht Jahren, als er durch eine Rosenhecke ein kleines Mädchen in einem gestopften Musselinkleid gesehen hatte, das seinen kleinen Garten begoß.

Nach der Proklamation zog sich Ihre Majestät in das Dunkel des Saales zurück und gewährte dem Lordkanzler und dann dem Oberbefehlshaber des Heeres eine Audienz; um die Mittagsstunde hielt sie ihren zweiten Kronrat ab, diesmal im St. James-Palast. Später am Tage wurde die Proklamation auf dem Trafalgar Square, in Temple Bar und vor der Königlichen Börse wiederholt.

Der Sommertag schien viel zu kurz für all die Ereignisse, und der verkniffene Mund, die sorgfältig gepuderten, roten Augenlider und die plötzlichen, unterdrückten, unmutigen Gebärden der Herzogin von Kent blieben unbeachtet. Victoria war Königin von England. Strachey erzählt: „Es ging eine Woge der Begeisterung durch das Volk. Empfindsamkeit und Romantik kamen in Mode, und der Anblick der mädchenhaften Königin, die unschuldig und bescheiden mit blondem Haar und rosigen Wangen durch die Hauptstadt fuhr, erfüllte die Herzen der Zuschauer mit Begeisterung, Liebe und Ergebenheit."

„Wir haben ruhmreiche weibliche Herrscherinnen gehabt", äußerte wenig später Lord John Russell, der Innenminister in Lord Melbournes Kabinett. „Das Zeitalter Elisabeths und Annas hat uns große Siege beschert. Wir wollen hoffen, daß uns jetzt eine Frau durch Taten des Friedens Ruhm bringen wird, eine Elisabeth ohne Tyrannei, eine Anna ohne Schwäche. Durch die endgültige Abschaffung der Sklaverei, durch eine fortschrittliche Strafgerichtsbarkeit und Hebung der Allgemeinbildung möge Victorias Regierung unter den Völkern der Erde und bei der Nachwelt berühmt werden."

Bald wurde der Name Victoria ein Symbol für alles, was gut und schön war. Als kurz nach der Thronbesteigung der Königin ein leichter Wagen erfunden wurde, nannte man ihn nach ihr. Eine große Wasserlilie, die 1838 aus Guayana nach England gebracht wurde und 1849 zum ersten Mal blühte, erhielt den Namen Victoria Regia. Der Gipfel von allem aber war, daß die Kopfstation der London-, Chatham- und Dover- und der London-, Brighton- und Süd-Bahnen im Jahre 1846 mit ihrem Namen geschmückt wurde.

Frühzeit

Mit der Thronbesteigung der Tochter des Herzogs von Kent begann ein neues Zeitalter. Ihr Vater hatte noch alle Fehler und Tugenden eines vergangenen Jahrhunderts besessen und war doch zugleich ein Vorläufer des neuen Jahrhunderts gewesen, dessen Beginn er noch miterlebt hatte. Das neue Zeitalter kündigte sich schon seit achtzig Jahren an: es war das Zeitalter des Mittelstandes mit all seinen Tugenden und Lastern, das Zeitalter des Kapitalismus und des Handelsgeistes, die Zeit der Maschinen, in der das Pferd durch die Triebkraft, der Mensch durch den mechanischen Webstuhl ersetzt wurde. Die Regierungszeit der Königin Victoria brachte den Sieg des Kapitalismus und seiner Ideale, zu denen sich seltsamerweise eine übertriebene Schätzung der persönlichen Tüchtigkeit gesellte. Das Elend daheim durfte sich bis zum äußersten steigern, solange es nur eine Folgeerscheinung der eigenen Leistung war.

Mit der Erfindung der Dampfschiffahrt, dem Bau von Kanälen und Eisenbahnen begann das Zeitalter der Industrie, das sich schon vor achtundsiebzig Jahren angekündigt hatte, als James Brindle den ersten großen englischen Kanal baute. Im Jahre 1811 war auf dem Clyde ein Dampfschiff vom Stapel gelaufen, nachdem diese neuen Erfindung 1807 zum ersten Male auf dem Hudson vorgeführt worden war. Im Jahre 1830 endlich wurde die erste große Eisenbahn von Liverpool nach Manchester eröffnet.

Die eigentliche Blüte des Industriezeitalters begann aber erst mit der Wiederbelebung des Handels nach der Krise von 1847. Damals erlebte der Handel nach der Aufhebung der Kornzollgesetze und den darauf folgenden Finanzreformen einen großen Aufschwung. In Kalifornien und Australien wurde Gold entdeckt. In den Kolonien entwickelten sich mit großer Geschwindigkeit Absatzmärkte und verschlangen die englischen Fertigwaren. In Indien wurden Millionen von Handwebern durch die mechanischen Webstühle in Lancashire zugrunde gerichtet. China wurde erschlossen. Vor allem aber wurden die Spinnmaschinen und die neuen Verkehrsmittel, Eisenbahn und Dampfschiff, jetzt im internationalen Verkehr ausgebaut. Die große, ruhmreiche Industrierevolution hatte begonnen. All die hungrigen, zerlumpten armen Teufel, die für einen Stundenlohn von einem Penny täglich vierzehn bis sechzehn, manchmal auch hintereinander sechsunddreißig bis vierzig Stunden in einer schmierigen Hölle von Dampf und Gestank an ihren Arbeitsplätzen standen, all die verkommenen Gestalten, die durch die Elendsviertel schlichen und die nicht einmal an der sinnlosen Plackerei teilhaben durften, weil die Maschine den Menschen weitgehend ersetzt hatte, – sie alle sollten die großen Erfindungen preisen.

So sah die Frühzeit aus. Zwölf Jahre vor der Thronbesteigung der jungen Königin war im Parlament zum ersten Mal die große Eisenbahnvorlage aufgetaucht; der alte Creevey saß im Ausschuß, der den Entwurf des Gesetzes über die London- und Manchester-Eisenbahn zu prüfen hatte. Dabei stellte er fest, daß seine Freunde Lord Derby und Lord Sefton, gleich den meisten Grundbesitzern, die Pläne der Eisenbahningenieure mit Mißtrauen und Abneigung betrachteten. „Ich bin zu dem Schluß gekommen", sagte er am 16. Mai 1828 zu Ord, „daß Ferguson verrückt ist. Er hatte Schaum vor dem Mund, so ereiferte er sich in unserem Eisenbahnausschuß für die teuflische Erfindung der Lokomotive, eines Ungeheuers, das achtzig Tonnen befördert und dabei das ganze Land zwischen Manchester und Liverpool mit Qualm- und Schwefelschwaden überzieht. Unterstützung fand er, bis auf Sir Roberts Peels Sohn, nur bei den Schotten; alle Grundbesitzer der Gegend waren gegen ihn, sogar seine besten Freunde, die alle da waren, wie Lord Stanley, Lord Sefton, Lord George Cavendish usw." Am 1. Juni konnte Creevey mitteilen, daß dieses „verteufelte Eisenbahnprojekt endlich abgewürgt" sei.

Neun Jahre später allerdings nahm selbst ein Mann von Welt wie Greville eine etwas andere Haltung ein. Er konnte dem Reiz, einmal diese Erfindung der Neuzeit zu benutzen, nicht widerstehen. „Ich hatte das Nichtstun satt", schrieb er am 18. Juli, „und mochte auch von der Königin und den Wahlen nichts mehr hören. Also entschloß ich mich zu einer Luftveränderung. Ich wollte mir einmal die Birmingham-Eisenbahn, Liverpool und die Rennen ansehen. Sonntag nachmittag um fünf brach ich auf, kam Montag früh um einhalb sechs Uhr nach Birmingham und stieg um einhalb acht in die Eisenbahn. Es gibt nichts Bequemeres als das Fahrzeug, in das man mich setzte: es war eine Art zweisitziger Kutsche. Es ist auch nichts Unangenehmes bei der ganzen Sache außer dem heftigen, üblen Gestank, gegen den man sich nicht ganz schützen kann. Zuerst fühlt man eine leichte Nervosität; es kommt einem vor, als liefe etwas mit einem davon. Aber bald stellt sich doch ein Gefühl der Sicherheit ein, und die Geschwindigkeit macht Spaß. Stadt um Stadt, ein Schloß und ein Park nach dem anderen fliegen vorüber wie schnell wechselnde Bilder eines lebendigen Panoramas. Auch das hastige Hin und Her beim Umsteigen und Anhalten macht die Fahrt äußerst unterhaltsam. Der Zug war sehr lang, und die Leute steckten die Köpfe heraus, wenn sie draußen die Stimmen ihrer Bekannten hörten. Da gab es Begrüßungen und überraschte Fragen: ‚Wohin reisen Sie?' und: ‚Wie in aller Welt kommen Sie hierher?' Wenn man bedenkt, daß diese Einrichtung noch neu ist, gibt es wenig an ihr auszusetzen, und alle anderen Reisearten sind, damit verglichen, beschwerlich und langweilig. Es war diesmal ganz besonders lustig, da so viel los war."

Bald sollte Greville ein „Panorama" von ganz anderer Art kennenlernen, das er durchaus nicht lustig oder ansprechend fand: den Hof der achtzehnjährigen Majestät in Schloß Windsor, wo er als Sekretär des Kronrats zu Besuch weilte. Es gab dort anscheinend keinen Raum, in dem die Gäste zusammenkommen, sitzen, ruhen und nach Belieben schweigen oder sich unterhalten konnten, mit wem sie wollten. Zwar war ein Billard vorhanden; es befand sich aber in einem so abgelegenen und unzugänglichen Teil des Schlosses, daß es kein Gast je entdeckte. Es gab auch eine große Bibliothek mit sehr vielen Büchern, aber nie war ein menschliches Wesen darin zu finden, mit Ausnahme des Bibliothekars. Die Beleuchtung war schlecht und der Raum enthielt kein einziges Möbelstück, das ihn wohnlich gemacht hätte. Es gab zwei Frühstückszimmer, eines für die Hofdamen und die Gäste, ein zweites für die Stallmeister, aber auch dort war es ungemütlich. Kurz: Windsor war eine Stätte der Langeweile und obendrein unbehaglich. Bis zum Lunch, bei dem Ihre Majestät erschien (sie frühstückte in ihrem Zimmer und arbeitete den ganzen Vormittag), war wenigstens die Etikette etwas gelockert. Aber nach dem Essen mußte man an einem langen Ausritt teilnehmen.

Die Königin ritt an der Spitze und Lord Melbourne neben ihr. Nach der Rückkehr spielte Ihre Majestät Klavier oder Harfe, sang, vergnügte sich mit Federballspiel und tollte mit Kindern herum. Das war alles sehr ermüdend und langweilig für einen Mann von Welt, der an Unterhaltungen mit Macaulay und an die glänzende Gesellschaft von Holland House gewöhnt war. Dann mußte man auch noch die Abende über sich ergehen lassen, nicht endenwollende Stunden nach dem Essen; denn es war den Herren nicht gestattet, beim Wein sitzen zu bleiben. Greville seufzte gelangweilt. „Wenn die Gesellschaft wieder im Salon beisammensaß", erzählte Strachey, „herrschte strenge Etikette. Die Königin sprach der Reihe nach einige Minuten mit jedem Gast; bei diesen kurzen, gezwungenen Gesprächen machte sich die ganze Leere des königlichen Zeremoniells peinlich bemerkbar." Am Abend nach Grevilles Ankunft richtete die junge Gastgeberin an diesen „Lebemann in mittleren Jahren mit dem strengen Gesicht" das Wort. „Sind Sie heute ausgeritten, Mr. Greville?" fragte die Königin. „Nein, Madam, ich bin nicht ausgeritten", erwiderte Greville. „Es war ein schöner Tag heute", fuhr die Königin fort. „Jawohl, Madam, ein sehr schöner Tag", sagte Greville. „Allerdings war es ziemlich kalt", sagte die Königin. „Jawohl, ziemlich kalt", sagte Greville. „Ihre Schwester, Lady Frances Egerton, reitet doch auch, nicht wahr?" fragte die Königin. „Jawohl, Madam, sie reitet zuweilen", sagte Greville. Es entstand eine Pause, und dann wagte Greville, die Führung des Gespräches zu übernehmen, traute sich indessen nicht, das Thema zu wechseln. „Sind Eure Majestät heute ausgeritten?" fragte er. „O ja, ich bin sogar sehr weit geritten", erwiderte die Königin angeregt. „Haben Eure Majestät ein gutes Pferd?"

fragte Greville. „Ein sehr gutes Pferd!" sagte die Königin. Damit war die Unterhaltung zu Ende. Ihre Majestät neigte lächelnd das Haupt, Greville machte eine tiefe Verbeugung, und dann begann das nächste Gespräch mit dem nächsten Herrn.

Bald, dachte Ihre Majestät bei sich, würden diese ermüdenden Pflichtunterhaltungen zu Ende sein, und sie würde mit Lord Melbourne plaudern und ihn um seine Meinung über alle möglichen Dinge fragen können. Wie schön und anregend war der Tag gewesen! Zuerst der lange Galopp durch die kalte, prikkelnde Luft mit Lord Melbourne, dann zwei schöne Stunden mit der geliebten, hübschen Kusine Victoire, der sie die Herrlichkeiten ihres ganzen Hauses gezeigt hatte, ihres eigenen Hauses, bis zu den Küchenräumen hinunter. Wie schön war es, einen eigenen Haushalt zu haben, mit Küchen, Vorratskammern, Frühstückszimmern und Bibliothek!

Viel zu kurz waren die Tage für all die Glückseligkeit. Es gab freilich auch traurige Erlebnisse, zum Beispiel an jenem bösen Apriltag des Jahres 1838 die Nachricht vom Tode der guten alten Mrs. Louis, die einst Prinzessin Charlottes treue Gesellschafterin und auch eine alte Freundin der Königin gewesen war. Da hatte sie in ihr Tagebuch geschrieben: „Ich fühlte mich bei Tisch sehr unglücklich, so lustig ich mich auch gab. Ich hätte am liebsten immerzu geweint. Meine Nerven waren erschüttert durch den Verlust der lieben Louis und durch den Zwang, meinen Schmerz vor anderen Menschen verbergen zu müssen. Als ich endlich im Bett war, habe ich über eine halbe Stunde in Tränen gelegen, ehe ich einschlief. Ich sah sie in Gedanken vor mir: in ihrem Zimmer zu Claremont im weißen Morgenrock beim Frühstück; und dann eines Abends bei mir im Zimmer, in ihrem besten Kleid, in aufrechter Haltung, wie immer. Dann sah ich sie auf ihrem Sterbebett, bleich und abgezehrt, aber immer noch mit dem alten Gesichtausdruck, lebhaft und stark wie stets. Diese Bilder hatte ich vor Augen! Aber in meinen Kummer mischte sich Dankbarkeit, daß sie ein so friedliches und glückliches Ende gehabt hatte."

Nie konnte die Königin ohne Schmerz an ihre treue, alte Freundin denken. Trotzdem ist Greville kaum dafür zu tadeln, daß er bei der eben geschilderten Unterhaltung über das Reiten die wahre Natur dieses jungen Menschenkindes nicht durchschaut hat.

Die Königin wandte sich also dem nächsten Herrn zu. Nachdem alle der Reihe nach angeredet waren, setzte sich die Herzogin von Kent zum Whist, die Königin besah Zeichnungen und plauderte mit Lord Melbourne, der ständig neben ihr saß. Die übrige Gesellschaft vertrieb sich die Zeit, so gut es ging. Aber das leiseste Abweichen von der Etikette wurde von Ihrer Majestät mit einem hochmütigen Blick gerügt, und so schlichen die Stunden träge dahin, bis es einhalb zwölf Uhr schlug und Ihre Majestät sich zu Bett begab.

Die Herzogin von Kent spielte noch fast so gern wie früher eine Partie Whist, auf ihrem Gesicht aber erschien jedesmal ein hilfloser, verlorener Ausdruck, wenn sie ihre Tochter ansah. Sir John Conroy, ihr Majordomus, bekleidete zwar nach wie vor seinen Posten, weilte aber nie als Gast in Windsor. Nach ihrer Thronbesteigung hatte die Königin mit ihrer angeborenen Großzügigkeit und ihrem Gerechtigkeitsgefühl Sir John für die ihrer Mutter geleisteten Dienste zum Baronet gemacht und ihm eine Jahresrente von dreitausend Pfund ausgesetzt. Sie konnte ihre Abneigung gegen ihn nicht überwinden und ließ keinen Zweifel darüber, daß mit dieser Belohnung alle persönlichen Beziehungen zu ihm aufhörten. Für die Lehzen war nun die Stunde des Triumphs gekommen, Sir John Conroys Niederlage war nur ein Anzeichen unter vielen. „Der Mensch, den die Königin am meisten liebt", schreibt Greville, „ist die Baronin Lehzen. Die Lehzen und Conroy waren Gegner. Früher war noch eine Baronin Spaeth als Hofdame der Herzogin in Kensington, und die Lehzen war mit der Spaeth sehr befreundet. Conroy hatte mit dieser einen Streit und veranlaßte ihre Verabschiedung. Das hat ihm die Lehzen nie verziehen. Es mag sein, daß sie der Prinzessin eine schlechte Meinung über Conroy beigebracht hat, es ist auch möglich, daß diese Voreingenommenheit, die weder der Herzogin noch Conroy entgangen sein dürfte, wiederum deren Verhalten gegen die Lehzen beeinflußt hat ... Das Benehmen der Lehzen gegen die Herzogin ist über jeden Tadel erhaben, sie scheinen auf dem besten Fuße miteinander zu stehen. Madame de Lehzen ist als einzige ständig um die Königin ... Ihre Majestät antwortet niemals sofort auf Gesuche. Man glaubte zuerst, daß sie Lord Melbourne vorher um Rat fragte. Da es ihm mit ihr aber genauso ergeht, ist die Lehzen die Ratgeberin."

Die Lehzen feierte ihre Triumphe. Ihr Verbrauch an Kümmelkörnern und an Worten stieg, sie paßte noch schärfer auf als bisher und machte kein Hehl mehr daraus. Lord Melbourne, ein wunderlicher, etwas überspannter, aber hochgebildeter und erfahrener Mann von Welt, erkannte ihren Einfluß und bemühte sich um ihr Vertrauen und ihre Zuneigung. Er neckte sie, er schmeichelte ihr, bis schließlich ihre angeborene Steifheit etwas nachließ. Ihre Schwatzhaftigkeit ertrug er, ohne sich jemals anmerken zu lassen, wie sie ihn langweilte. Er sagte ihr kleine Artigkeiten. Die Baronin schmollte, war aber insgeheim entzückt; eine leichte Röte stieg in ihre Wangen; ihre Art, sich zu geben, wurde weniger steif, wenn auch keineswegs frei, und die reife Fülle ihrer Schultern zeigte sich weniger verhüllt.

Lord Melbourne war ein liebenswürdiger, grillenhafter und herzloser, dabei aber sentimentaler Mann. Er war herzlos aus Furcht vor einer Sentimentalität und sentimental, weil er wußte, daß sein Herz tot war, ja vielleicht nie gelebt hatte. Dieser Mensch hatte bald Herz und Vertrauen der kleinen achtzehnjährigen Königin gewonnen. Sogar die gute, treue Lehzen wurde, wenn auch nicht gerade vergessen, so doch nicht mehr erwähnt, wenn Ihre Majestät an ihrem Tagebuch schrieb. Lord Melbourne war als Ehemann geradezu unangenehm nachsichtig; Lord Byron, der Liebhaber seiner Gattin (Lady Caroline Lamb) hatte in der Mutter des Betrogenen eine Mitwisserin. Während die Beziehungen seiner Frau zu Lord Byron sich in aller Öffentlichkeit abspielten, verbrachte Lord Melbourne seine Zeit mit Scherzen, blätterte lässig in der Bibel oder las Lardners „Bemerkungen über die jüdischen Irrlehren, die Bekehrung der Maria Magdalena betreffend". Er sagte einmal: „Man versuche nie, Gutes zu tun, dann kommt man nie in Verlegenheit." Er war des Ehebruchs bezichtigt und Mitbeklagter in dem ergebnislos verlaufenen Scheidungsprozeß gegen Mrs. Norton und Lady Brandon. Als Ministerpräsident hatte er einst eine Abordnung der Gesellschaft zur Abschaffung der Todesstrafe in größte Verwirrung versetzt, weil er plötzlich, ganz versunken, ein Federchen vor sich herblies und ihre Ausführungen mit dummen Scherzworten unterbrach; dabei hatte er abends vorher die Angelegenheit genauestens geprüft. Dieser widerspruchsvolle Mensch rekelte sich nun nicht länger auf dem Sofa herum, fluchte nicht mehr, und seine Anekdoten waren so anständig, daß ein Geistlicher sie hätte erzählen können. Und das alles um eines bezaubernden, schlichten, kleinen Menschenkindes willen, das Creevey, als er es bei einem flüchtigen Besuch in Brighton sah, folgendermaßen schilderte: „Man kann sich kein schlichteres kleines Wesen vorstellen als sie, wenn sie sich ungeniert fühlt. Sie lacht aus vollem Halse, macht den Mund auf, so weit es geht, und läßt dabei ihr nicht eben hübsches Zahnfleisch sehen. Sie ißt ebenso herzhaft, wie sie lacht; ich darf wohl sagen: sie schlingt. Sie errötet und lacht so natürlich, daß jeder entwaffnet ist."

Dieses unschuldige, kleine Schulmädel, das eine unserer größten Herrscherinnen werden sollte, schaute mit großen, blauen, leicht hervortretenden Augen zu Lord Melbourne auf, hörte alles, was er sagte, und verzeichnete jeden seiner Blicke, jede Bewegung und die nebensächlichste Bemerkung in ihrem Tagebuch, das sich eine Zeitlang mit den Worten und Taten Lord Melbournes füllte: Lord M., wie er jeden Abend bei ihr saß, ... Lord M.'s Ansichten über Bücher und Theater, seine Geschichtskenntnis, sein Witz. Bei einem Gespräch über Rebhühner mit roten Beinen hatte er Lady Normanby gefragt: „Gibt es eigentlich auch bei Ihnen in Italien solche rotbeinigen Burschen? Ich meine natürlich nicht Kardinäle!" Darüber hatte die Königin lachen müssen und dabei ihr Zahnfleisch gezeigt ... Lord M., der die engen Ärmel der Königin bewunderte (mochte Mama nur ruhig über diese Artigkeit die Stirn runzeln; sie konnte doch nichts dagegen machen) ... Lord M., der sich freute, als sie ihre Locken abgeschafft hatte, auch als ihre hübsche Kusine und Herzensfreundin Victoire, die bald Duchesse de Nemours werden sollte, die ihrigen abgeschafft hatte, weil sie unvorteilhaft aussahen ... Lord M., der gesagt hatte, daß Mädchen, die Blau tragen, niemals einen Mann bekommen; er konnte nämlich Blau nicht leiden ... Lord M., der in einem grünen Rock durch die diesige, blaue Januarluft ritt und die Königin fragte, ob sie die Farbe häßlich finde. Sie hatte darauf geantwortet: „Ganz im Gegenteil!" Dabei hatte sie diese Farbe vorher noch niemals an Lord M. gesehen . . . Lord M., der für ein Reiterbildnis Modell saß und auf einem Gipspferd ohne Kopf, mit einem Regenschirm statt eines Säbels so komisch aussah . . . Lord M. brachte die Königin mit seinen Ansichten über die allgemeine Schulpflicht sehr zum Lachen: „Er hält nämlich nichts davon, und als ich ihn danach fragte, sagte er: ‚Ich wage es heutzutage nicht zu sagen, daß ich dagegen bin. Aber ich bin dagegen. . . . Die Engländer würden sich einem solchen Zwang nie unterwerfen'. Weiter sagte er, daß ‚große Menschen durch die Umstände erzogen werden' . . . und das sei ‚die beste Erziehung'." Die Königin fragte ihn, ob er nicht Miß Murrays Heim für arme Kinder mit verbrecherischen Anlagen für etwas sehr Gutes halte. Aber er schüttelte den Kopf und meinte, er habe seine Zweifel. Als die Königin sagte, daß diese Kinder doch sonst „jede Grausamkeit und Schlechtigkeit begehen" könnten, entgegnete ihr Minister: „Sie werden es trotzdem tun." Über die oft vierzehn Stunden während Fabrikarbeit sagte Lord Melbourne: „Wenn Sie doch die Güte hätten, sich nicht darum zu kümmern!" Dabei hatte dieser Sonderling den sozialistischen Schriftsteller William Godwin unterstützt und, obwohl er Owen in aller Freundschaft sagte, er sei der größte Narr, der ihm je vorgekommen sei, keinen Grund gesehen, „jemandem nur wegen seiner Ansichten eine Audienz bei seiner Königin zu versagen". Und so stellte er den alten Bekannten des Herzogs von Kent der – wie die „Quarterly Review" sich ausdrückte – „völlig ahnungslosen, jungfräulichen Königin" vor. Lord Melbourne's Gesicht zeigte oft ein halb zynisches, halb nachsichtiges Lächeln. Wie gewinnend und vielsagend aber konnte er lächeln, wenn er im Gespräch mit seiner Königin den „Schlächter von Cumberland" verteidigte. Der Herzog von Cumberland war demnach gar nicht grausam, „höchstens gegen einige Rebellen". Obgleich Lord Melbourne, nach dem Zeugnis der Königin, im richtigen Augenblick Tränen prompt zu Gebote standen, blieben seine Augen eben so oft trocken. „Nach den Bauernaufständen im Jahre 1830", schreibt G. M. Trevelyan, „ließ man zu, daß Melbourne das Ansehen der Whigs durch Grausamkeiten befleckte, für welche die Geschichte heute, da man die Tatsachen kennt, keine Entschuldigung finden kann." Ein neues Blutgericht mußte nach seiner Anweisung eingesetzt werden. Die Regierung durfte keine Schwäche zeigen. Erschrekkend viele Todesurteile wurden ausgesprochen. Viele der zum Tode Verurteilten aber wurden gnadenweise in eine lebenslängliche Hölle verbannt, wo sie von Teufeln beherrscht wurden, die sich, um die Lästerung voll zu machen, Christen nannten. Die Zahl der zur Deportation Verurteilten betrug vier- bis fünfhundert, nicht eingerechnet diejenigen, die man zur Deportation „begnadigt" hatte. Der herzzerreißende Abschied, den sie von ihren Frauen, Kindern, Eltern und Geschwistern nahmen, ist ein Schandfleck in unserer Geschichte. Nie wieder erfuhren die Angehörigen etwas über ihr Schicksal. Das war nicht einmal Lord Melbournes einziges Verbrechen. Drei Jahre vor der Thronbesteigung der Königin waren sechs Landarbeiter aus dem Dorfe Tolpuddle in Dorsetshire, bescheidene, fromme Bauern von untadeliger Lebensführung, George und James Loveless, Thomas Standfield und sein Sohn John, James Hammett und James Brine, verhaftet worden. Man hatte gegen sie ein Strafverfahren wegen „gefährlicher und aufrührerischer Zusammenrottungen" eingeleitet. Diese „Zusammenrottungen" waren das Ergebnis der Owenschen Theorien. Die Leute von Tolpuddle hatten dabei friedliche Absichten und waren lediglich zusammengekommen, um zu beratschlagen, wie sie ihre Arbeitgeber um Erhöhung ihres Wochenlohnes von sieben auf acht oder neun Schillinge veranlassen könnten. Aber der gute, wunderliche Lord Melbourne ernannte sofort einen Richter, dem bedeutet wurde, daß man von ihm einen Schuldspruch und ein möglichst hartes Urteil gegen die Leute erwarte, damit dies als warnendes Beispiel diene.

Es ist hier nicht unangebracht, das Schicksal der Männer zu verfolgen, die zu den edelsten Märtyrern unseres Volkes gehören. Einer der Brüder Loveless erklärte auf eine Frage des Richters: „Wir sind niemandes Ehre, Charakter, Person oder Eigentum zu nahe getreten. Wir haben uns nur verbunden, um uns, unsere Frauen und Kinder vor äußerster Entwürdigung und Hunger zu bewahren." Aber diese Volksheiligen, diese Apostel der christlichen Liebe wurden sämtlich zu sieben Jahren Deportation verurteilt. George Loveless schrieb die folgenden Worte auf einen Papierfetzen, den er in die Menge zu werfen versuchte, woran ihn jedoch seine Handschellen hinderten:

> *Gott führet uns! Vom Land, vom Meer,*
> *vom Amboß, Webstuhl und vom Pflug,*
> *für unser Recht ziehn wir daher*
> *und trotzen der Tyrannen Trug.*
> *Und Freiheit unsre Losung sei:*
> *Wir werden frei sein, frei und frei!*
>
> *Gott führet uns! Ohn' Schwerterklang,*
> *wir zünden nicht des Krieges Brand.*
> *Recht, Einigkeit, Vernunft verlang'*
> *für uns die Erstgeburt im Land.*
> *Und Freiheit unsre Losung sei:*
> *Wir werden frei sein, frei und frei!*

Der ungeheuerliche Urteilsspruch rief heftige Bewegung hervor. Greville berichtet, voller Bewunderung für Lord Melbournes Vorgehen, daß dieser klugerweise die Leute habe fortschaffen lassen, ehe nur das Geringste in der Sache unternommen werden konnte.

Am 25. Mai 1834 wurden sie in die Strafkolonie befördert. Auf dem Schiff waren sie in einer stinkenden Hölle untergebracht; die Schlafkojen maßen fünf Fuß und sechs Zoll, so daß keiner dieser armseligen, vom Hunger gepeinigten Menschen sich ausstrecken konnte. Nach der Ankunft mußten sie in Ketten arbeiten. Leidensgefährten, die in der Sonnenglut ohnmächtig wurden, schlug man so schrecklich, daß „sich ihr Fleisch in Wülsten übereinander schob; die offenen Stellen waren weder von Haut noch Hemd bedeckt".

Vielleicht hatte das Victorianische Zeitalter recht mit seinem Glauben an eine unbarmherzige, ewige Hölle. Manchmal glaube ich selbst daran bei allem Mitgefühl für das Leiden. Ich glaube aber nicht an eine Hölle für die Hungernden, die stahlen, um leben zu können, und für arme, fehlende Menschen, die in Versuchung geraten sind. Ich glaube an eine Hölle für jene

„Rechtschaffenen", die eine Hölle auf Erden wie die Strafkolonie Botany Bay geschaffen haben. Manchmal sehe ich den lieben, guten, wunderlichen Lord Melbourne mit einer grinsenden Teufelsfratze.

Als George Loveless mit seinen Gefährten infolge der Agitation in England Strafaufschub erhielt und 1836 nach England zurückkehrte, schrieb er:

„Ich kann Lord Stanley, der sich vor einigen Jahren rühmte, die Deportation schlimmer als die Todesstrafe zu machen, versichern, daß seine böse, teuflische Absicht gründlichst durchgeführt ist. Man würde den unglückseligen Menschen eine Wohltat und Gnade erweisen, wenn man sie in England aufhinge und sie dadurch vor Grausamkeit, Jammer und Elend bewahrte, die das gegenwärtige System der Deportation mit sich bringt. Man hat mir allerdings gesagt, es geschehe alles zum Wohl der Allgemeinheit und für unsere allerheiligste Religion. Mein Gott, welche Heuchelei, welch ein Betrug! Die grausamsten, ungerechtesten und abscheulichsten Taten werden unter dem Deckmantel der Religion begangen! Hätte ich nicht gelernt, was Religion wirklich ist, dann müßten mir solche Erfahrungen schon ihren bloßen Namen zum Ekel machen. Seltsam genug: diese Heuchler lassen aus Gewissenhaftigkeit lieber schwerarbeitende Männer und Väter verhungern als ihre allerheiligste Religion gefährden. Sie haben feierlich verkündet: ‚Was Gott zusammengefügt hat, das soll der Mensch nicht scheiden', und sind doch die ersten, die Männer und Frauen auseinanderreißen, sie in die Verbannung und in die Armengefängnisse schicken und die Witwen und Waisen unterdrücken. Der liebe Gott befreie uns von solcher Religion! Man hat mich außer Landes geschickt, man hat mich Entbehrungen, Not und Elend erleiden lassen, und dennoch ist die Deportation an mir ohne den beabsichtigten Erfolg vorübergegangen. Sie hat mich in meinen Anschauungen und meinen Grundsätzen nur noch bestärkt. Es steht für mich unverrückbar fest, daß die Arbeit schlecht bezahlt wird, weil sich Millionen von Wenigen tyrannisieren lassen, daß infolgedessen Tausende unter der Peitsche des Aufsehers in Ketten Straßenarbeit leisten müssen, lauter junge, kräftige Menschen, die zum Skelett abgemagert sind. Wird dadurch der Mensch gebessert?

Ich sage: nein! Wenn er vorher schlecht war, so ist er jetzt zehnfach der Hölle verfallen. Alles läuft darauf hinaus, die Herzen zu verhärten, die Gefühle abzustumpfen, die Menschen gleichgültig gegen die Folgen ihrer Handlungen zu machen. Und dann stürzen sie sich Hals über Kopf in einen Abgrund, aus dem es kein Entrinnen mehr gibt. Ich glaube nicht, daß die arbeitenden Klassen je von ihrem Elend erlöst werden können, wenn sie es nicht selbst in die Hand nehmen. Mit diesem Glauben habe ich England verlassen, mit diesem Glauben bin ich heimgekehrt. Nach allem, was ich gesehen und erfahren habe, bleibt meine Gesinnung unverändert. Nur Einigkeit kann die große, wichtige Aufgabe erfüllen, die Welt zu retten. Alle, die den Wohlstand schaffen, sollten ihre Kräfte vereinen. Was könnte ihnen widerstehen? Macht und Einfluß derer, die keine Werte schaffen, wären bedeutungslos. Dann ist die Schlacht gewonnen und der Sieg gewiß!"

Den Willen solcher Männer hatte der liebe, wunderliche Lord Melbourne mit seiner Grausamkeit zu brechen versucht. Doch wenn er jetzt in einem Zimmer in Windsor Castle lässig am Kaminsims lehnte, dachte er weder an sie noch an die Hölle, in die er sie verbannt hatte. Für ihn bestand ja die Aufgabe der Regierung darin, „Verbrechen zu verhüten und Verträge zu schützen".

Das Leben war für ihn sehr angenehm: die Königin war entzückt von ihm, von seinen Anekdoten und von seinen Briefen. Wie fesselnd waren für sie Lord Melbournes Briefe, obgleich sie manchmal auch aufregende und traurige Nachrichten enthielten, wie etwa der Brief vom 6. Januar 1839: „Eure Majestät werden schon erfahren haben, daß Lord Norbury auf seinem Besitztum angeschossen und schwer verwundet wurde. Er ist daran gestorben. Ein empörender Vorfall, der natürlich großes Aufsehen erregen wird, viel größeres Aufsehen, als wenn mehrere Menschen von niedrigerem Range auf gleiche Weise ums Leben gekommen wären."

Die junge Königin

„Donnerstag, den 28. Juni 1838 . . . Um vier Uhr früh wurde ich durch Kanonenschüsse geweckt und fand nachher nicht mehr viel Schlaf wegen des Lärms der Volksmenge, der Musikkapellen usw. . . . Um sieben Uhr aufgestanden. Der Hyde Park bot einen eigenartigen Anblick, Menschenmassen bis Constitution Hill, Soldaten, Kapellen usw."

Der Krönungstag war da. Ihre Majestät sprang aus dem Bett, als ob sie noch ein kleines Mädchen wäre, und zog ihre große Staatsgala an. Sämtliche Hofdamen standen bereit. Sie schienen ebenso freudig erregt wie die Königin selbst, und unten im Parterre hörte man die Ehrenjungfrauen wie Vögel zwitschern. Als die Königin um einhalb zehn Uhr ins Nebengemach trat, traf sie dort ihre geliebte Schwester, Prinzessin Feodora, und ihren Bruder, den Fürsten Karl von Leiningen, die zusammen mit ihrem Onkel, dem König von Hannover (dem bisherigen Herzog von Cumberland), auf sie warteten. Die große, hagere Gestalt des Königs warf einen kalten, finsteren Schatten auf den hellen, von der Sonne beschienenen Teppich, – einen verzerrten, kaum noch menschenähnlichen Schatten.

Der Festzug hatte schon begonnen, und die Straßen hallten wider von Jubelrufen der Menge und Böllerschüssen. Der Jubel steigerte sich zum Gebrüll, als der Nationalheld, der große Herzog von Wellington, erschien und gleich hinter ihm sein einstiger Gegner auf der spanischen Halbinsel und bei Waterloo, Marschall Soult. Raikes berichtet in seinem Tagebuch: „Soult wurde vor und in der Westminster-Abtei so bejubelt, daß er ganz benommen war. Er hat nachher öffentlich erklärt: ‚C'est le plus beau jour de ma vie, il prouve que les Anglais pensent que j'ai toujours fait la guerre en loyal homme.' In der Abtei packte er ganz überwältigt seinen Adjutanten am Arm und rief: ‚Ah, vraiment, c'est un brave peuple'."

Der riesige Zug bewegte sich im Glanz des warmen, strahlenden Junitages von Constitution Hill über Piccadilly, St. James Street und über den Trafalgar Square, mitten durch den brausenden Lärm der Menge. Die Königin verließ in Begleitung von Lady Sutherland und Lord Albemarle den Buckingham-Palast in der Staatskarosse und kam um einhalb zwölf Uhr „unter betäubenden Jubelrufen", wie sie in ihrem Tagebuch schreibt, vor der Westminster-Abtei an. Sie begab sich sofort in den Garderobenraum am Eingang, wo die Schleppenträgerinnen auf sie warteten. Sie trugen weiße Atlaskleider mit Silberstoff, dazu silberne Ährenkränze um die Stirn und kleine Kränzchen aus rosaroten Rosen hinten im Haar; ihre Kleider waren mit rosa Rosen besteckt.

Als die Nationalhymne erklang, zog sich die Königin mit den Hofdamen und Schleppenträgerinnen in die Kapelle des Heiligen Eduard zurück, einen kleinen, düsteren Raum hinter dem Altar. Dort legte sie das Staatskleid aus karmoisinrotem Samt und das Stirnband aus Diamanten ab, die sie im Festzuge getragen hatte, und zog statt dessen einen Goldmantel an, dazu einen „kleinen Überwurf aus spitzenumsäumtem Leinen". Darauf begab sie sich barhäuptig wieder in die Abtei. Als sie mit acht Damen, die sie „wie Silberwolken umschwebten", eintrat, blieb sie einen Augenblick stehen, faltete die Hände und setzte sich dann auf den Thron des Heiligen Eduard. Der Lordkämmerer legte ihr den Krönungsmantel, die Dalmatica, über die Schultern. Jetzt kam der Augenblick, da der Königin die Krone aufgesetzt wurde und alle Peers und ihre Gemahlinnen die Adelskronen aufsetzten. Als die Königin niederkniete, fiel ein Sonnenstrahl auf sie, und die Herzogin von Kent brach überwältigt in Tränen aus. Widerstreitende Gefühle bewegten sie. Auch der „treffliche Lord Melbourne war in diesem Augenblick völlig überwältigt und aufs tiefste bewegt". Die Königin berichtet in ihrem Tagebuch, daß die Huldigung der Bischöfe, der Königlichen Herzöge und schließlich der Peers, in der Reihenfolge ihres Ranges, sehr schön gewesen sei. Es ereignete sich auch ein kleiner Zwischenfall: der beinahe neunzigjährige und sehr gebrechliche

Lord Rolle kam zu Fall, als er die Thronstufen emporsteigen wollte. Er blieb glücklicherweise unverletzt. Aber es war der erste Gedanke der Königin, sich zu erheben, und als Lord Rolle noch einmal zur Huldigung erschien, sagte sie: „Darf ich nicht aufstehen und ihm entgegengehen?" Sie erhob sich vom Thron und stieg ihm ein oder zwei Stufen entgegen. Diese gütige, freundliche Haltung erregte großes Aufsehen. Unter den durch diesen Vorfall tief bewegten Zuschauern befand sich ein junges Parlamentsmitglied, Disraeli, dessen glänzende Begabung schon Beachtung gefunden hatte, ein junger Mensch mit sehr schönem, orientalisch geschnittenem Gesicht und von ungewöhnlich gewinnender Art. „Nichts hätte wirkungsvoller sein können", schrieb er später. Und seiner Schwester erzählte er: „Die Königin hat ihre Rolle mit großer Anmut und Vollendung gespielt, was man von den übrigen Beteiligten nicht gerade behaupten kann. Sie wußten nie, was als nächstes kam, man merkte, daß keine Probe stattgefunden hatte."

Der Erzbischof zum Beispiel war ständig in Verlegenheit. Die Königin schreibt, daß sie den Reichsapfel schon in der Hand hatte, als er ihn ihr hätte reichen müssen. Er war (wie gewöhnlich) zerstreut und verwirrt.

Vor diesem Zwischenfall war die Königin am Arme Lord Melbournes vom Thron gestiegen und mit ihren Hofdamen und Schleppenträgerinnen noch einmal in die Kapelle des Heiligen Eduard gegangen. Hier legte sie die Dalmatica und das Obergewand ab und kleidete sich statt dessen in ein Unterkleid aus purpurrotem Samt und einen Mantel. Dann bestieg sie wieder den Thron; hierbei fing sie die Blicke eines „lieben Wesens" auf, das in der Loge unmittelbar über der Königsloge saß: es war ihre geliebte Lehzen. Sie hatten einander schon zugelächelt, als die Königin zum ersten Male auf dem Throne saß. Die Lehzen und die verabschiedete, jetzt aber wieder eingesetzte Spaeth waren dabei gewesen, als die Königin das Schloß verließ und vor der Abtei ankam; sie hatten der Feierlichkeit beigewohnt und sollten nun auch die Abfahrt der Königin und ihre Rückkehr ins Schloß miterleben. Man kann sich die Freude und Aufregung der beiden Freundinnen vorstellen, die die kleine Prinzessin seit ihrem fünften Lebensjahr behütet, verwöhnt, gescholten und geliebt, die ihre Ungeduld beschwichtigt und ihre Launen gezügelt hatten.

Wieder verließ die Königin den Thron und begab sich, gefolgt von allen Peers, die die Krönungsinsignien trugen, sowie von den Hofdamen und Schleppenträgerinnen in die Kapelle des Heiligen Eduard, die aber jetzt, wie Lord Melbourne sagte, „nach allem anderen eher als nach einer Kapelle aussah; auf dem sogenannten Altar standen nämlich belegte Brote, Weinflaschen u. a. m." Lord Melbourne nahm ein Glas Wein zu sich, er schien ganz erschöpft. Die kleine Königin hatte ihre schwere Krone abgesetzt, mußte sie aber bald wieder aufsetzen und erschien, wie sie sich ausdrückte, beladen mit allen Krönungsinsignien und ihren Gewändern, die sie fast zu Boden zogen, von lautem Jubel begrüßt, noch einmal in der Abtei, die sie bis zum Garderobenraum druchschritt. Hier warteten die Herzogin von Kent, die tiefbewegt war und immer noch Tränenspuren auf den Wangen hatte, ferner die unruhige Herzogin von Gloucester, die ausnahmsweise still und liebenswürdig war, und die Herzogin von Cambridge mit ihren Hofdamen. Die Königin verweilte mindestens eine Stunde hier, die sie zum Teil damit zubrachte, den Krönungsring, den der Erzbischof in seiner Aufregung auf den falschen Finger gesteckt hatte, und der ihr erhebliche Schmerzen bereitete, abzustreifen. Endlich, um einhalb fünf Uhr nachmittags, bestieg sie, mit der Krone auf dem Haupt und dem Reichsapfel in der Hand, wieder ihre Staatskarosse. Die Menschenmenge war noch größer als bei ihrer Ankunft, und es kam, wie sie später schrieb, zu Kundgebungen der „Begeisterung, Liebe und Treue, die wirklich ergreifend waren". Die Menge war von ihrer Jugend, ihrer kleinen, kindlichen Erscheinung, ihrer Blässe und ihrer Schüchternheit gerührt. Thomas Carlyle, der sich unter den Zuschauern befand, sagte: „Arme kleine Königin! Sie steht in einem Alter, da man ein junges Mädchen kaum eine Haube selbst auswählen läßt. Und doch ist ihr ein Amt auferlegt, vor dem ein Erzengel zurückschrecken könnte."

So fuhr sie dahin durch ein Menschenmeer. Kurz nach sechs Uhr war sie wieder zu Hause. Kaum hatte sie ihre Galakleider abgelegt, als sie ihr geliebtes Bologneserhündchen Dash wie allabendlich badete und fröhlich mit der Lehzen und der Spaeth lachte und plauderte. Beide schienen sehr müde und waren den Tränen nahe, dabei aber redselig wie immer. „Erinnerst du dich noch, wie du einmal ungezogen warst, damals in Claremont, als es eine große Abendgesellschaft gab und wir dich nirgends finden konnten, bis dich die alte Mrs. Louis in Nachtkleid und Morgenrock unten versteckt fand; du lauschtest der Musik . . . Erinnerst du dich noch? . . .“

Allmählich war es Zeit geworden, sich für das kleine Festmahl, das um acht Uhr im Familienkreis stattfinden sollte, anzukleiden. Die Oheime der Königin, ihre Schwester und ihr Bruder, die Spaeth und die Lehzen, das Gefolge des Herzogs von Gloucester, Lord Melbourne und Lord Surrey sollten daran teilnehmen. Die Königin saß zwischen ihrem unangenehmen Onkel, dem König von Hannover, und Lord Melbourne, dessen andere Tischnachbarin Prinzessin Feodora war. Die Königin plauderte wie gewöhnlich mir Lord Melbourne und auch mit Fürst Karl. Sie erzählte ihnen, daß die Krone doch recht gedrückt habe. Man unterhielt sich über die Kleider der jungen Hofdamen, und Lord Melbourne meinte, Lady Fanny Cowper habe nicht so vorteilhaft ausgesehen wie die anderen. Aber die Königin wollte das nicht zugeben. Lord Melbourne sagte zu ihr: „Sie müssen sehr müde sein“, und fügte mit Tränen in den Augen hinzu: „Sie haben Ihre Sache wundervoll gemacht . . . alles, und mit soviel Feingefühl. So etwas kann man niemandem beibringen. Das ist Sache der Persönlichkeit.“ „Das von diesem wohlmeinenden, rechtlich denkenden Freund zu hören“, schrieb die Königin in ihr Tagebuch, „hat mich tief und aufrichtig gefreut.“ Dann traten die Herzogin von York und Prinzessin Feodora auf den Balkon, um die Festbeleuchtung anzusehen, der König von Hannover fuhr zu dem gleichen Zweck durch die Straßen. Die kleine Königin stand auf dem Balkon ihrer Mama und schaute dem herrlichen Spiel der Lichter zu, bis der Morgen graute.

Nun war der lange, ruhmreiche und traumhafte Tag vorüber, und im Schloß erloschen die Kerzen.

Nur eine einzige Kerze brannte noch: am Bett des Barons Stockmar, der auf Wunsch des Königs der Belgier seinen Wohnsitz in das Haus der kleinen Königin verlegt hatte, um ihr mit seinem Rat und seiner Erfahrung zur Seite zu stehen. War er nicht der Schatten, das andere Ich des Königs? Wer hätte der Nichte des Königs besser raten und helfen können? Da der liebe Onkel Leopold nicht immer bei ihr sein konnte, war der Baron der nächste dazu.

Der Baron konnte keinen Schlaf finden und starrte in das Licht der einsamen Kerze. Warum mußte er gerade heute an die andere strahlende, junge Frau denken, an die verstorbene Gattin seines besten Freundes? Baron Stockmar war damals ein junger Arzt am Hof des Prinzen Leopold. Er war nie heiteren Gemüts gewesen, er litt an Melancholie, an schlechter Verdauung und zahllosen mehr oder weniger eingebildeten Krankheiten. Und doch hatte die lustige, immer zum Lachen aufgelegte Prinzessin Charlotte ihn auf den ersten Blick schätzen gelernt und mit der Zeit sogar eine herzliche Zuneigung zu ihm gefaßt. Sie tollte mit ihm herum, denn sie glich eher einem Schulbuben als einer jungen Frau, und plauderte mit ihrer lauten Stimme mit ihm. Sie neckte ihn und nannte ihn „Stocky". Er war glücklich, in einem so fröhlichen Heim zu wohnen, und schrieb in sein Tagebuch: „Mein Herr ist der beste Ehemann in allen fünf Weltteilen. Und die Liebe, die seine Frau ihm entgegenbringt, kann man an Größe nur noch mit der englischen Staatsschuld vergleichen."

Damals zeigte der junge Dr. Stockmar schon jene Umsicht und Klugheit, die ihn später zu einem wertvollen Ratgeber machten. Als im Anfang des Jahres 1817 die Prinzessin ein Kind erwartete und Dr. Stockmar ihr Leibarzt werden sollte, lehnte er diese Berufung ab. Er kannte nämlich seine englischen Kollegen zur Genüge und wußte, daß sie den ausländischen Arzt einer englischen Prinzessin mit ihrer Eifersucht verfolgen und jede Gelegenheit wahrnehmen würden, seine Ratschläge zu mißachten; nur wenn etwas schief ging, wäre die Schuld auf ihn gefallen. Sehr bald erkannte er, daß tatsächlich nicht alles in Ordnung war. Es war damals Mode, Frauen in diesem Zustand auf magere Kost zu setzen und häufig Aderlässe bei ihnen vorzunehmen. Stockmar beobachtete, daß die Prinzessin schlecht aussah und ein ganz verändertes Wesen zeigte. Er nahm den Prinzen beiseite und teilte ihm seine Befürchtungen mit. Die anderen Ärzte schenkten jedoch seiner Meinung keine Beachtung, setzten vielmehr die schwächende Behandlung fort. Schließlich wurde die unglückliche Prinzessin nach mehr als fünfzigstündigen Wehen am 5. November abends um neun Uhr von einem toten Kinde entbunden. Dann kamen noch drei fürchterliche Stunden, in denen die junge Mutter, durch die falsche Behandlung entkräftet, um ihr Leben rang. Vergebens! Um Mitternacht erfuhr Stockmar, daß die letzten Kräfte sie verlassen hatten. Er eilte in das Sterbezimmer der jungen Frau und sah, wie die Ärzte ihr Wein einflößten. Sie faßte mit ihrer fiebernden kleinen Hand nach der seinigen: „Man hat mich betrunken gemacht!“ sagte sie in einem Flüsterton, der mit ihrer lauten Knabenstimme nichts mehr gemein hatte. Er blieb kurze Zeit bei ihr und ging dann ins Nebenzimmer. Kaum war er einen Augenblick dort, als er die gewohnte helle Stimme rufen hörte: „Stocky! Stocky!“ Als er ins Zimmer stürzte, vernahm er nur noch das Todesröcheln. Er sah, wie sie sich heftig hin und her wälzte. Dann zog sie mit einer jähen Bewegung die Beine an und war tot.

Ihr Gatte hatte sich seit Beginn der furchtbaren Wehen zum erstenmal auf sein Zimmer zurückgezogen, um sich ein wenig auszuruhen, und Stockmar mußte ihm nun die Nachricht vom Tode seiner Frau bringen. Der Prinz starrte ihn völlig verständnislos an. War dies nicht noch der Traum, aus dem Stockmar ihn erweckt hatte? Es mußte ein Traum sein, denn so etwas geschieht nicht in Wirklichkeit . . . Auf dem Weg durch die Gänge zum Zimmer seiner Gattin blieb er plötzlich stehen und sank auf einen Sessel. Stockmar kniete sich zu ihm hin. Einen Augenblick blieb der Prinz so sitzen, dann erhob er sich wie geistesabwesend und ging in das Sterbezimmer. Neben dem Bett der jungen Frau sank er nieder und küßte immer wieder ihre Hände.

Als er aufgestanden war, warf er sich an Stockmars Brust. „Nun bin ich ganz einsam“, sagte er, „versprechen Sie mir, mich niemals zu verlassen!“

Zweiundzwanzig Jahre waren seither vergangen! . . . Und warum mußte Baron Stockmar gerade heute nacht daran denken? Die kleine, tote Prinzessin wäre jetzt Königin; wie anders wäre alles geworden! Vielleicht wären er und sein Freund dann nicht so starr geworden, nicht so selbstsüchtig, so berechnend und ehrgeizig! Ja, sie hatten sich beide verändert . . . Sie waren alt geworden . . . alt!

Niemand hat König Leopold treuer gedient als sein Freund. Leopold fragte ihn bei allen Unternehmungen und Entscheidungen seines Lebens um Rat, und nie hat Stockmar versagt. Er hatte dem Prinzen geraten, nach dem Tode seiner Gattin in England zu bleiben. Er hatte die Schwierigkeiten beseitigt, die dadurch entstanden waren, daß der Prinz die griechische Königskrone erst annahm und dann ablehnte. Auf seinen Rat hin entschloß sich der Prinz, konstitutioneller Herrscher von Belgien zu werden. Seinem unfehlbaren Takt, seiner diplomatischen Geschicklichkeit, der Achtung, die seine Ehrlichkeit genoß, und seinen unermüdlichen Anstrengungen war es zu verdanken, daß die Neutralität Belgiens von den Großmächten garantiert wurde.

Am nächsten Morgen wachte die Königin frühzeitig auf. Ihr erster Gedanke war, an Lord Rolle zu schreiben und ihm ihre Hoffnung auszusprechen, daß sein kleiner Unfall keine bösen Folgen gehabt habe. Schon am Abend vorher hatte sie sich nach seinem Befinden erkundigt. Auch an Lord Melbourne schrieb sie, ob er wohlbehalten nach Hause gekommen sei und gut geschlafen habe, und berichtete ihm, wie sie selbst geschlafen hatte. Dann begann der Tag mit seiner Unruhe. Die Regierung hatte einen viertätigen Krönungs-Jahrmarkt im Hyde Park genehmigt, den die Königin am Tage nach der Eröffnung besuchte. Zum Abschluß der Festlichkeiten nahm Ihre Majestät am 9. Juli im Hyde Park eine Parade über fünftausend Mann ab. Es herrschte eine ungeheure Begeisterung, und die Menschenmenge bejubelte wieder den Marschall Soult, zu dessen Ehren die Parade in erster Linie stattfand.

So verging die Zeit mit Arbeit und Vergnügen. Weder die glühend heißen Sommertage noch die dunklen Wintertage und -nächte schienen lang genug für all die Fröhlichkeit, all das Glück. Jeder Tag, jeder Abend brachte etwas Neues, irgendeine Überraschung der Freude für die kleine Prinzessin, die einst ein gestopftes Kleid getragen hatte und jetzt Königin von England war.

Eine schwarze Wolke

Über allen Freuden, Hofbällen und Spielen aber hing eine drohende, dunkle Wolke, die sich im Januar schließlich über den ganzen Himmel ausbreitete.

Seit einiger Zeit hatte sich Lady Flora Hastings, die Hofdame der Herzogin von Kent, seltsam verändert. Ihre Augen waren eingesunken, ihre Blicke waren scheu und furchtsam, ihre Wangen eingefallen. Sie war teilnahmslos und schlich von Zimmer zu Zimmer, als wolle sie sich verstecken. Sonderbarerweise veränderte sich sogar ihre Gestalt von Tag zu Tag. Lady Flora Hastings war der Herzogin von Kent treu ergeben und wurde von ihr geliebt. Es gab aber andere Damen, die sie weniger schätzten, und zu diesen gehörte die wachsame Lehzen, die Lady Floras Spötteleien über die Kümmelkörner nicht vergessen konnte, ferner Lady Tavistock, die Hofdame der Königin. Die beiden steckten die Köpfe zusammen und flüsterten, und je länger sie flüsterten, desto sicherer wurden sie ihrer Sache. Bald hörte man es im ganzen Schloß flüstern, und jeder erinnerte sich jetzt daran, daß Lady Flora bei der Rückkehr der Herzogin aus Schottland mit Sir John Conroy im selben Wagen gefahren war. Deshalb gab es für die Damen nur eine einzige Erklärung für Lady Floras Aussehen: sie erwartete ein Kind.

Die Lehzen rang die Hände vor Entsetzen, sie kniff die Lippen ein, daß man sie kaum noch sehen konnte, war aber nicht im geringsten überrascht. Lady Flora hatte für sie immer etwas Sonderbares an sich gehabt, und nun wurde die Lehzen noch redseliger und paßte noch schärfer auf. Triumphierend schaute sie von der Höhe ihrer Macht auf die gefallene Freundin und auf die kaltgestellte Herzogin von Kent und bestand darauf, daß man die Angelegenheit nicht auf sich beruhen lassen dürfe. Tugend ist Tugend, und die liebe, unschuldige, jungfräuliche Königin würde durch eine so unmoralische Person wie Lady Flora befleckt, ja besudelt werden.

Schließlich unternahm Lady Tavistock einen ungewöhnlichen Schritt: sie fragte Lord Melbourne um Rat. Über die Rolle, die der „Held von Tolpuddle" in dieser Angelegenheit gespielt hat, gehen die Ansichten auseinander. Strachey glaubt, er habe die Sache ihren Lauf nehmen lassen; andere dagegen schreiben gerade ihm den demütigenden Vorschlag zu, die arme Lady Flora durch Sir James Clark ärztlich untersuchen zu lassen; dieser hatte seinen Verdacht bereits laut ausgesprochen. Es versteht sich von selbst, daß nun das Geflüster in offenes, lautes Gerede überging und schließlich auch der Königin zu Ohren kam. Die Herzogin von Kent, die schon tief verletzt war durch die Art, wie man sie, sorgsam in Seidenpapier gewickelt, beiseite gelegt hatte, eilte ihrer Hofdame zu Hilfe. Wie in der guten, alten Zeit, als sie mit König William stritt, flogen die Federn, raschelte die Seide. Trotzdem fand die ärztliche Untersuchung statt, bei der Lady Flora nach ihrer eigenen Schilderung von Sir James roh und verletzend, von dem zweiten Arzt dagegen mit großer Höflichkeit behandelt wurde. Die Untersuchung durch beide Ärzte ergab die völlige Unschuld Lady Floras.

Einige Tage später schrieb die Ärmste folgenden Brief an ihren Onkel: „Mein lieber Onkel, ich weiß, daß Brüssel eine wohlwollende Stadt ist, und zweifle deshalb nicht daran, daß Du bereits von einer Geschichte gehört hast, von der, wie man mir sagt, ganz London widerhallt. Du sollst aber auf jeden Fall einen Bericht aus meiner eigenen Feder über die teuflische Verschwörung empfangen, vor der die Herzogin von Kent und ich mit Gottes Hilfe bewahrt geblieben sind. Denn zweifellos sollte unser ganzer Kreis vernichtet werden, und ich war das erste Opfer. Eine gewisse ausländische Dame, deren Haß gegen die Herzogin kein Geheimnis ist, steckt hinter der Sache, wenn man es ihr auch bisher nicht hat nachweisen können. Ich berichtete Dir schon, daß ich krank nach London zurückgekommen bin. Ich litt sei einiger Zeit an einer Erkrankung der Galle mit ihren unangenehmen Begleiterscheinungen: Schmerzen in der Seite und Magenschwellung. Ich begab mich sofort zu Sir James Clark in

Behandlung, der als Leibarzt der Herzogin und der Königin die gegebene Persönlichkeit war. Unglücklicherweise hat er mein Leiden nicht sehr ernst genommen oder nicht richtig erkannt; denn trotz seiner Arzneien hörte die Galle nicht auf zu schmerzen. Immerhin hatte ich mich durch Spaziergänge und Porter wieder etwas gekräftigt, und dabei war auch die Schwellung erheblich zurückgegangen. Du kannst Dir daher meine Überraschung und Empörung vorstellen, als vor etwa zwei Wochen Sir James Clark bei mir erschien und mir sagte, die Damen im Schloß seien überzeugt, daß ich heimlich verheiratet sei oder es zumindest sein sollte; diese Überzeugung hatte er sich auch aufschwatzen lassen. Seinen Ermahnungen, ich möchte ein Geständnis ablegen, weil ich nur dadurch meinen Ruf retten könne, setzte ich, wie Du mir glauben kannst, die ebenso empörte wie bestimmte Erklärung entgegen, daß es nichts einzugestehen gebe. Darauf sagte er, ich könne sie nur überzeugen und mich von dem Makel reinigen, wenn ich mich einer ärztlichen Untersuchung unterzöge. Ich mußte feststellen, daß die Angelegenheit bereits vor die Königin gebracht und daß alles besprochen und mir mitgeteilt worden war, ohne daß man meiner Herrin auch nur ein einziges Wort davon gesagt oder gar ihre Zustimmung eingeholt hatte. Von mir ging Sir James zur Herzogin und erklärte ihr, daß ich guter Hoffnung sei. Dann erschien auch noch Lady Portman mit einer Botschaft von Ihrer Majestät an ihre Mutter, wonach die Königin mir nicht gestattete, vor ihr zu erscheinen, bis eine ärztliche Untersuchung die Angelegenheit geklärt habe. Lady Portman, die, wie Du mit Bedauern hören wirst, zusammen mit Lady Tavistock am stärksten gegen mich gearbeitet haben soll, erklärte bei dieser Gelegenheit unmißverständlich, daß sie von meiner Schuld überzeugt sei. Meine geliebte Herrin, die nicht einen Augenblick an mir irre geworden ist, erklärte ihnen, sie kenne mich, meine Grundsätze und meine Familie viel zu gut, als daß sie solch einer Anklage Glauben schenken könne. Aber der königliche Befehl war nun einmal da. Am nächsten Tage unterwarf ich mich einer strengen ärztlichen Untersuchung, zu der die Herzogin nur widerstrebend ihre Zustimmung erteilte; denn sie konnte den Gedanken nicht ertragen, mich einer solchen Demütigung ausgesetzt zu

85

wissen. Aber ich glaubte, es ihr, meiner Familie und mir selbst schuldig zu sein, die Lüge auf der Stelle zu widerlegen. Und ich bin jetzt zu meiner Genugtuung im Besitz eines von meinem Ankläger, Sir James Clark, und von Sir Charles Clarke unterzeichneten Schriftstücks mit der nachdrücklichsten Bestätigung, daß kein Grund zur Annahme einer Schwangerschaft bestehe oder jemals bestanden habe. Ich schrieb an meinen Bruder, der, obwohl er an einer Erkältung litt, sofort herkam. Es würde zu weit führen, im einzelnen zu erzählen, was er unternommen hat. Aber er hat männlich, kühn und überlegt gehandelt. Er ließ sich von Lord Melbourne eine ausdrückliche Erklärung geben, daß dieser nichts mit der Sache zu tun gehabt habe. Er verließ London nicht, bis die Königin ihn empfing. Er sagte ihr, daß er nicht glauben könne, Ihre Majestät habe mich kränken wollen, sagte ihr dann aber ebenso ehrerbietig wie unzweideutig seine Meinung über diejenigen, die sie beraten hatten, und teilte ihr seinen Entschluß mit, den Urheber oder die Urheberin der Verleumdung herauszufinden und bestrafen zu lassen. Ich bin überzeugt, daß die Königin gar nicht weiß, in was für eine Intrige man sie verwickelt hat. Sie hat versucht, mir durch besondere Freundlichkeit ihr Bedauern zu zeigen; dabei hatte sie Tränen in den Augen. Die Herzogin war großartig. Eine Mutter hätte nicht gütiger sein können. Sie fühlte sich durch die Kränkung eines Menschen, der in ihren Diensten steht und ihr treu ergeben ist, selbst getroffen, entließ Sir James Clark auf der Stelle und weigerte sich, Lady Portman zu empfangen. Sie erschien tagelang nicht an der Tafel der Königin und duldete auch nicht, daß ich daran teilnahm. Um ihre Güte vollzumachen, schrieb sie einen reizenden Brief an meine arme Mama, die heute erst alles erfahren hat. Man hatte sie mit der Sache verschont, solange noch Hoffnung bestand, daß nichts in die Öffentlichkeit dringen würde. Wie ich höre, zollt man mir allgemein Mitgefühl, man hört sogar die Meinung aussprechen, daß mir durch die Entlassung der Verleumder eine öffentliche Genugtuung gebühre. Diese Ansicht wird aber von den Ministern anscheinend nicht geteilt. Ich kann nicht sagen, daß ich das bedaure; denn ich hege keine persönlichen Rachegefühle gegen meine Beleidiger. Aber ich bezweifle, daß es angesichts der Volksstimmung klug ist.

Der arme Clark, der nur das Werkzeug in der Hand der Frauen gewesen ist, dürfte nicht als einziger geopfert werden. Die Herzogin hat tapfer zu mir gestanden, und ich liebe sie mehr denn je. Sie ist eine großherzige Frau. Die Angelegenheit hat sie ganz krank gemacht. Auch mich hat alles sehr heruntergebracht, und ich bin jämmerlich dünn geworden. Aber unter Dr. Chambers' guter Pflege nehme ich schon wieder zu und bin hoffentlich bald wieder ganz gesund. Hastings sagt, die Sache sei für ihn nicht erledigt, solange es noch etwas aufzuklären gibt.

Leb wohl, lieber Onkel! Ich schäme mich eigentlich, Dir eine so abscheuliche Geschichte zu berichten. Aber ich wollte, daß Du die reine Wahrheit erfährst, bei der nichts verschwiegen und nichts hinzugesetzt ist. Du kannst sie getrost überall verbreiten.

Deine Dich liebende Nichte Flora Elisabeth Hastings."

Die Angelegenheit aber ruhte damit noch nicht. Die empörte Lady Hastings, Lady Floras Mutter, schrieb an die Königin und forderte ebenfalls Sir James Clarks Entlassung. Diesen Brief würdigte Ihre Majestät keiner Antwort. Dafür schrieb der „Held von Tolpuddle" an Lady Hastings, die Königin habe bei der ersten sich bietenden Gelegenheit Lady Flora ihr Bedauern ausgedrückt; weitere Schritte seien nicht beabsichtigt. Aber jetzt bemächtigte sich die Tagespresse des Falles; die „Morning Post", das Blatt der politischen Partei, der die Hastings angehörten, mischte sich in den Streit. Der Skandal wuchs, man nannte Lady Flora das „Opfer eines moralisch verderbten Hofes".

Lady Hastings veröffentlichte ihren Briefwechsel mit der Königin und Lord Melbourne in den Zeitungen; auch Sir James Clark verteidigte sich in der Presse. Die allgemeine Entrüstung nahm von Tag zu Tag zu und griff auf die Provinz über, sollte sich aber bei dem traurigen Ausgang der Angelegenheit noch steigern. Die arme, verleumdete Frau erlag nämlich einer schrecklichen inneren Krankheit, der Leberschwellung. Deshalb also hatte sich ihre Gestalt verändert, deshalb waren ihre Bewegungen so hilflos, ihre Augen so voller Angst gewesen! Am 4. Juli wurde bekannt, daß sie im Buckingham-Palast im Sterben liege, und das königliche Bankett, das am Abend stattfinden sollte, wurde in aller Eile abgesagt. Wieder konnte man im Schloß ein Geflüster hören. Aber es war anderer Art als jenes, das von Zimmer zu Zimmer, durch die Gänge bis zu den Dienststuben hinunter und durch die Fenster gedrungen war, weit, weit fort, bis in die größten Häuser von London, bis in die fernen Provinzen. Auch diesmal ging das Geflüster durch das ganze Land.

Am nächsten Tage starb Lady Flora Hastings, und das ganze Volk war empört. Von allen Seiten wurde gemurrt gegen den Hof, die Massen waren entrüstet, daß man eine unschuldige Frau, die dem Tode verfallen war, verleumdet und übel behandelt hatte. Die Gesellschaft im engeren Sinne war peinlich berührt von dem Mangel an Feingefühl und Zurückhaltung, den der Hof bewiesen hatte. Der tiefste Unmut richtete sich gegen die Königin und Lord Melbourne. Der Zauber, den die Königin ausgeübt, die Liebe des ganzen Volkes zu dem unschuldigen, jungen Mädchen, das Herrscherin geworden war, schwanden dahin. „Kein Mensch hat für die Königin etwas übrig, ihre Beliebtheit ist auf den Nullpunkt gesunken, und Ergebenheit ist nur noch leerer Schall", schrieb Greville schon im März, also noch vier Monate vor Lady Floras Tod. Jetzt aber hatte sich die Empörung verhundertfacht. Die Mißstimmung gegen die Königin ging sogar so weit, daß sie von der Herzogin von Montrose und Lady Sarah Ingestre bei ihrem Erscheinen in Ascot ausgezischt wurde. So ärgerlich und peinlich auch der ganze Vorfall war, die Hauptschuld trifft doch meiner Ansicht nach Lord Melbourne. Gewiß, zwei oder drei bösartige, selbstgerechte und engherzige Frauen hatten sich in ihrem Sensationshunger zu niedrigem und herzlosem Klatsch hergegeben. Eine von ihnen aber hatte wenig Lebenserfahrung, während Lord Melbourne als gebildeter und erfahrener Mann von Welt diese Niedertracht hätte erkennen müssen; er hätte wissen müssen, wie der ganze Skandal auf das Volk wirken und in welchem Lichte die Königin erscheinen würde. Aber er hatte gar nichts vorausgesehen, ließ vielmehr in seiner üblichen lässigen Art die Dinge einfach treiben. Es war wieder einmal ein Fall seines „Wenn Sie doch die Güte hätten, sich nicht darum zu kümmern!"

Die Königin trifft wegen ihrer Jugend und Unerfahrenheit in diesen Dingen der geringste Vorwurf. Sie stand zu sehr unter dem Einfluß der Lehzen und war offenbar den Überredungskünsten der Baronin und der Lady Tavistock erlegen. Ihrem starken Willen war es nicht gelungen, die feindlichen Parteien im Schloß im Zaume zu halten. Großmütiger und klüger wäre es allerdings gewesen, wenn sie dem Opfer der Verleumdungen, nachdem dessen Unschuld feststand, öffentlich ihr Bedauern ausgedrückt hätte. Ihr Verhalten gegenüber Sir James Clark aber ist kaum zu verstehen. Strachey erwähnt ein unveröffentlichtes Schreiben Grevilles vom 15. August 1839, wonach „der Herzog von Wellington, den man in schwierigen Lagen höheren Ortes zu Rat zog, auch in diesem Fall nach seiner Meinung gefragt wurde. Er hat sich dahin ausgesprochen, daß es unmöglich sei, Sir James ohne öffentliche Untersuchung zu verabschieden, und daß er deshalb auf seinem Posten bleiben müsse." „Wahrscheinlich", meint Strachey, „hatte der Herzog recht. Aber der Umstand, daß der schuldige Arzt in den Diensten der Königin verblieb, wurde von der Familie Hastings nie verziehen, und die Öffentlichkeit mußte den Eindruck gewinnen, daß man einen Fehler nicht eingestehen wollte." Sir James wurde also nicht verabschiedet. Hätte die Königin damals nur voraussehen können, welche Tragödie sein Verbleiben zweiundzwanzig Jahre später über sie heraufbeschwören sollte! Ihr Lebensglück wurde durch ihn zerstört, und der Schatten des Todes lag über den vierzig langen Jahren, die sie dann noch zu leben hatte. Dies konnte keiner voraussehen, und so blieb Sir James am Hof.

Das Leben im Buckingham-Palast und in Windsor war trotz des Skandals in der gewohnten Weise weitergegangen, bis Lady Floras Tod alle in Bestürzung versetzte. Im Mai 1839 weilte der Thronfolger von Rußland, der spätere Zar Alexander II., bei der Königin in Windsor zu Besuch. Ihm zu Ehren wurde ein Hofball gegeben. Die Königin schrieb scherzend in ihr Tagebuch: „Ich habe mich richtig in den Großfürsten verliebt. Er ist ein lieber, reizender junger Mann." Sie tanzte Mazurka mit ihm und schrieb: „Er ist stark, man muß beim Rundtanz schnell Schritt halten, und dann wird man herumgewirbelt wie beim Walzer, diesem recht anstößigen, neuen Tanz; es war sehr lustig." Als für den Großfürsten die Abschiedsstunde geschlagen hatte, vermerkte die Königin in ihr Tagebuch: „Er nahm meine Hand und drückte sie herzlich. Er sah blaß aus, und seine Stimme zitterte, als er sagte: ,Les paroles me manquent pour exprimer tout ce que je sens'." Dann küßte er der Königin die Hand, und sie küßte ihn auf die Wange, worauf auch er sie sehr herzlich und zärtlich küßte. Es betrübte die Königin sehr, von dem „liebenswürdigen jungen Mann" Abschied nehmen zu müssen, „in den ich mich, im Scherz gesagt, wirklich ein wenig verliebt hatte". Und als am nächsten Abend die Musik ihre und des Großfürsten Lieblingsquadrille „Le gai loisir" spielte, wurde der Königin ganz traurig zu Mute.

So waren die Tage hingegangen. Aber es hatte auch Verdruß im Leben der Königin gegeben, nicht nur Jugendfreude. Der Mai des Jahres 1839 brachte den schon längst befürchteten Rücktritt Lord Melbournes und seines Kabinetts. Wie schwer dieser Schlag die Königin treffen mußte, kann man daran ermessen, daß sie seit ihrer Thronbesteigung in ständiger Verbindung mit Lord Melbourne gestanden und ihn nicht nur einmal, sondern mehrere Male am Tage gesehen hatte. Sie hatte sich in allen Dingen auf seinen Rat und sein Urteil verlassen. Sechs Monate, nachdem sie Königin geworden war, hatte sie in ihr Tagebuch geschrieben: „Es würde mir leid tun, ihn auch nur einen Abend zu missen." Nun sollte sie ihn ganz verlieren! Damit, so sagte sie sich, schwand etwas aus ihrem Leben, das nie ersetzt werden konnte. Außerdem neigte sie schon aus Tradition zur Whigpartei, der auch die Damen ihres Hofstaates angehörten, und hegte gegen die Torys schwere Vorurteile. Das war schon schlimm genug; aber der drohende Verlust Lord Melbournes, seines Rates und seiner Hilfe war doch das Allerschlimmste. „Wenn ich auch", hatte sie in ihr Tagebuch geschrieben, als im Parlament eine kritische Abstimmung bevorstand, „zuversichtlich an unseren Erfolg glaube, werde ich doch unsagbar traurig bei dem Gedanken an die Möglichkeit, daß dieser ausgezeichnete und zuverlässige Mann einmal nicht mehr mein Minister sein könnte! Aber ich vertraue innig darauf, daß Gott, der in mannigfachen Schwierigkeiten mein Schutz und Schirm gewesen ist, mich jetzt nicht verlassen wird. Ich hätte gern zu Lord M. von meiner Angst gesprochen, aber Tränen waren mir näher als Worte."

Jetzt war die Befürchtung der Königin Wahrheit geworden. Lord Melbourne wollte sich von ihr trennen. Das Kabinett trat aus folgendem Grunde zurück: Die Whigregierung sah sich 1839 vor die Aufgabe gestellt, umfangreiche Maßnahmen zur Abschaffung der Sklaverei in den Kolonien durchzuführen; das Gesetz war im Jahre 1833 angenommen worden. Die Befreiung der Sklaven in der Kronkolonie Jamaika hatte einen Aufstand der Pflanzer, ihrer Herren, zur Folge gehabt. Die Regierung mußte daher das Parlament bitten, die Verfassung der Insel vorübergehend außer Kraft zu setzen. Das geschah am 7. Mai; aber die Vorlage war nur mit fünf Stimmen Mehrheit angenommen worden, und infolgedessen fühlte sich Lord Melbourne verpflichtet, der Königin seinen und seines Kabinetts Rücktritt anzubieten. Sie konnte ihren großen Kummer nicht verbergen, und als der Führer des Unterhauses, Lord John Russell, bei ihr zur Audienz erschien, brach sie in Tränen aus.

Sie beruhigte sich jedoch so weit, daß sie sich an den Herzog von Wellington mit der Bitte wandte, ein Kabinett zu bilden. Er lehnte mit Rücksicht auf sein hohes Alter ab; zudem mußte nach seiner Meinung der Ministerpräsident dem Unterhause angehören. Er riet Ihrer Majestät, sich an Sir Robert Peel zu wenden.

Schrecklicher Gedanke! Sie hatte diesen Mann, der sich wie ein Tanzmeister benahm, nie leiden können. Greville erzählt von ihm, daß er bei seiner Unterredung mit der Königin „der Versuchung nicht widerstehen konnte, die gewohnte Haltung eines Tanzlehrers anzunehmen. Die Königin würde ihn mehr schätzen, wenn er seine Beine stillhalten könnte." Nach einem Ausspruch seines Gegners O'Connell war sein Lächeln „wie silberner Sargschmuck". Seine Parteigänger waren auch nicht besser: „Was Sir James Graham anlangt, so war ihr schon sein bloßer Anblick unerträglich. Er sah genau wie Sir John Conroy aus."

Die Königin war verzweifelt. Sie nahm von ihrem lieben, getreuen Lord Melbourne einen langen, rührenden Abschied und schrieb ihm am nächsten Morgen: „Die Königin . . . konnte gestern abend keinen Bissen anrühren, auch heute morgen nicht." Und in einem zweiten Brief vom gleichen Tage jammerte sie: „Peel ist ein kalter, ungemütlicher Mann; sie weiß nicht, wie er es meint. Die Königin mag seine Art nicht. Ach, wie anders, wie ganz anders ist er doch im Vergleich zu dem freien, offenen, natürlichen und warmherzigen Lord M. "

Die Unterredung zwischen Ihrer Majestät und Sir Robert war wirklich qualvoll gewesen, obwohl die Königin ihre Abneigung mit keinem Wort verriet. Sir Robert gab sich große Mühe; aber der kalte Blick und die steife Haltung der Königin machten es ihm nicht leicht. Er war überdies durch seine angeborene Schüchternheit gehemmt, versuchte aber, der Königin zu gefallen, und wirkte deshalb mehr denn je wie ein Tanzlehrer. Sir Robert war sich seiner mangelnden Reize bewußt. Der geringste Anlaß: ein Wort, eine Geste machten ihn verlegen, und dann wurde er noch steifer, noch förmlicher, noch weniger anziehend. Die Königin kam ihm in keiner Weise entgegen. Sie merkte wohl – nicht ohne Genugtuung, wie ich glaube – daß er sich höchst unbehaglich und hilflos fühlte, tat aber nichts, um es ihm leichter zu machen. Die Unterredung verlief, ohne daß es zu einem Bruch kam, der ernsthaft gedroht hatte, als Peel Veränderungen im Hofstaat der Königin verlangte. Es sei nicht mehr angängig, sagte er, daß ihre Umgebung ausschließlich aus Damen der Whigpartei bestünde, denn man müsse befürchten, daß sie die Königin gegen die neue Regierung einnähmen. Die Königin erwiderte mit strengem Blick und in entschiedenem Ton, sie beabsichtige keinerlei Veränderungen in ihrem Hofstaat. Sir Robert erkannte, daß im Augenblick keine Aussicht bestand, sie umzustimmen, und erklärte, die Angelegenheit könne auch später geregelt werden. Damit verließ er das Schloß, um sein Kabinett zu bilden. Die Königin hatte ihm keine Erregung gezeigt; sie war, wie sie selbst sagte, „sehr gesammelt, höflich und überlegen geblieben". Aber als er fort war, brach sie in Tränen aus. Wie sollte sie sich jemals mit diesem trockenen, förmlichen Mann verständigen, der sich so geziert gab und ein eingefrorenes Lächeln auf dem Gesicht hatte? Es war ihr auch klar, was er mit den Veränderungen in ihrem Hofstaat meinte: Lord Melbourne hatte man ihr schon genommen, nun sollte auch noch die Lehzen fort!

Sie schluchzte, bis sie ganz erschöpft war. Dann trocknete sie die Tränen, setzte sich hin und berichtete Lord Melbourne von ihrem Erlebnis und ihrem Kummer. „Sie fühlt sich", so hieß es in dem Brief, „lauter Menschen ausgeliefert, die allen, die ihr höchstes Vertrauen und ihre höchste Achtung genießen, feindlich gesinnt sind. Lord Melbourne wird dafür Verständnis haben. Aber das Schlimmste ist doch, daß sie der gewohnten Gegenwart Lord Melbournes beraubt ist."

Vergebens versuchte Lord Melbourne, sie zu beruhigen, vergebens sprach er wohlwollend über die Tory-Führer und versicherte ihr, daß sie bei näherer Bekanntschaft auch die vielen guten Eigenschaften Sir Roberts erkennen würde. Die Königin wollte nichts davon hören. Sie war doch kein Kind mehr, für das man die Damen des Hofstaats aussuchen mußte! Sie war Königin von England, das sollte sich Sir Robert klarmachen! Vielleicht wollte er demnächst auch ihre Hausmädchen und Zofen selbst aussuchen?

Es muß betont werden, daß Sir Robert durchaus nicht so im Unrecht war, wie die Königin glaubte. Verfassungsrechtlich war die regierende Königin verpflichtet, sich den Wünschen ihres Ministerpräsidenten hinsichtlich der weiblichen Mitglieder ihres Hofstaates zu fügen. Aber die Königin wollte nicht nachgeben und hörte nicht einmal auf Lord Melbourne. Als Sir Robert am nächsten Morgen wiederkam, fand er sie noch hochmütiger als am Tage zuvor. Unruhig auf den Zehenspitzen wippend, sprach er von der Kabinettsbildung und begann dann nach einer peinlichen Pause: „Was die Hofdamen betrifft . . .". Aber er kam nicht weiter, denn die Königin schnitt ihm das Wort ab: „Ich kann mich von keiner meiner Damen trennen!" erklärte sie schroff. Es trat wieder eine Pause ein. „Meinen Eure Majestät damit", rief Sir Robert, „daß Sie alle Ihre Damen behalten wollen?" „Alle!" sagte die Königin und blickte ihm ins Gesicht. Sir Robert konnte seine Bestürzung kaum verbergen und schien im Augenblick die Sprache verloren zu haben. „Die oberste Kammerfrau und die Hofdamen?" brachte er schließlich heraus. „Alle!" wiederholte Ihre Majestät.

Sir Roberts Lächeln wurde vor Unbehagen immer düsterer, und mit leiser Stimme erwähnte er die britische Verfassung, erinnerte Ihre Majestät auch daran, daß man von der regierenden Königin Achtung vor der Tradition erwarten müsse. Vergebens! Ihre Majestät zuckte mit keiner Wimper, ihr Blick hielt den seinen fest, und als Sir Robert, der vor Verlegenheit einige besonders schwierige „pas seuls" vollführt hatte, sich verabschiedete, war keine Entscheidung gefallen. Die Königin flog zum Schreibtisch und schrieb einen eiligen Brief an Lord Melbourne. „Sir Robert hat sich sehr schlecht benommen", erklärte sie. „Er bestand darauf, daß ich meine Damen entlasse. Ich erwiderte ihm, ich würde niemals einwilligen. Ich habe noch nie einen Menschen so eingeschüchtert gesehen . . . Ich war ruhig, aber sehr bestimmt, und ich glaube, Sie hätten an meiner Fassung und Entschlossenheit Ihre Freude gehabt. Die Königin von England läßt sich durch Winkelzüge nicht unterkriegen. Halten Sie sich bereit; denn Sie dürften bald gebraucht werden." Ihre Majestät ahnte nämlich schon, zu welchem höchst unerwünschten Ende ihre unnachgiebige Haltung führen mußte. Kaum war der Brief beendet, als der Herzog von Wellington schon zur Audienz erschien. Er sagte, als er sich über ihre Hand beugte: „Nun, Madam, ich höre zu meinem Bedauern, daß es Schwierigkeiten gibt!" „Ach", erwiderte die Königin klar und bestimmt, „e r hat sie geschaffen, nicht ich!"

Ein Wille stieß auf den anderen, und der Herzog von Wellington erkannte, daß sie ihm zumindest ebenbürtig war, und daß ihre ruhige Entschlossenheit der seinigen in keiner Weise nachstand. Er konnte, wie Strachey sagt, die Königin auch nicht einen Zoll breit von ihrem Entschluß abbringen. Schließlich fragte sie ihn: „Ist Sir Robert denn so schwach, daß er sogar die Hofdamen auf seiner Seite haben muß?" Er wußte nun, daß er nichts ausrichten konnte, verbeugte sich und ging.

Die Königin triumphierte; nun gab es nur noch eine Lösung. Sie hatte recht: nach kurzer Zeit erschien Sir Robert Peel wieder und erklärte Ihrer Majestät, daß er kein Kabinett bilden könne, wenn sie bei ihrem Entschluß beharre. Sie erwiderte kühl, sie werde ihm ihre Entscheidung schriftlich zugehen lassen. Am nächsten Morgen traten Lord Melbourne und die Minister des früheren Kabinetts zusammen. Die Briefe der Königin wurden verlesen und riefen unbeschreibliche Begeisterung hervor. Unbekümmert um Logik und Klugheit, ohne Rücksicht darauf, daß es staatsrechtlich gar keinen Grund gab, ihren Rücktritt zu widerrufen, erklärten sie alle wie ein Mann, daß es unmöglich sei, „eine solche Königin und Frau im Stich zu lassen". Ohne sich darum zu kümmern, daß sie gar nicht mehr die Minister der Königin waren, gingen sie so weit, Ihrer Majestät zu raten, alle Verhandlungen mit Sir Robert Peel abzubrechen. Die Königin besann sich nicht einen Augenblick, und der zweite Sieg ihrer Regierung war errungen.

Auf dem Hofball am gleichen Abend sah die Königin besonders strahlend aus; der Widerschein dieses Strahlens lag auf dem Gesicht Lord Melbournes, der nun seinen gewohnten Platz wieder einnahm. Aber „Peel und der Herzog von Wellington", bemerkte die Königin, „machten einen sehr bedrückten Eindruck". So standen die Dinge, als Lady Flora Hastings Tod den Hof in eine Bestürzung versetzte, die sich dem ganzen Land mitteilte. Nach dem Sieg über Sir Robert Peel hatte zunächst noch Frieden geherrscht, und in dieser Zeit hatte der Herzog von Wellington, der unentbehrliche Ratgeber in allen heiklen Angelegenheiten, versucht, die zwischen den beiden königlichen Hofhaltungen bestehenden Spannungen auszugleichen. Es gelang ihm auch wirklich, Sir John Conroy zur Aufgabe seines Postens und zum Verlassen des Schlosses zu bewegen. Dann hatte er die Königin dazu gebracht, einen herzlichen Brief an ihre Mutter zu richten. Aber die Herzogin blieb unversöhnlich; sie war überzeugt, daß ihre Tochter diesen Brief nicht selbst geschrieben hatte. Das waren doch nicht ihre Ausdrücke und nicht ihre Handschrift! Sie ließ den Herzog von Wellington kommen und erzählte ihm von der neuen Kränkung, die man ihr angetan. Der Herzog von Wellington kam erst nach einem langen stürmischen Redeschwall der Herzogin zu Wort. Der Brief, so versicherte er Ihrer Königlichen Hoheit, stamme tatsächlich von der Königin, es sei ein ehrlicher Versöhnungsversuch. Ob die Herzogin nicht versuchen wolle, die begangenen Fehler zu vergessen und die Spannungen auszugleichen. Aber als die Herzogin an die Kränkungen dachte, die sie erduldet hatte, an die Art und Weise, wie man sie von allem, ja von allem ausgeschlossen, sie nie um Rat gefragt hatte, und wie ihre Tochter ihr zu verstehen gegeben hatte, daß sie allein sein wolle (das hatte sie tiefer verletzt als alles andere zusammengenommen), da erschien ihr eine Versöhnung nicht so einfach. Es lagen zu viele Hindernisse im

Weg. „Was soll ich tun?" fragte sie den Herzog, „wenn Lord Melbourne zu mir kommt?" „Tun, Madam? Nun, ihn höflich empfangen!" Die Herzogin meinte, sie werde ihr Möglichstes tun, aber es würde sie viel Überwindung kosten. „Was aber soll ich tun, wenn Victoria mich bittet, der Lehzen die Hand zu geben?" „Tun, Madam? Nun, sie umarmen und küssen!" Die Herzogin wurde rot vor Wut. Alle ihre Federn und Seidenbänder wehten kriegerisch. Doch dann brach sie plötzlich in Lachen aus. „Nein, nein", sagte der Herzog und lachte ebenfalls, „ich meine doch nicht, daß sie die Lehzen umarmen und küssen sollen, ich meine die Königin!"

Nun aber war Lady Flora gestorben, und alle Hoffnungen des Herzogs auf eine Versöhnung zwischen der Königin und ihrer Mutter waren dahin. Der Bruch zwischen ihnen war besiegelt und, solange er dauerte, vollständig.

Unruhige Zeit

Der offene Bruch mit der Herzogin von Kent und die gedrückte Stimmung, die seit Lady Flora Hastings' Tod am Hofe herrschte, waren nicht der einzige Kummer der Königin. Das immer sonderbarere Verhalten ihres geliebten Onkels Leopold warf einen dunklen Schatten auf ihr Leben. Seit ihrer Thronbesteigung hatte sich der Ton seiner Briefe geändert. Zuerst war die Veränderung kaum zu spüren gewesen; aber die Königin hatte doch recht bald erkannt, daß hier wieder einmal versucht wurde, sie „wie ein Kind am Gängelband zu führen".

Der König der Belgier saß mit halbgeschlossenen Augen in seinen Sessel zurückgelehnt und las noch einmal einen der ersten Briefe durch, den er an seine Nichte geschrieben hatte, seit sie Königin von England war. Dabei zeigte sich wieder das eigentümliche Lächeln. Der Brief, fand er, war äußerst taktvoll und ebnete ihm den Weg für eine weitere Einflußnahme auf bedeutsamere Angelegenheiten. Fürs erste hatte er sich darauf beschränkt, seiner Nichte die anglikanische Kirche „ans Herz zu legen", und hatte ihr geraten, sich über wichtige Dinge möglichst wenig zu äußern. „Du kannst", schrieb er, „über die Kirche gar nicht genug reden, ohne Dich freilich irgendwie im einzelnen zu binden." Aber dann kam eine etwas drohende Andeutung: Seine Majestät fügte nämlich hinzu, er würde es begrüßen, wenn seine Nichte ihn vor allen Entscheidungen erst um Rat fragte. Ja, das war bestimmt ein taktvoller Brief, dachte Seine Majestät und faltete ihn zusammen. Seine Nichte war, ehe sie auf den Thron kam, noch stets seinem Rat gefolgt und hatte sich nur allzu eifrig nach seinen Ansichten über alles erkundigt. Jetzt war endlich die große Gelegenheit seines Lebens da, einer guten Sache zu dienen, die Wohlfahrt Europas zu sichern und durch seine Nichte, ohne Mitwissen ihrer Minister, seinen Einfluß allmählich und unmerklich in der auswärtigen Politik Englands geltend zu machen.

Die Nichte beantwortete seinen Brief mit einem eiligen, aber herzlich gehaltenen Schreiben. „Dein Rat ist stets von größter Bedeutung für mich", erklärte sie. Sein Rat aber wurde zwar stets zur Kenntnis genommen, jedoch niemals erbeten. Seine Majestät fühlte, daß jetzt etwas Zurückhaltung am Platze sei; man durfte nichts überstürzen. Überdies war mit dem Kind seit der Thronbesteigung eine sonderbare Veränderung vorgegangen. Zwar zeugten die Briefe an ihn noch immer von der gleichen Herzlichkeit und kindlichen Liebe. Es schwang aber ein fremder Unterton mit, den er nicht recht begreifen konnte. Die Briefe beschäftigten sich außerdem mehr mit häuslichen als mit politischen Dingen. Der König hatte sich eingebildet, seine Nichte werde ihn in allen englischen Regierungsangelegenheiten und über die auswärtige Politik ihrer Minister um Rat fragen.

Er faltete die Hände und überlegte. Vielleicht war es besser, sagte er sich, vorläufig mit politischen Belehrungen zurückzuhalten und statt dessen lieber dann und wann einen guten Rat für das tägliche Leben zu erteilen, oder etwa auch für den Umgang mit der Fürstin Lieven, die der König der Belgier für gefährlich hielt. Seine Nichte mußte ihr gegenüber Abstand wahren; sonst würde sie bestimmt den dreisten Versuch unternehmen, sich in Dinge einzumischen, die sie gar nichts angingen. Humor war nie die starke Seite Seiner Majestät gewesen, und so schrieb er: „Eine Regel, die ich Dir gar nicht genug empfehlen kann, ist die: gestatte niemandem, ungefragt über Dinge zu reden, die Dich und Deine Angelegenheiten betreffen. Sollte jemand die Dreistigkeit haben, es zu versuchen, so wechsele einfach das Thema und laß ihn fühlen, daß er einen Fehler begangen hat." – „Die Menschen", erklärte er seiner Nichte, „müssen zu der Überzeugung kommen, daß Intrigen völlig nutzlos sind, weil die Königin, wenn sie sich einmal für etwas entschieden hat und etwas für richtig hält, sich durch keine Macht der Welt umstimmen läßt." Am Schluß beschwor Seine Majestät die Nichte, niemandem, selbst ihrem Ministerpräsidenten nicht, zu gestatten, ohne ihre Erlaubnis Dinge zu erörtern, die nur sie allein angingen. Diesen Rat machte sich seine Nichte nur allzu sehr zunutze. Zwar ließ sie die Fürstin Lieven gelegentlich ihres Besuches unzweideutig fühlen, daß sie „einen Fehler begangen hatte", aber in noch viel stärkerem Maße wurde der Rat schließlich Seiner Majestät selbst gegenüber befolgt.

Der Briefwechsel wurde fortgesetzt und enthielt lange Predigten des Königs an seine Nichte und herzliche, aber ziemlich unbestimmte Antworten der Empfängerin. Die Königin dachte über diese Briefe nach und wunderte sich, daß die Predigten, die ihr einstmals so wundervoll erschienen waren, so daß sie nie genug davon bekommen konnte, jetzt offenbar an Interesse für sie verloren hatten. Da war Lord Melbourne erschienen, mit seiner wendigen Art, seinem persönlichen Zauber und seinen Scherzen – und die Predigten des Onkels waren vergessen.

Lord Melbournes amüsante Gesellschaft, seine unerschöpflichen, aufschlußreichen Belehrungen und seine graziöse, mühelose Art, sie mit Geschichte und Verfassung ihres Landes vertraut zu machen, stellten die alte Freundschaft in den Schatten. Die Königin war zwar treu in ihrer Liebe und Zuneigung, liebte aber neue Gesichter und frische Eindrücke, denen gegenüber das Alte leicht verblaßte. So verblaßte Onkel Leopolds Bild neben dem Lord Melbournes. Lord Melbournes Bild und das der Lehzen verblaßten, als alles Licht auf das Antlitz des Prinzgemahls fiel. Gleichwohl blieb Lord Melbourne dann immer noch ihr guter, alter Freund, und die Lehzen blieb ihre liebe, treue Lehzen. Sir Robert Peel, der einst „ein kalter Sonderling, so ganz anders als Lord Melbourne" gewesen war, wurde schließlich „fast wie ein Vater für uns". In dem blendenden Glanz und Ruhm Napoleons III., den die Königin einst so gefürchtet hatte, kamen ihr König Louis Philippe und seine Gemahlin wie fahle Gespenster vor, wenn sie auch weiterhin alles tat, um ihr Unglück zu lindern. Ihr ganzes Leben lang hatte sie dem Onkel Leopold ihre Anhänglichkeit bewahrt, aber jetzt sah sie, die früher keinen Fehl an ihm finden konnte, auch seine Schwächen. Wo war zum Beispiel sein Abscheu gegen krumme Wege geblieben, den sie einst für einen wesentlichen Zug seines Charakters gehalten hatte? Warum hatte er ihr folgenden, sehr sonderbaren Brief geschrieben? „Ich habe Stockmar beauftragt, für eine regelmäßige, sichere Verbindung zu sorgen . . . Du weißt jetzt, daß alle Briefe gelesen werden. Das sollte aber mit den unsrigen nicht immer der Fall sein!" Der Brief enthielt noch eine Andeutung, daß man sich diese Tatsache sehr wohl selbst zunutze machen könnte, wenn man die Gelegenheit wahrzunehmen verstünde. . . . Es müßte möglich sein, erklärte Seine Majestät, jemanden Dinge wissen zu lassen, ohne daß dabei der Schreibende in irgendeiner Weise bloßgestellt werde. Zum Beispiel: „Wir werden von Preußen noch immer wegen der Festungen belästigt. Wenn wir nun die preußische Regierung etwas wissen lassen wollen, was wir ihr nicht gerne offiziell mitteilen, schreibt mein Minister an unsern Mann in Berlin einen Eilbrief, den er einfach durch die Post schickt. Die Preußen lesen ihn bestimmt und erfahren auf diese Weise, was sie hören sollen." Seine Majestät fügte hinzu, daß sich das gleiche – es erscheine ihm angebracht, seine Nichte vorsorglich darauf hinzuweisen – auch in England ereignen könne und daß Diplomaten, die gerne gefürchtete Leute bei der Königin bloßstellen wollten, sich dieser Methode bedienen könnten. „Ich verrate Dir diesen Trick", schrieb König Leopold und schloß dabei mit seinem eigentümlichen Lächeln halb die Augen, „damit Du Dich dagegen schützen kannst." Stammte dieser Brief wirklich von derselben Hand, die noch vor zwei Jahren lange Abhandlungen über politischen Anstand und über den beklagenswerten Verfall dieser Tugend niedergeschrieben hatte? . . . Es war kaum zu glauben.

Dann wurde der Briefwechsel sehr zurückhaltend. Man schrieb einander über auswärtige Angelegenheiten, bis sich der König schließlich daran erinnerte, wie leicht sich seine Nichte früher von ihm hatte leiten lassen. Er glaubte deshalb, etwas deutlicher werden zu dürfen. In einem Brief vom 2. Juni 1838 schrieb er der Königin, er wisse, wie unrecht es von ihm sei, nach allen Beweisen ihrer Liebe anzunehmen, daß ihre ihm so teuren Gefühle sich ohne ersichtlichen Grund in so kurzer Zeit gewandelt haben könnten. Deshalb appelliere er jetzt an diese Gefühle. Er erinnerte die Königin von England daran, wie wesentlich von jeher die Unabhängigkeit Belgiens oder der Provinzen, aus denen sich das Land zusammensetze, für England gewesen sei; das beweise, versicherte er, am deutlichsten die Tatsache, daß England seit Jahrhunderten die größten Opfer an Gut und Blut dafür gebracht habe. Der verstorbene König von England habe beispielshalber beim letzten Zusammensein dem König der Belgier versichert, daß der Einmarsch Frankreichs oder einer anderen Macht in Belgien für England den sofortigen Krieg bedeute. Der König überlas diesen Teil des Briefes noch einmal und fügte hinzu: „Alles, was ich von der Güte Deiner Majestät erbitte, ist, daß Du Deinen Ministern gelegentlich den Wunsch zu verstehen gibst, die Regierung möge sich, soweit es sich mit den Interessen Deiner Länder verträgt, nicht führend an Maßnahmen beteiligen, die binnen kurzem die Vernichtung unseres Landes, Deines Onkels und seiner Familie zur Folge haben müßten." Der Brief schloß mit der üblichen wehleidigen Klage, daß der König der Belgier sich weiter nichts wünsche, als in Ruhe gelassen zu werden; man dürfe aber nicht vergessen, daß während der letzten sieben Jahre alle Gefahren und aller Verdruß auf ihm gelastet hätten; er allein habe diese Bürde tragen müssen.

Der Brief ging ab, und es folgte ein betretenes, frostiges Schweigen, das über eine Woche dauerte. Dann antwortete die Königin; ihr Brief klang seltsam unbestimmt, wenn man an den starken Willen denkt, der dahintersteckte. Ihr lieber Onkel, schrieb sie in der gewohnten, herzlichen Art, täte sehr unrecht daran, zu glauben, daß ihre zärtlichen Gefühle für ihn sich jemals wandeln könnten. Der geliebte Onkel möge wissen, daß die althergebrachte Politik ihres Landes die Königin veranlasse, darauf bedacht zu sein, daß ihre Regierung nichts zum Nachteil Belgiens unternehme, vielmehr auch weiterhin alles tue, um das Gedeihen seines Landes zu fördern, soweit dies mit den Interessen und Verpflichtungen Englands vereinbar sei ... Niemand, versicherte sie ihm, habe mehr Verständnis für die schwierige Lage des Königs der Belgier als seine ihm ergebene Nichte.

Aber von endgültigen Versprechungen und Zusicherungen war keine Rede.

In seiner Erwiderung versicherte der König seiner teuren, vielgeliebten Victoria, daß sie ihm einen sehr lieben, langen Brief geschrieben habe, durch den er sehr befriedigt sei; er habe ja nichts weiter als eine Bestätigung ihrer ferneren Zuneigung hören wollen, und an der brauche er nun nicht mehr zu zweifeln. Er halte es für richtig, ihr offen und ehrlich mitzuteilen, daß er in diesem Punkte seine Befürchtungen gehabt habe. Er habe nicht gerade angenommen, daß er von der Königin vergessen worden sei; er sei sich aber wie ein Möbelstück vorgekommen, das man als unbrauchbar beiseite gestellt habe. Trotzdem habe er sich nie beklagt, „denn ich fürchte, daß Liebe, die im Schwinden ist, durch Vorwürfe nur noch weiter vermindert wird. Ich habe daher nichts gesagt. Aber in einem Leben, das wie das meinige voller Kummer und Enttäuschungen ist, wäre der Verlust Deiner Liebe ein sehr schwerer Schlag gewesen." Aus diesem Grunde, fügte der König hinzu, habe ihn die Erklärung Lord Palmerstons an die preußische Regierung sehr gekränkt, wonach man Preußen die unmißverständliche Gewißheit gegeben habe, daß England zu einer Unterstützung Hollands gegen Belgien bereit sei. Es habe so ausgesehen, als wolle die englische Regierung sagen: „Du bildest dir vielleicht ein, daß wir auf den Onkel der Königin Rücksicht nehmen; davon werden wir uns noch mehr freizumachen wissen als unter unserem verstorbenen König!" Das habe ihn verletzt, und zwar mehr in seiner Eigenschaft als Engländer denn als Belgier; sei er doch aus England nach Belgien gekommen und gerade deswegen gewählt worden. Übrigens freue sich der König, sagen zu dürfen, daß er noch nie in Verlegenheit gekommen sei, die Königin um einen Gefallen zu bitten, und daß daher die kleinen Dienste, die er ihr geleistet habe, vollkommene Uneigennützigkeit zur Grundlage gehabt hätten. Deshalb habe es natürlich in ganz Europa großes Aufsehen erregt, daß die erste Regierungstat der Königin sich anscheinend gegen ihn gerichtet habe. Er werde seine Nichte niemals um eine Gefälligkeit bitten, die auch nur im geringsten unvereinbar mit den englischen Interessen sein könnte. Aber seine Nichte werde wohl Verständnis dafür haben, daß es ein großer Unterschied sei, ob man um eine Gefälligkeit bitte oder nur darum, nicht wie ein Feind behandelt zu werden. In einem weiteren Briefe erinnerte er die Königin daran, daß er, wie sie aus Erfahrung wisse, ihre Güte für sich nie in Anspruch genommen, es vielmehr vorgezogen habe, für seine großen Dienste keinen anderen Lohn als ihre Liebe anzunehmen. Wenn sie aber, so fuhr er fort, nicht alle auf der Hut seien, so könnten ernste Folgen eintreten, die mehr oder weniger jeden treffen könnten.

Hierauf antwortete Ihre Majestät, nachdem sie sich mit Lord Melbourne beraten hatte, diese Dinge könnten ihrer Meinung nach nur durch einen Vertrag der vier Mächte untereinander geregelt werden, und Frankreich müsse unbedingt genau wie die anderen zustimmen. Sie selbst, versicherte sie ihrem Onkel, verzichte lieber auf politische Erörterungen in ihren Briefen, die sonst ihren erfreulichen, vertrauten Ton einbüßen und allzu förmlich werden könnten. Seine Majestät erwiderte hierauf mit zurückhaltender Würde, die äußerst freundlichen und lieben Briefe seiner liebsten Victoria hätten ihn sehr beglückt. Er freue sich, daß sie den Aufenthalt in Brighton genossen habe, wo es bis zum Auftreten der Ostwinde zweifellos recht angenehm sei. Er denke noch daran, wie er dort Prinzessin Charlotte zum erstenmal begegnet sei, in längst entrückter Zeit. – Entrückt, dachte Seine Majestät, als er den Brief zusammenfaltete, doch nicht entrückter als die Haltung seiner Nichte seit ihrer Thronbesteigung. Aber er wollte sich noch immer nicht eingestehen, daß jeder Versuch, Victorias Handlungen zu bestimmen, nutzlos war. Nicht viel später zeigte er sich sehr befriedigt, ihrer „lieben Majestät einige politische Funken entlockt zu haben, um es freundlich und nett auszudrücken". Worauf Ihre Majestät diesmal alles andere als ausweichend erwiderte: „Wenn Du offenbar auch nichts gegen meine politischen Funken einzuwenden hast, so halte ich es für besser, sie nicht zu verstärken; sie könnten am Ende Feuer verursachen, zumal wir über die Sache selbst, wie ich mit Bedauern sehe, verschiedener Meinung sind."

Sie blieb fest. Aber die Briefe mit ihren ständigen Forderungen und Andeutungen waren eine Plage. Während die Einmischungsversuche des geliebten Onkels sie quälten und reizten, lauerte im Unterbewußtsein der Königin die ständige Angst vor der ihr bevorstehenden „abscheulichen Prüfung", den Prinzen Albert wiederzusehen, – Albert, den ihr der Onkel zum Gemahl bestimmt hatte. Der Gedanke daran ließ sie nicht los, er war wie ein ständig mitschwingender Ton. Das Zusammentreffen würde sehr peinlich werden, denn es war ihr bekannt, daß auch Albert wußte, was der Onkel vorhatte. Die Vorstellung, heiraten zu müssen, war ihr unerträglich. Sie hatte Albert gern; aber was sollte geschehen, wenn sie ihn nicht liebte? Sie empfand heftigen Widerwillen gegen die ganze Angelegenheit; schon der Gedanke daran, schrieb sie, vergälle ihr jede Freude und lasse ihr alles lästig erscheinen. Der Onkel wünschte, daß sie seine Schwiegereltern, den König Louis Philippe und seine Gemahlin, im „Pavillon" zu Brighton aufnehme; sie fühlte sich dazu wirklich nicht wohl genug. Aber der liebe Onkel Leopold, der ein „Nein!" niemals als Antwort gelten ließ, hatte es sich in den Kopf gesetzt, und so sah sie sich schließlich gezwungen, klipp und klar abzulehnen. Der ständig mitschwingende Ton aber brach nicht ab und quälte sie so sehr, daß sie im Juli 1839 an den Onkel schrieb und ihm rundweg erklärte, er und Prinz Albert möchten sich darüber klar sein, daß eine endgültige Verlobung nicht bestehe. Selbst wenn sie es für möglich hielte, Albert zu heiraten, könne sie doch in diesem Jahr ihr Wort noch nicht geben, das könne allerfrühestens erst in zwei bis drei Jahren geschehen. Sie hege große Abneigung gegen eine Veränderung ihres jetzigen Lebens. Überdies müsse man sich klarmachen, daß, falls sie sich nicht zur Heirat entschließen könne, kein Bruch eines Eheversprechens vorliege, da sie nie eines gegeben habe.

Trotz aller Unschlüssigkeit, trotz ihres Unbehagens über die Situation rückte die Zeit für Alberts Besuch immer näher. Die italienische Reise, auf die man ihn mit Baron Stockmar als Cicerone geschickt hatte, war zu Ende. Der kluge, aufmerksame und scharfsinnige Stockmar sollte sich über die Eignung des Prinzen zum Gemahl der Königin von England äußern. Vor der Reise hatte der Baron noch kein abschließendes Urteil über die Fähigkeiten des Prinzen abgeben wollen. Der Prinz sei ohne Zweifel intelligent und verschwiegen; aber das sei nicht genug. „Der junge Mann", setzte er hinzu, „sollte nicht bloß über große Fähigkeiten, sondern auch über Ehrgeiz und hohe Willenskraft verfügen. Wer eine so schwierige, politische Laufbahn im Leben vor sich hat, braucht mehr als Energie und Neigung, er braucht auch eine ernste Geisteshaltung, die bereit ist, aus freien Stücken das Vergnügen einer wirklich nutzbringenden Tätigkeit zu opfern. Wenn er später nicht die befriedigende Gewißheit erlangt, einen der einflußreichsten Posten Europas innezuhaben, wird er sich oft versucht fühlen, sein Abenteuer zu bereuen. Sieht er darin nicht von Anfang an die Berufung zu hoher Verantwortung, von deren Erfüllung seine Ehre und sein Glück abhängen, dann besteht für ihn wenig Aussicht auf ein erfolgreiches Leben."

Auf der italienischen Reise wurden viele Zweifel des Barons behoben. Der junge Prinz war offenbar ernst veranlagt, besaß Pflichtgefühl und gute Grundsätze. Während seiner Studienzeit in Bonn hatte er sich, wenn er nicht mit seinem Freunde, Prinz Wilhelm von Löwenstein, spazieren ging, damit beschäftigt, „Grundsätze der Rechtspflege und philosophische Lehren" zu erörtern. Er hatte eine Abhandlung über „Die Art des deutschen Denkens" geschrieben und eine „Geschichte der deutschen Zivilisation" entworfen, wobei er, wie er sagte, „die Einteilung anwandte, die sich schon aus dem behandelten Stoffe von selbst ergibt", und mit einem „Überblick über die Mängel unserer Zeit, sowie mit der Aufforderung an alle schloß, diesen Mängeln, ein jeder für sich, abzuhelfen und den anderen mit gutem Beispiel voranzugehen". Er hatte allerdings auch seine Schwächen und mußte sich in manchem noch vervollkommnen. Der Prinz schien zum Beispiel nicht gewillt, sich übermäßig anzustrengen, zeigte keinerlei Interesse für Politik und benahm sich in Gegenwart von Frauen „viel zu gleichgültig und schüchtern". Auf einem Fall in Florenz unterhielt er sich den ganzen Abend über wissenschaftliche Fragen mit dem bedeutenden Gelehren Capponi. Dies machte einen solchen Eindruck auf den Großherzog von Toscana, daß er rief: „Voilà un prince dont nous pouvons être fiers/ La belle danseuse l'attend, le savant l'occupe!" Aber Baron Stockmar war sich nicht ganz sicher, ob man darauf wirklich stolz sein durfte.

Gleichwohl beschloß man, Albert nach England zu schicken. Ursprünglich war der 30. September 1839 als Ankunftstag für ihn und seinen Bruder Ernst festgesetzt. Für diesen Tag aber war in Windsor ein Kronrat einberufen. Die Königin wollte ihr Zusammentreffen mit Albert so weit wie möglich hinausschieben, mochte auch im Kronrat nicht die Vermutung aufkommen lassen, daß eine Verlobung bevorstehe. Sie vertröstete daher ihre Vettern brieflich auf ein paar Tage. Aber sie war sichtlich verstimmt, als ihr Prinz Albert aus dem Winterpalast in Brüssel schrieb, er beabsichtige, seinen Besuch noch weiter aufzuschieben. Wäre es wohl möglich, so fragte sie sich, daß Albert ihre Abneigung spürte? In welch mißliche Lage hatte man dann die Königin von England gebracht! Aber zehn Tage nach der ursprünglich festgesetzten Zeit kamen die Prinzen doch. Sie hatten eine furchtbare Überfahrt von Antwerpen aus und verschiedentlich Mißgeschick gehabt. Prinz Albert hatte sein Gepäck verloren und mußte, da er sich nicht umziehen konnte, allein essen. Die Königin ließ ihre Vettern beim Tower von London mit Kutschen abholen. Die Fahrt ging durch den dunstigen blassen Oktoberabend nach Windsor. Im Schloß erwartete die Königin, oben auf der TRreppe stehend, ihre Vettern. Als sie Albert erblickte, schmolz ihre ganze Vergangenheit wie der Schneepalast einer Märchenkönigin, die ihr Reich erst finden mußte. Nun war das Königreich da! „Nicht ohne Bewegung", schrieb sie in ihr Tagebuch, „sah ich Albert . . . der sehr schön ist."

Die Königin verlobt sich

Victoria von England war empfangen, geboren und erzogen worden, um Königin zu werden. Lange vor der Heirat ihrer Eltern hatte sich ihre königliche Sendung vorbereitet. Es war ihr bestimmt, zu den Gipfeln wahrer Größe aufzusteigen – aber nicht in ihrer Jugend und nicht in mittleren Jahren. Erst als alte, einsame Frau, allein auf jenen Höhen, die sie auf langen, beschwerlichen Pfaden erklommen hatte, durfte sie die Zukunft der Welt und ihres Volkes mit dem scharfen Blick des Adlers erschauen. Erst im hohen Alter besaß sie die Klugheit der Schlange und das Herz des Löwen, nicht in der Jugend, wenn sie auch von jeher großherzig war. „Du nennst mich kleine Königin", sagte sie zu ihrem Onkel, dem König der Belgier, „mein Körper ist wohl klein, aber nicht mein Herz!"

Vorläufig war sie noch ein junges, verliebtes Mädchen, und die furchtbare Einsamkeit der Größe war ihr noch nicht auferlegt. Die Königin von England ist auch in ihrer Jugend nicht eigentlich schön gewesen. Sie war ein kleines, schlichtes Wesen ohne liebliche Farben, ohne besonders hübsche Gesichtszüge. Aber sie hatte eine wohlklingende, melodische Stimme, ein bezauberndes, fröhliches Lachen und war erstaunlich anmutig sowohl in ihren Bewegungen wie in der Ruhe; ihre Gebärden waren sehr ausdrucksvoll. Jede Gemütsverfassung, jede Erregung drückte sich in ihrem Gang aus; bald schien sie dahinzugleiten wie ein Schwan, bald schwebte sie still und anmutig wie eine schöne Wolke, bald war sie wie eine stolze, prachtvolle, vorwärtsstürmende Woge. War sie still und nachdenklich, so glich sie einer Statue; ihre Haltung rief die Erinnerung an eine große Vergangenheit wach, die wie ein Schatten um sie war. Wenn sie sich aus dieser Ruhe erhob, schienen alle Fahnen und Fanfaren der Welt den Gang der Königin von England zu beflügeln. Ihr Gesicht war aber nicht schön, das wußte sie. Wie schön, wie wunderbar schön war dagegen Albert! Tag für Tag entdeckte die Königin an ihm eine neue Schönheit: den „hübschen Mund", den „zarten Schnurrbart" und den „feinen, ganz feinen Backenbart", die „schön geformte Nase", die „wundervolle Gestalt, breit in den Schultern und schlank in der Taille". Sie verliebte sich Hals über Kopf in ihn und konnte ihr früheres Widerstreben und ihre Unschlüssigkeit nicht mehr begreifen. Wie war das möglich? War sie wirklich dasselbe Mädchen, das erst vor kurzem dem lieben Onkel in einem gereizten Brief zu verstehen gegeben hatte, daß für sie keine Verlobung bestehe? Am Tage nach der Ankunft des Prinzen erklärte die Königin Lord Melbourne, sie habe sich entschlossen, ihren Vetter zu heiraten. Er beriet mit ihr, welche Würden man dem Prinzen verleihen sollte. Sie kam gar nicht auf den Gedanken, daß Albert ihre Hand zurückweisen könnte. Dabei war er, durch ihr bisheriges Zögern verletzt, nach Windsor gekommen, um ihr zu erklären, daß er den Plan als gescheitert betrachten müsse, wenn sie sich immer noch nicht entschließen könne. Sie sprach Lord Melbourne gegenüber den Wunsch aus, daß ihr künftiger Gatte Feldmarschall und Königliche Hoheit werde; das Parlament solle darum ersucht werden, seine Versorgung zu regeln. Aber alles das könne man ja später endgültig ordnen.

Drei Tage lang tanzten die Vettern mit ihrer Kusine, sangen Duette, spielten taktische Spiele und das Brettspiel „Wolf und Schafe". Sie ritten zusammen in den Wald und plauderten, und während sie arbeitete, konnte sie die Vettern unten Haydnsche Menuette spielen hören. Am vierten Tage schließlich ließ sie Albert um einhalb ein Uhr zu sich bitten. Er kam, und sie sagte, er wisse sicherlich, weswegen sie ihn hergebeten habe, und es würde sie „überglücklich" machen, wenn er ihren Wunsch erfüllte. „Ich sagte ihm", schrieb sie in ihr Tagebuch, „ich sei seiner ganz unwürdig. Er meinte, daß es ihn sehr glücklich machen würde, sein Leben an meiner Seite zu verbringen. Ich habe ihn unaussprechlich lieb und will tun, was in meinen Kräften steht, um ihm sein Opfer – denn es ist meiner Meinung nach ein Opfer! – so klein wie möglich erscheinen zu lassen."

108

Sie liebte ihn. Sie schrieb einen begeisterten Brief an den König der Belgier. Aber ein bezeichnender Satz fand sich in einem Brief an ihre Tante, die Herzogin von Gloucester. Sie sei gezwungen gewesen, sagte sie, ihm ihre Hand anzubieten; denn Albert würde „sich niemals die Freiheit genommen haben, die Königin von England um ihre Hand zu bitten".

Der so erwählte Bräutigam nahm die Hand der Königin an, nicht weil er sie liebte – die Liebe stellte sich erst nach einigen Ehejahren ein –, sondern, um Gutes tun zu können. So äußerte er sich wenigstens zu seiner Stiefmutter. „Das Leben", fügte er hinzu, „hat in jeder Stellung seine Dornen, und das Bewußtsein, meine Macht und mein Streben für die große Aufgabe eingesetzt zu haben, das Wohl vieler Menschen zu fördern, wird mir genügend Halt geben." In einem ungewöhnlich wehmütigen Brief an Stockmar schrieb er: „Ich werde den Mut nicht sinken lassen. Mit festem Willen und wahrem Eifer wird es mir auch weiterhin gelingen, in allen Dingen edel, männlich und fürstlich zu handeln." Seiner geliebten Großmutter, der Herzogin-Witwe von Koburg, teilte er mit: „Victoria ist wirklich sehr gut und liebenswert; ich weiß gewiß, daß der Himmel mich nicht in schlechte Hände gegeben hat, und daß wir miteinander glücklich werden ... Seit diesem Augenblick tut Victoria alles, was sie mir an den Augen absehen kann. Und wir plaudern zusammen von unserer Zukunft, die sie so glücklich wie möglich gestalten will. Ach, die Zukunft bringt mir auch den Augenblick, da ich von meiner lieben, lieben Heimat und von Dir Abschied nehmen muß. Ich kann gar nicht daran denken, ohne daß mich tiefe Trauer befällt. Der Tag unserer Hochzeit steht nahe bevor. Die Königin und ihre Minister wünschen, daß sie in den ersten Februartagen stattfindet, und ich habe eingewilligt, als ich ihre Gründe hörte." Man kann von diesen Briefen nicht gerade behaupten, daß sie begeistert klingen. Um so begeisterter waren dafür die Briefe König Leopolds. Auf einen Brief seiner Nichte, in dem sie ihm den Tag der Hochzeit mitteilte, erwiderte der schlaue Monarch, er komme sich vor, „wie Zacharias: Nun lässest Du Deinen Diener in Frieden dahinfahren!" Er schrieb, daß Alberts Stellung recht schwierig sein könnte. „Alles wird von Deiner Liebe zu ihm abhängen. Wenn Du ihn lieb hast und gut zu ihm bist, wird er die Last seiner Stellung leicht tragen. Seinem Charakter sind Festigkeit und Frohsinn eigen, die ihm dies sehr erleichtern werden."

König Leopolds Triumph war tatsächlich vollkommen. Nachdem der Wunsch fehlgeschlagen war, England durch seine Frau – die er übrigens trotz seines Ehrgeizes aus Liebe geheiratet hatte – zu beherrschen, hatte er es fertiggebracht, seine Schwester, eine Witwe ohne Vermögen, zur Mutter der Königin von England zu machen. Nun sollte der jüngere Sohn seines Bruders, ein Jüngling, dem das Schicksal sonst nur wenig geboten hätte, der Gemahl dieser Königin werden. Der junge Mann war pflichttreu, still und fleißig und würde, so dachte Seine Majestät, sein Schicksal hinnehmen wie jedes andere, das man ihm zugedacht hätte.

Die Lage war allerdings, wie der König der Belgier sehr richtig vorausgesehen hatte, schwierig. Zunächst benahm sich das Parlament äußerst ungebührlich. Ihre Majestät hatte während einer Sitzung des Kronrates im Buckingham-Palast ihre Verlobung bekanntgegeben. Sie trug ein Armband mit dem in Diamanten gefaßten Miniaturbild des Prinzen, und Lord Melbourne starrte sie mit Tränen in den Augen unverwandt von ferne an. Bald danach wurden jedoch Fragen nach Alberts Religion laut. Das Parlament wollte genau wissen, ob er nicht vielleicht Papist war. Dann gelang es den Torys, die nach Ansicht der Königin über den Mißerfolg ihres Anschlages gegen die Hofdamen erbittert waren, die für den Prinzen vorgeschlagenen Jahresbezüge von 50000 Pfund auf 30000 Pfund herabzusetzen. Sie fanden dabei die Unterstützung der Radikalen, und der Antrag wurde mit einer Mehrheit von über hundert Stimmen angenommen. Es läßt sich schwer sagen, wer über diese Unehrerbietigkeit empörter war, die Königin oder König Leopold, der in einem seiner üblichen scheltenden Briefe dies Benehmen schmachvoll und gemein nannte. Prinz Albert, der gerade in Brüssel weilte, mußte durch den König beschwichtigt werden, über den die Nichte wieder einmal ungehalten war wegen seines unverbesserlichen Hangs, sich einzumischen oder es wenigstens zu versuchen. „Der liebe Onkel", erklärte sie Albert, „bildet sich ein, daß er überall das erste Wort führen muß. Aber das ist durchaus nicht nötig." König Leopold berichtete der Königin von England in einem langen Brief, daß es ihm durch Takt und Klugheit gelungen sei, den heftig erzürnten Albert zu besänftigen. Das sei sehr schwierig gewesen, er habe es jedoch ohne Hoffnung auf eine Anerkennung getan, es sei denn, daß er die Liebe seiner Nichte als Lohn empfange. Durch des Onkels ständige Versicherungen seiner Ergebenheit, durch seine Einmischung und seine Ratschläge war Victoria so gereizt, daß sich wieder Bedenken und Unschlüssigkeit bei ihr einstellten. Zweifellos waren Alberts hübscher Mund, sein zarter Schnurrbart und der feine, ganz feine Backenbart sehr schön. Wie aber, wenn er Onkel Leopolds Lust, sich in anderer Leute Angelegenheiten einzumischen und seine männliche Herrschsucht geerbt hatte? Man mußte ihm zeigen, daß sie die Königin von England war; er mußte sich über ihrer beider Stellung klar sein. Denn seit jenem Abend, da sie ihr Bett aus dem Schlafzimmer der lieben Mama entfernen ließ, hatte keines anderen Menschen Stimme sie jemals unterbrochen. Mochte sie auch jung und unerfahren sein, so galt doch jeder Satz, der von ihren Lippen kam, so viel wie die Verkündigungen der Sphinx, auf die man seit Jahrhunderten des Schweigens gewartet hatte . . .

Jeder Wunsch wurde ihr erfüllt, das war gar nicht anders denkbar. Es gab keine höhere Macht außer Gott, zu dem sie betete, der ihr aber ein wohltätiger Vater war, bereit zu geben, aber nicht zu nehmen. „Du schreibst mir von unserem Aufenthalt in Windsor" (während der Flitterwochen), schrieb sie an ihren künftigen Gatten, „aber, lieber Albert, Du hast die Sache völlig mißverstanden. Du vergißt, Liebster, daß ich Königin bin, und daß eine Abwesenheit von zwei bis drei Tagen schon sehr bedeutet . . . Alle, auch meine Tanten, sagen, daß ich mich nach dem zweiten Tage zeigen müsse. Denn ich muß von meinem Hof umgeben sein und kann daher nicht für mich bleiben. Das ist auch ganz in meinem Sinne. Nun zum Wappen! Als deutscher Prinz hast Du kein Recht, das königliche Wappen zu führen. Auch König Leopold hatte es damals nicht. Der König aber kann dies durch Allerhöchsten Befehl gestatten. Das hat der Prinzregent für Onkel Leopold getan. Ich werde es für Dich auch tun, aber es kann nur duch Allerhöchsten Befehl geschehen."

Dann wieder wurde dem Prinzen, der gern einen deutschen Sekretär gehabt hätte, von der Königin mitgeteilt, daß dies nicht angängig sei, da er dadurch die Empfindungen der Engländer verletzen würde. Er dürfe auch seine Kammerjunker nicht selbst wählen; sie müßten vielmehr von der Königin ausgewählt werden. Anson, der in späteren Jahren einer der vertrautesten Freunde des Prinzen wurde, ihm jetzt aber noch gänzlich unbekannt war, wurde zu seinem Sekretär ernannt, ob der Prinz nun wollte oder nicht.

Schweren Herzens sah er in die Zukunft. Gewiß liebte ihn seine künftige Frau. Aber sie hatte einen eisernen Willen. Zudem kam er in ein fremdes Land, wo er nur selten allein sein würde, und der Prinz liebte die Einsamkeit. Die Königin versicherte ihm, daß ihr guter, alter Ministerpräsident mindestens zwei- bis dreimal in der Woche und jeden Sonntag bei ihnen speisen, daß aber an Sonntagen sonst niemand dabei sein werde: „Man würde es nämlich nicht richtig von mir finden, an Sonntagen Essen zu geben." Der Sonntag, dachte Prinz Albert, schien von den Engländern beinahe wie ein nationaler Trauertag begangen zu werden. Trübe Aussichten! Die Königin entschuldigte sich einmal bei ihm, daß sie auf Briefpapier mit einem Bild an ihn schreibe, obwohl sie doch in tiefer Trauer sei, meinte aber, daß der Hof am Hochzeitstage und an den zwei oder drei folgenden Tagen kein Schwarz tragen werde.

Endlich kam der Tag, da er seine Heimat und sein geliebtes Deutschland für immer verlassen sollte. Sein Biograph Hector Bolitho schildert, wie „Koburg und Gotha ihm mit tränenfeuchten Taschentüchern nachwinkten. Kleine Jungens kletterten auf die Bäume und riefen ihm zu, alte Frauen weinten in den Haustüren und an den Fenstern". Als er in die Kutsche stieg, die ihn weit forttragen sollte, hörte man im Schloß einen furchtbaren Schrei: „Albert! Albert!" Es war die Stimme seiner Großmutter, der Herzogin-Witwe; als der Schrei verklungen war, sank sie ihren Hofdamen ohnmächtig in die Arme.

Victoria und Albert

Lord Melbourne stand unter lauter Fürstlichkeiten, Höflingen und Staatsmännern im weitgeöffneten Portal des Buckingham-Palastes. Er sah alt aus und schien im grellen Sonnenlicht ganz langsam dahinzuschwinden, – erst die Augen, dann das Lächeln, dann die ganze Erscheinung . . .

„Gott segne Sie," sagte er zu der kleinen Gestalt in Seide und Schwanenpelz. Die Königin trug einen weißen Hut mit einem Sträußchen Orangenblüten. Sie blieb stehen, um sich zehn Minuten lang mit ihm zu unterhalten, bis es Zeit wurde, mit Albert die Kutsche zur Hochzeitsreise nach Windsor zu besteigen. Zehn Minuten lang zog die Königin Lord Melbourne mit seinem modischen Rock auf und erinnerte ihn daran, daß er in zwei Tagen in Windsor zu Tisch erwartet werde. Neben ihm stand, noch verwelkter als er, die gute, alte Lehzen, deren Stündlein bald schlagen sollte.

Wie ein Traum, wie ein zarter, leichter Nebel war der Februartag vorübergegangen. Am frühen Morgen hatte man dem Prinzen Albert von der Königin ein zusammengefaltetes Briefchen ohne Umschlag in sein Schlafgemach im Buckingham-Palast gebracht:

„Liebster, wie geht es Dir heute? Hast Du gut geschlafen? Ich habe mich gut ausgeruht und fühle mich heute ausgezeichnet. Was für ein Wetter! Aber ich glaube, der Regen wird aufhören. Schicke mir eine Zeile, wann Du, mein innigst geliebter Bräutigam, fertig bist.

Deine stets getreue Victoria R."

Als der zwanzigjährige Prinz neben Vater und Bruder in ihren dunkelgrünen Uniformen im Portal des Buckingham-Palastes

113

erschien, brachen die vielen Tausende in laute Rufe aus, Trompeten schmetterten, Fahnen senkten sich, und der Prinz empfing den Ehrensalut, der sonst nur regierenden Fürsten erwiesen wird. Er trug die Uniform eines britischen Feldmarschalls, dazu quer über der Brust das Band des Hosenbandordens nebst dem mit Diamanten und Edelsteinen besetzten Orden und das diamantenbesetzte Strumpfband unterhalb des Knies.

Die Luft schien vor lauter Fahnen lebendig geworden zu sein. Die brausenden Hochrufe der Menge verwirrten den jungen Prinzen, als er zur Kapelle im St. James-Palast fuhr, um dort auf seine Braut zu warten. Dann erhoben sich die Jubelrufe von neuem; wiederum schmetterten die Trompeten, und die Königin von England erschien im Portal des Schlosses. Sie bewegte sich mit jener vollendeten, erstaunlichen Anmut und Würde, mit der sie begnadet war. Die zarten Frühlingsnebel in den veilchenfarbenen Wäldern, der leise, feine Frühlingsregen konnte nicht heller sein als ihr Gewand. Die Herzogin von Kent war bei ihr, und als sie an den glücklichen, lachenden, jubelnden Menschen und an dem Spalier von Soldaten vorüber durch die fahnengeschmückten, von Rufen erfüllten Straßen fuhren, mußte sie an jenen gar nicht so fernen Tag zurückdenken, da sie zur Westminster-Abtei gefahren war, um zur Königin von England gekrönt zu werden. Traumhaft flossen die herrlichen Eindrücke des Tages ineinander. Die Trauungsfeierlichkeit fand in dem von Juwelen durchglitzerten Dämmerlicht der Kapelle statt. Dann küßte die junge Königin beim Verlassen der Kapelle zum Abschied die Königin-Mutter, eine rührende und eindrucksvolle Erscheinung in Hermelin und Purpur. Hand in Hand mit ihrem Bräutigam schritt sie durch die Kapelle hinaus in den weißen Februartag. Wieder schmetterten die Trompeten, man hörte Trommelwirbel und das laute, brausende Rufen von abertausend Stimmen, als das junge Paar durch die Straßen zum Buckingham-Palast zurückfuhr.

Es folgte ein langes, ziemlich steifes Festessen, das gar kein Ende zu nehmen schien. Dann wurde der Königin das weißseidene, spitzenbesetzte Hochzeitskleid ausgezogen und der prächtige Schmuck abgenommen. Wie jede andere junge Frau für die Hochzeitsreise gekleidet, gab sie ihrer Mutter einen

Kuß, nahm von ihren Verwandten, ihren Hofdamen und ihren Ministern Abschied und begab sich mit Albert auf die Fahrt nach Windsor.

Nach drei Tagen war der Hof wieder vollzählig versammelt: Lord Melbourne, der „gute, alte Primus" der Königin, erschien zur Tafel, man hörte auch die Lehzen wieder unaufhörlich plappern und wie ein Vogel flattern und rascheln. Prinz Alberts Leben als Gemahl der Königin von England hatte allen Ernstes begonnen. Es war zunächst ein Leben völliger geistiger Vereinsamung. Die Einsamkeit wurde noch tiefer, als der Tag kam, an dem sein Bruder Ernst, sein geliebter, unzertrennlicher Freund, nach Koburg heimkehrte. „Kreideweiß, mit Tränen in den Augen", versuchte der Prinz, seiner Bewegung Herr zu werden. „So etwas ist schwer zu ertragen", sagte er zu seiner Frau. Ihm war, als sei nun seine Jugend zu Ende. Er hatte hinfort nur noch seiner Pflicht zu leben, und eine seiner Hauptaufgaben bestand darin, seine junge, eigensinnige, aber verliebte Frau zu erziehen und ihren starken Willen zu zügeln, der, richtig geleitet, eine große Kraft darstellen konnte. Er erkannte die ganze Schwierigkeit dieser Aufgabe; denn er hatte nicht bloß gegen den Willen der Königin, sondern auch gegen den der Lehzen anzukämpfen. Er sah sich, wenn ich mich so ausdrücken darf, einer endlosen Galerie von lauter Lehzens gegenüber. Jede Tür führte zur Lehzen. Jeder Laut war ein Echo ihrer Stimme. Sie hatte seit Victorias fünftem Lebensjahr den stärksten Einfluß auf sie gehabt und war gewillt, ihn auch weiterhin unverändert und unvermindert auszuüben. Die Tatsache, daß sie den privaten Briefwechsel der Königin besorgte und jetzt auch die Oberaufsicht über den königlichen Haushalt und die Privatschatulle führte, gab ihr noch mehr Macht. Nichts konnte ohne die Erlaubnis der Lehzen geschehen, sie wurde in allen Dingen um Rat gefragt. Im Mai, nach der Hochzeit, berichtete Albert seinem Freunde Prinz Löwenstein: „Mit meiner Lebensweise bin ich an sich zufrieden. Aber die Schwierigkeit, meinen Platz mit der rechten Würde auszufüllen, besteht für mich darin, daß ich bloß der Gatte und nicht der Herr im Hause bin."

Der Prinz beklagte sich auch darüber, daß die Königin ihm gegenüber in Kleinigkeiten und in allem, was mit der Politik des

Landes zu tun hatte, kein Vertrauen zeigte. Als Lord Melbourne dies zur Sprache brachte, erklärte sie, daß nur ihre Bequemlichkeit daran schuld sei; vielleicht habe sie unrecht, aber mit dem Prinzen spräche sie lieber über andere Dinge. Lord Melbourne erzählte Anson und Stockmar von diesen Gesprächen und meinte: „Ich habe den Eindruck, als ob sie Angst vor einer Meinungsverschiedenheit hat . . . Ich glaube nicht, daß die Baronin an dieser mangelhaften Offenheit schuld ist." Aber Stockmar war anderer Ansicht und sagte: „Die Königin hat es nicht richtig angefangen. Sie sollte nach und nach alles mit ihm besprechen. Allerdings besteht die Gefahr, daß er sofort alles wissen will. Dabei könnte es vorkommen, daß ihm ein Fall vorgelegt wird und er ein voreiliges, unbedachtes Urteil abgibt. Richtet man sich danach und sind die Folgen verhängnisvoll, so ist ein triftiger Grund vorhanden, ihn künftig nicht mehr um Rat zu fragen. Die Königin steht mehr, als sie weiß, unter dem Einfluß der Baronin. Dieser Einfluß ist schuld daran, daß sie nicht mehr so unbefangen ist wie vor zwei Jahren."

Es steht außer Zweifel, daß Albert sich trotz der leidenschaftlichen Liebe der Königin in den ersten Monaten seiner Ehe sehr vereinsamt und tief unglücklich gefühlt hat. Ihm fehlte die Gesellschaft geistiger Menschen; er hatte nur Anson, der bald sein vertrauter Freund wurde und der ihm, um seine eigenen Worte zu benutzen, „fast wie ein Bruder" war. Man gestattete dem Prinzen nicht, das zu tun, wozu er seit frühester Jugend erzogen war. Die Unterhaltungen, an die er gewöhnt war, die Gespräche über Grundsätze der Rechtspflege und über philosophische Lehren, blieben ihm versagt; er durfte keine interessanten Menschen um sich sehen. Lord Melbourne sagte: „Den Prinzen langweilt das allabendliche Schachspiel. Er würde gern Menschen der Literatur und Wissenschaft an den Hof ziehen, Abwechslung in den gesellschaftlichen Verkehr bringen und ihm eine etwas zweckvollere Richtung geben. Aber die Königin hat keine Neigung, diese Art Menschen zu fördern, weil sie fühlt, daß ihre Bildung nicht ausreichen würde, um an derartigen Gesprächen teilzunehmen. Sie würde eine Unterhaltung, zu der sie nicht ihr Teil beitragen kann, nicht mögen und ist viel zu offen und aufrichtig, um mehr Kenntnisse vorzutäuschen, als sie tatsächlich besitzt."

Des Verkehrs mit Schriftstellern und Wissenschaftlern beraubt, fand der zum allabendlichen Schachspiel verurteilte Prinz auch keinen Trost in diesem ganz anderen Gesellschaftskreise. Es war nicht zu erwarten, daß die englische Gesellschaft, das Wort im engeren Sinne verstanden, diesen jungen deutschen Prinzen gleich auf den ersten Blick schätzen würde. Der hübsche Mund, der „feine, sehr feine" Backenbart, die großen, blauen Augen und das edle Profil entsprachen nicht der englischen Vorstellung von männlicher Schönheit. Er benahm sich steif und förmlich und tat so, als dürfe man den Sport leicht nehmen, statt ihn als die ernsteste Lebensaufgabe zu betrachten. Weibliche Beschäftigungen dagegen, wie Klavierspielen und Singen, hielt er, wie Benson es ausdrückte, für etwas „Hohes und Veredelndes".

Aber die Königin betete ihn an. Für sie war er vollkommen. Wenn sie auch ihr Hauswesen durch die Lehzen beherrschen ließ, konnte doch ihr Gatte nie im Unrecht sein. Er war ihr „liebster Engel", das „heißgeliebte Wesen". Allmählich, aber sehr langsam, erkannten auch das Volk und die Gesellschaft, die zuerst einer Beeinflussung ihrer Königin durch einen deutschen Prinzen mißtrauisch gegenübergestanden hatten, daß er klug und zurückhaltend war; man lernte sein starkes und vornehmes Pflichtgefühl schätzen, wenn auch nicht lieben. Zum erstenmal trat der Prinz als Gemahl der Königin in seiner Eigenschaft als Vorsitzender der Gesellschaft zur Abschaffung der Sklaverei und zur Zivilisierung Afrikas öffentlich hervor. „Ich habe eine ganz gute Rede gehalten", berichtete er seinem Bruder, „und hatte viel Beifall." Er begann auch, am Leben des Volkes teilzunehmen, und begleitete die Königin zum Derby. Das war, wie sein Biograph Bolitho meint, die demokratische Geste; denn bisher hatte sich noch kein Fürst beim Derby unter die Menge gemischt.

Wenige Tage später, am 10. Juni 1840, geriet das ganze Land durch ein Attentat auf die Königin in Empörung. Ihr Gemahl schrieb darüber an Prinz Ernst:

„Du weißt sicher noch nicht, daß Du Bruder und Schwägerin beinahe verloren hättest. Ich werde Dir in Eile alles erzählen. Vorgestern, Mittwoch, fuhren wir wie gewöhnlich um sechs

Uhr in unserm kleinen Vierspänner mit zwei Vorreitern aus. Ich saß rechts, Victoria links. Wir waren knapp hundertfünfzig Schritt vom Buckingham-Palast entfernt und befanden uns zwischen der Mauer des Palastes und dem Green Park, als ich einen kleinen, unangenehm aussehenden Menschen bemerkte, der etwa sechs Schritt von uns entfernt am Gitter des Green Parks lehnte und etwas gegen uns erhob. Ehe ich erkennen konnte, was es war, krachte ein Schuß, und zwar so schrecklich laut, daß wir beide ganz betäubt waren. Victoria, die nach links zu dem Reiter hingeschaut hatte, wußte gar nicht, woher der Knall kam. Mein erster Gedanke war, daß der Schreck ihr in ihrem gegenwärtigen Zustand schaden könne. Ich schlang beide Arme um sie und fragte sie, wie sie sich fühle. Aber sie lachte nur. Dann sah ich mich nach dem Mann um. Die Pferde scheuten, der Wagen hielt an. Der Mann stand in einer theatralischen Pose da; in jeder Hand hielt er eine Pistole. Es war lächerlich; aber plötzlich zielte er auf uns und drückte ab. Die Kugel muß, nach dem Loch in der Gartenmauer zu schließen, über unsere Köpfe hinweggegangen sein. Jetzt kamen die vielen Zuschauer herbei, die vorher ganz versteinert gewesen waren, und schrien: „Schlagt ihn tot! Schlagt ihn tot!" Ich rief dem Vorreiter zu, weiterzufahren. Wir besuchten unsere Tante und fuhren durch die Parks zurück, wo wir mit begeisterten Zurufen begrüßt wurden."

Die kleine Königin mit dem Löwenmut war unverzagt, obwohl sie im November ein Kind erwartete. Das Volk, das seit dem Zwischenfall mit Lady Flora Hastings nicht mehr die Begeisterung aufbrachte, mit der es sie bei ihrer Thronbesteigung gefeiert hatte, fühlte angesichts von soviel Tapferkeit und Würde seine treue Ergebenheit wiederkehren.

Im folgenden Monat schrieb der Prinz an seinen Bruder: „Eine Gesetzesvorlage von besonderer Bedeutung für mich ist im Parlament eingebracht und ohne Debatte angenommen worden, nachdem heftig dagegen gearbeitet worden war. Es ist das Gesetz über die Regentschaft. Falls Victoria stirbt und ihr Nachfolger noch nicht achtzehn Jahre alt ist, führe ich die Regentschaft allein ohne Regentschaftsrat. Du wirst verstehen, wie wichtig das Gesetz ist, und daß es meiner Stellung hier im Lande eine neue Bedeutung gibt. Sussex war dagegen und nannte es eine Brüskierung des angestammten Königshauses. Er beabsichtigte, Einspruch zu erheben; aber als seine Freunde ihn angesichts der Überlegenheit der Minister, der Whigs und aller Torys im Stiche ließen, unterließ er seinen Einspruch. Ohne Stockmar wäre das Kabinett wahrscheinlich aus Furcht vor Gefahr und Unfrieden zurückgetreten. Aber – ganz unter uns gesagt! – Stockmar hat die Leute gewonnen, und sie wollen es nun durchführen. Victoria ist mit dieser Regelung sehr zufrieden."

Am 21. November 1840 gebar die Königin im Buckingham-Palast ihr erstes Kind, eine Tochter. Unter den Paten, die der Taufe am 10. Februar beiwohnten, befand sich auch der Herzog von Wellington, „der alte Rebell", den die Königin nicht zur Hochzeit hatte einladen wollen, da er gegen diese Heirat war. Aber nun war er wieder in Gnaden aufgenommen. „Er ist", schrieb sie in ihr Tagebuch, „der beste Freund, den wir haben."

Zeichen der Zeit

„Welch Glück, daß Du den Kometen gesehen hast", schrieb Ihre Majestät an den König der Belgier, „auch hier kann man ihn deutlich sehen, und er ist auch von vielen Menschen beobachtet worden." Von Mitgliedern des englischen Königshauses aber anscheinend nicht . . .

In den letzten Jahren hatte es für die Königin manche Unruhe gegeben. Schon 1835, zwei Jahre vor ihrer Thronbesteigung, hatte ein Ausschuß des Allgemeinen Arbeitervereins von London, an dessen Spitze William Lovett stand, die sogenannte Volks-Charta aufgestellt. Sie enthielt sechs Forderungen: allgemeines Wahlrecht für alle Volljährigen, die im Besitz ihrer Geisteskräfte und nicht vorbestraft sind; jährliche Parlamentserneuerung; Besoldung der Parlamentsmitglieder, so daß auch Unbemittelte kandidieren konnten; Stimmzettelwahl, um der Wahlbeeinflussung und Einschüchterung der Wähler durch die besitzenden Klassen ein Ende zu machen; Wahlbezirkseinteilung nach Kopfzahl, um eine gleichmäßige Vertretung sicherzustellen; Wählbarkeit jedes Wählers unter Abschaffung der nur noch rein formalen Bestimmung, daß der Besitz von mindestens dreihundert Pfund Vorbedingung dazu sei.

Nach den damaligen Anschauungen konnte natürlich keine vernünftige Regierung von so unsinnigen Forderungen auch nur Notiz nehmen. Das führte im Jahre 1839 zu den Chartistenaufständen. In Newport setzte sich ein Leinenhändler namens Frost, der von Lord John Russell als Friedensrichter eingesetzt war, an die Spitze einer Aufstandsbewegung. Nur durch solche tapferen, von hohen Grundsätzen beseelten Menschen, die sich über ihr Schicksal nicht im Unklaren waren, konnten die Beschwerden des Volkes vor die Behörden gebracht werden, da sowohl Torys wie Whigs ihnen kein Gehör schenkten.

Frost wurde verraten und mit seinen Gefährten verhaftet. Sie wurden zum Tode verurteilt, aber von dem unermüdlichen „Helden von Tolpuddle" zu lebenslänglicher Deportation begnadigt.

Zur Zeit der Thronbesteigung der Königin gab es ungefähr dreißigtausend Sträflinge in Australien. Seit im Jahre 1787 das erste Schiff mit solchen unglücklichen Kreaturen gelandet war, hatte man fünfundsiebzigtausend Menschen in diese Hölle verschickt. Jetzt kamen etwa viertausend jährlich. Es handelte sich meist um arme Hungerleider, Männer, Knaben und Kinder, die aus Verzweiflung gestohlen hatten oder sonst wegen irgendeiner armseligen Nichtigkeit in die tödliche Falle geraten waren.

Das im Jahre 1837 veröffentlichte Buch des edlen Bischofs Ullathorne „Die katholische Mission in Australien", das Woodruff die „erste volkstümliche Anklage gegen das Sträflingssystem" genannt hat, gibt eine schreckliche Schilderung der Leiden, die diese hilflosen Wesen erdulden mußten. Es erzählt von ihrer Furcht, nach Norfolk Island verschickt zu werden, der entsetzlichsten aller Strafkolonien. Sie beteten zu Gott, sie möchten lieber hingerichtet werden, als die viel schlimmeren und langwierigen Qualen an dieser Stätte der Verdammnis durchzumachen. Bischof Ullathorne hat herzergreifende Szenen erlebt, wenn solche unseligen Menschen, die zum Tode verurteilt waren, die Nachricht von ihrer „Begnadigung" erhielten.

Seine Enthüllungen erregten großes Aufsehen. Aber erst die Aussagen der Beamten des Sträflingswesens selbst vor dem Parlamentsausschuß stellten allen deutlich vor Augen, was wirklich vorging. „Als durch Sir William Moleworths Ausschuß der Schleier gelüftet wurde", schrieb die „Edinburgh Review", „stand das englische Volk entsetzt vor dem Ungeheuerlichen, das es angerichtet hatte, und aus Scham wurde das Sträflingssystem abgeschafft." Das ist trotz aller Scham freilich erst im Jahre 1853 geschehen.

In der Strafgerichtsbarkeit gab es eine Wendung zum Besseren. Sechs Jahre nach der Deportation Frosts und seiner Gefährten teilte Sir James Graham Ihrer Majestät mit, daß die Vorkommnisse in Newgate bei der letzten Armesünderpredigt und am Morgen der Hinrichtung eingehend untersucht worden seien. Der Bericht erkläre eine Gesetzesänderung für nötig, damit derartig schmachvolle und demoralisierende Auftritte sich nicht wieder ereignen könnten. Er wolle, dem Wunsche Ihrer Majestät entsprechend, seine Kollegen von der Angelegenheit verständigen. Er selbst neige der Ansicht zu, daß Hinrichtungen in Gegenwart einer Jury stattfinden sollten, daß man aber auf einen größeren Zuschauerkreis ohne Beeinträchtigung der heilsamen, abschreckenden und warnenden Wirkung verzichten könne. Gleichzeitig wolle er alle sonstigen Mängel überprüfen, die leicht dazu führen könnten, daß die Öffentlichkeit die völlige Beseitigung der Todesstrafe verlange. Erst 1863, dreiundzwanzig Jahre später, wurden die öffentlichen Hinrichtungen abgeschafft.

Die Chartistenaufstände setzten sich fort und wurden immer ungezügelter. Drei Jahre nach dem Tumult in Newport erklärte Lord Melbourne, der nun nicht mehr Ministerpräsident war, der Königin, es gebe „viel Unzufriedenheit im Lande, die in der gegenwärtigen sozialen Lage ihren Ursprung habe". Sie ergebe sich aus der Not und dem Elend, von denen eine große Arbeiterbevölkerung von Zeit zu Zeit heimgesucht würde, und aus den leidenschaftlichen und überspannten Anschauungen, die sich naturgemäß bei fortgeschrittenen sozialen Zuständen bildeten. Immerhin scheine sich nach den Berichten der Minister bei den besitzenden Klassen ein beherzterer und entschlossenerer Geist zur Verteidigung ihrer Rechte zu regen.

Hunger und die durch den Gebrauch der Maschinen aufgekommen neuen Lebensbedingungen taten ihr Werk. Aber schon damals gingen Sir Robert Peel, der hochherzige Mann, dessen Liebe zum Volk sich hinter einer wenig anziehenden, strengen Außenseite barg, Lord Ashley und Sir James Graham langsam aber sicher an Reformen heran, die schließlich nach langen Kämpfen das Leben der Armen besserten.

Schon vor der Thronbesteigung der Königin verbot das Fabrikgesetz von 1831 die Arbeit jugendlicher Personen unter einundzwanzig Jahren für die Zeit von halbacht Uhr abends bis halbsechs morgens. Im Jahre 1833 wurde zwingend angeordnet, daß die Arbeitszeit Jugendlicher unter achtzehn Jahren in Textilfabriken nicht mehr als zwölf Stunden täglich bzw. neunundsechzig Stunden wöchentlich betragen dürfe. Für Kinder unter elf Jahren war die Höchstzeit neun Stunden täglich bzw. achtundvierzig Stunden wöchentlich. Kinder mußten außerdem für zwei Stunden täglich eine Schule besuchen. Aber dieses Gesetz enttäuschte die Arbeiter, verstärkte die Unzufriedenheit und wurde so oft wie möglich übertreten. Aus Furcht vor Entlassung wagte kein Arbeiter, der zu Überstunden gezwungen wurde, seinen Brotgeber anzuzeigen. So ging der Mißbrauch weiter. Im Jahre 1840 jedoch kamen weitere Reformen. Es wurde ein Gesetz zum Schutze der Kinder im Schornsteinfegergewerbe erlassen, und das Bergwerksgesetz von 1842 brachte einen Ausschuß zur Untersuchung der Kinderarbeit. Im nächsten Jahre versuchte die Regierung Peel, das Gesetz von 1833 zu verbessern, wurde aber von den Fabrikanten daran gehindert. Vier Jahre später brachte Sir James Graham seinen Gesetzentwurf wieder ein. Er setzte die Arbeitszeit für Kinder auf sechs und einhalb und die für Männer und Frauen auf zwölf Stunden herab. Lord Ashley ging sogar noch weiter und forderte die Herabsetzung von zwölf auf zehn Stunden. Peel setzte auseinander, daß der Gesetzentwurf nur die Textilarbeiter schütze, während die Lage vieler anderer Arbeiter noch furchtbarer sei. „Wollen Sie das Gesetz für alle?", rief er, und das ganze Haus schrie: „Ja!" G. M. Young, in dessen aufschlußreicher Abhandlung „Bild eines Zeitalters" diese Szene geschildert ist, fügt hinzu: „Ohne es eigentlich zu wollen, hatte das Unterhaus sich darangemacht, das Fabriksystem überall im Lande in Ordnung zu bringen; ein paar Abende später wurde zwar die Entscheidung widerrufen. Aber die Flut stieg schnell . . ." Leider verspürte neben dieser zunehmenden Aufklärung die herrschende Klasse den Drang, sich in die Angelegenheiten aller andersfarbigen Völker einzumischen . . . natürlich nur zu ihrem Heil, und weil Britannien vom Himmel dazu ausersehen war! Mr. Roebuck verstieg sich später sogar zu der Äußerung, es wäre besser, wenn alle dunkelhäutigen Menschen überhaupt vom Angesicht der Erde vertilgt würden: „Wir haben im Kaffernland nur die eine Aufgabe, Menschen von höherer Intelligenz anzusiedeln. Das kann nur durch allmählicher Ausrottung der Eingeborenen geschehen. Das Gerede von Humanität, von den Grundsätzen der christlichen Religion und den zehn Geboten ist ein Vorwand. Die Schwarzen müssen vor dem Angesicht der Weißen verschwinden."

Doch zu der Zeit, von der ich hier schreibe, nahm nicht die schwarze, sondern die gelbe Rasse die Aufmerksamkeit Englands in Anspruch. Die Gelben hatten es sich selbst zuzuschreiben. Sie hatten nämlich die britische Opiumeinfuhr nach China abgelehnt. Und dabei gibt es doch, wie „Saturday Review", vierzehn Jahre später, als aus dem gleichen Anlaß wieder Verwicklungen entstanden, dargelegt hat, „unzweifelhafte Beweise für die heilsame Wirkung einer gelegentlich oder regelmäßig gerauchten Opiumpfeife. Sie beruhigt die Nerven, mildert Husten und Neigung zur Schwindsucht und kann bei allen möglichen unangenehmen und versteckten Krankheiten als Heilmittel genommen werden."

Mit der Erneuerung des Privilegs für die East India Company im Jahre 1834 kam es zwischen England und China zum Krieg. Die chinesischen Häfen waren geöffnet worden, und britische Kaufleute fanden bald im Opiumhandel eine Quelle des Reichtums. Plötzlich verboten zu ihrem Ärger die verblendeten Barbaren, denen sie ihre Waren aufdrängen wollten, die Einfuhr des Opiums. Aber das britische Kabinett, im sicheren Gefühl seiner christlichen Rechtschaffenheit, duldete den Handel stillschweigend, und die Händler waren überzeugt, die britische Regierung hinter sich zu haben, wenn sie den Chinesen das Opium aufzwangen. Als die Regierung erklärte, sie halte es für ihre Pflicht, die Gesetze Chinas zu achten, glaubte Hauptmann Elliot, der an der Spitze des Opiumhandels stand, nicht an die Aufrichtigkeit dieser Erklärung und bat um die Entsendung von Kriegsschiffen nach China zum Schutz des Lebens und des Eigentums der Engländer. Das geschah auch. Aber die Barbaren blieben hartnäckig bei ihrer Weigerung, den Handel mit Opium zu dulden, und ihr Widerstand führte zum Krieg. Es ist jedenfalls erfreulich zu wissen, daß die Barbaren schließlich vollständig geschlagen wurden, der Krieg im Jahre 1842 ruhmreich beendet wurde und die Königin die Insel Hongkong bekam. Am 23. November schrieb Lord Stanley an Ihre Majestät: „Der moralische Eindruck, den diese Siege nicht bloß in Asien, sondern in ganz Europa hervorrufen dürften, ist schwer abzuschätzen . . . In China ist dem Blutvergießen ein Ende gemacht durch Unterzeichnung eines Vertrages, der den Besitzungen Eurer Majestät eine Stellung verschafft, die noch nie einer fremden Macht zugebilligt worden ist: völlige Gleichstellung mit dem chinesischen Reich. Der Vertrag hat eine bedeutende Entschädigung für die Vergangenheit und volle Sicherheit für die Zukunft gebracht und dem britischen Unternehmungsgeist den chinesischen Handel in einem Umfang erschlossen, den man kaum im voraus abschätzen kann."

Durch den moralischen Eindruck dieses Sieges ermutigt, fing England sogleich einen Streit mit den Vereinigten Staaten von Amerika an, indem es – ganz richtig, wenn auch ein wenig unlogisch – das Recht in Anspruch nahm, Schiffe zu durchsuchen, die unter dem Verdacht der Sklavenbeförderung standen.

Nicht alle freilich teilten Lord Stanleys Begeisterung über den moralischen Sieg. Am 8. April 1840 sprach Mr. William Gladstone, ein junger Mann von zweiunddreißig Jahren, dessen staatsmännische Laufbahn schon als vielversprechend galt, im Unterhaus voller Entrüstung dagegen:

„Ich begreife nicht, wie man den Chinesen vorwerfen kann, daß sie Leuten, die in ihrem Lande ansässig sind und trotzdem ihren Gesetzen den Gehorsam versagen, Lebensmittel verweigert haben. Ich kann mir kein Urteil über die voraussichtliche Dauer des Krieges und die Ausdehnung der militärischen Operationen bilden. Aber das Eine kann ich sagen: ich kenne keinen Krieg, der in seinem Beginn ungerechter und in seinem Verlauf mehr darauf angelegt gewesen wäre, unserm Land Schande zu machen. Mr. Macauley sprach gestern abend in beredten Ausdrücken davon, daß die britische Flagge ruhmreich über Kanton wehe. Er sprach auch von der ermutigenden Wirkung, die auf unsere Seeleute die Gewißheit ausübe, daß in keinem Lande der Welt eine Beleidigung der britischen Flagge geduldet wird. Worauf aber beruht es denn, daß der Anblick dieser Flagge immer erhebend auf die Gefühle der Engländer wirkt? Beruht es nicht darauf, daß sie stets mit der Sache der Gerechtigkeit, mit Gegnerschaft gegen die Unterdrückung, mit der Achtung vor nationalen Rechten und mit ehrenhaften Handelsunternehmungen im Bunde war? Jetzt aber ist die Flagge unter dem Schutz des

125

edlen Lords (Palmerston) gehißt worden, um einen schändlichen Schleichhandel zu schützen. Sollte sie immer so wie jetzt an der chinesischen Küste gehißt werden, dann würden wir uns mit Abscheu von ihrem Anblick abwenden, dann würden niemals wieder unsere Herzen vor Bewegung höher schlagen, weil sie herrlich und stolz über uns in den Lüften weht. Zweifellos haben sich die Chinesen sinnlosen Geredes, prahlerischer Überheblichkeit und einiger Übergriffe schuldig gemacht; aber das Recht ist meiner Meinung nach doch auf ihrer Seite. Während sie als Heiden und halbzivilisierte Barbaren die gerechte Sache vertreten, verfolgen wir als aufgeklärte, zivilisierte Christen Ziele, die mit Gerechtigkeit und Religion unvereinbar sind."

Aber trotz aller Einwendungen Gladstones wurde der Krieg bis zu seinem glorreichen Ende weitergeführt.

Familienleben

„Sir Robert", schrieb der Prinz, „hat einen großzügigen Plan im Auge. Er glaubt, die sozialen Auseinandersetzungen von dem gefährlichen Boden, auf den sie geraten sind, ablenken zu können. Der augenblickliche Kampf der Fabrikarbeiter, der Armen und Hungernden gegenüber Grundbesitz und Aristokratie kann nur mit der Vernichtung der letzteren enden. Er will nicht nur wegen der Kornzollgesetze Maßnahmen ergreifen, er hat noch viel mehr vor. Er will sich mit dem sogenannten Handelssystem des Landes befassen." Weiter schrieb er: „Ein Teil des Unterhalts für die Armen könnte nach dem Armengesetz vom Staate übernommen werden. Es ist mit einer großen Verelendung zu rechnen, wenn erst die riesigen Eisenbahnlinien, die sich im Bau befinden, fertig sind."

Lord Melbournes Stern war im Untergehen; Sir Robert Peel, der einst so gefürchtete Menschenfresser, hatte seinen Platz eingenommen. Seine Tanzlehrermanieren waren vergessen; sein Lächeln, das an „silbernen Sargschmuck" erinnerte, wirkte nicht mehr beunruhigend, kurz, er war einer der besten Freunde der Königin geworden, die bei näherer Bekanntschaft seine Treue, seine Vaterlandsliebe und seine Ritterlichkeit schätzen gelernt hatte. Vor allem aber, und das war seine größte Tugend, erkannte und würdigte er den wahren Wert ihres Gatten.

Die Königin war auf das höchste beunruhigt, als im Januar 1843 Mr. Edward Drummond, der Sekretär ihres Freundes und Ministers, irrtümlich an Sir Robert Peels Statt ermordet wurde. Ihr Zorn kannte keine Grenzen, als man den Mörder Mac Nagton zwar schuldig sprach, aber für geisteskrank erklärte. „Der Beweis für die Geisteskrankheit des Schurken MacNagton", schrieb sie an Peel, „erscheint der Königin sehr schwach. Es besteht schließlich ein großer Unterschied zwischen einer Verrücktheit, bei der einer nicht weiß, was er tut, und einer Verrücktheit, bei der einer Pistolen kauft und dann mit voller Überlegung einem Menschen auflauert und ihn niederschießt.«

Es war nicht auszudenken, daß ihr guter Sir Robert Peel auch nur einen Augenblick in Gefahr geschwebt hatte, daß sein getreuer Sekretär an seiner Stelle ermordet worden war. Gott sei Dank, überlegte die Königin, war ihnen der ergebene Freund und vertrauenswürdige Minister erhalten geblieben und arbeitete weiterhin Seite an Seite mit dem Prinzen für das Wohl ihres Volkes, für die Linderung der Armut, die Hebung der Bildung und die Förderung der Künste. Die Königin hielt jetzt nämlich ebensoviel von den Künsten wie der Prinz. Ihre Liebe zur Musik vor allem hatte sie bekehrt; denn – wenn eine der Künste so beruhigend war, konnten dann die anderen wirklich gefährlich und umstürzlerisch sein?

Albert übte jetzt einen überragenden Einfluß aus. Die Königin, die ihn immer angebetet hatte, war ein Herz und eine Seele mit ihm. Er formte ihre Gedanken, und sie nahm teil an allen seinen Bestrebungen. Albert, die Pflichten gegenüber ihrem Lande und ihre ständig wachsende Familie füllten ihr ganzes Denken aus. Der Prince of Wales wurde genau ein Jahr nach der Princess Royal geboren, kaum achtzehn Monate später kam Prinzessin Alice, nach abermals einem Jahre wurde Prinz Alfred geboren, dann Prinzessin Helena und schließlich, etwa zwei Jahre später, Prinzessin Luise. Man hoffte noch auf weiteren Kindersegen, und alle sollten ihrem geliebten Vater möglichst ähnlich werden. Inbrünstig betete sie, der Prince of Wales möge in allem, aber auch in allem seinem herrlichen Vater gleichen, körperlich wie geistig. Das Leben war ein einziger, langer Märchentraum, und ein Zauber umgab jeden Vorfall, ob groß oder klein. Gab es ein größeres Glück, als wenn der Prinzgemahl die kleine Pussy, die Princess Royal, in einem hübschen weißen Merinokleidchen, das ihr die Großmutter, die Herzogin von Kent, geschenkt hatte, in das Zimmer der Mutter brachte, sie auf das Bett der Königin hob und sich selbst zwischen Mutter und Kind setzte? Es war, als könnten solche Augenblicke nie vergehen.

Neben Alberts Einfluß blieb für keinen anderen mehr Raum.

Die junge Königin in ihrem Krönungsornat

Die neunzehnjährige Victoria bei ihrer Krönung am 28. Juni 1837 in der
Westminster-Abtei zu London

Die Königin in ihrem Eisenbahn-Salonwagen mit dem Prinzgemahl
und König Louis Philippe

Königin Victoria mit Gemahl Prinz Albert und ihren fünf ältesten Kindern
im Jahre 1847

Eines Tages, im Jahre 1842, sechs Jahre vor Lord Melbournes endgültigem Verschwinden, verließ eine ältliche Frau mit einem scharfen Papageiengesicht und vom Weinen geröteten Augen das Schloß, um mit einem ganzen Berg von Gepäck nach ihrer Heimatstadt Bückeburg zurückzukehren, wo sie den Rest ihres Lebens bei ihrer Schwester in einem hohen, schmalen Hause zubrachte, dessen Wände über und über mit Bildern der Königin bedeckt waren. Ihre Majestät schrieb ihr viele Jahre hindurch regelmäßig jede Woche, später jedoch, auf Bitten der Baronin, nur noch einmal im Monat. Als die Königin später mit dem Prinzen in Deutschland war, fuhren sie über Bückeburg und sahen die liebe, alte Lehzen wieder, die jetzt eine ganz alte Frau war. Sie war der Königin doch sehr fremd geworden, und als die bei all ihren Schwächen doch so treu ergebene Freundin im September 1870 starb, erwähnte die Königin, die sonst mit peinlicher Sorgfalt sofort alles in ihrem Tagebuch vermerkte, den Tod erst nach drei Tagen: „Ich vergaß zu erwähnen, daß meine treueste, beste Freundin, die liebe, alte Lehzen, am neunten sanft und friedlich entschlummert ist. Sie war zwei Jahre lang infolge eines Hüftenbruches bettlägerig. Wenn sie auch in der letzten Zeit nicht mehr bei klarem Verstande war, so hat es doch Tage gegeben, an denen sie ständig von mir sprach; sie kannte mich schon, als ich erst sechs Monate alt war. Von meinem fünften bis zu meinem achtzehnten Jahre hat sie mir mit wunderbarer Selbstverleugnung ihr Leben gewidmet und hat niemals auch nur für einen Tag Urlaub genommen. Nach meiner Thronbesteigung, besonders aber nach meiner Heirat, ist sie ziemlich schwierig geworden, aber nie aus böser Absicht, sondern nur aus mißverstandenem Pflichtgefühl und aus Liebe zu mir. Ich empfinde ihren Tod überaus schmerzlich."

Inzwischen verblaßten noch andere Freunde und verflüchtigten sich im grellen Licht des Tages. Von Lord Melbourne blieb nur noch eine leere, ständig plappernde Stimme übrig. Er war nicht mehr im Amt, und seinen Platz nahm, wie gesagt, der einst gefürchtete Sir Robert Peel ein. Die Königin schrieb über die mehr und mehr dahinschwindende Erscheinung Lord Melbournes, der von Zeit zu Zeit noch einmal auftauchte: „Der Traum ist aus."

Zunächst freilich merkte Lord Melbourne nicht, daß er nur ein Schatten war. Der Staub, in den er sich langsam auflöste, schien noch wie die Sonnenstäubchen hell zu glitzern. Nach seinem Scheiden als Ministerpräsident setzte er den Briefwechsel über politische Fragen mit der jungen Königin fort. Drei Jahre lang war sie der Mittelpunkt seines Lebens und all seiner Gedanken gewesen, und er hatte sie wie ein Vater geliebt. Stockmar war entsetzt über diese Taktlosigkeit, die bereits der schwatzhaften Mrs. Norton zu Ohren gekommen war, und machte ihm ernste Vorhaltungen. Lord Melbourne, so schrieb er ihm, müsse sich über die Unzulässigkeit seines Verhaltens klar sein. Lord Melbourne erwiderte, daß er Baron Stockmars Boten nicht unnötig warten lassen wolle, er werde ihm später eine Antwort senden. Aber der Baron wartete vergeblich. Es kam keine Antwort, und die Königin wurde weiter mit Briefen überschüttet. Schließlich aber wurden sie seltener und blieben am Ende ganz aus. Nur eine leere Hülle war von Lord Melbourne übrig, nur die leere Stimme, die kläglich von einer Tischgesellschaft zur anderen wehte. Gelegentlich kam er noch nach Windsor, immer noch der „gute, alte Freund" der Königin, fand aber seinen früheren Platz besetzt. Der Hof hatte lauter neue Interessen. Da waren zum Beispiel die königlichen Kinder – das zweite Kind der Königin, ein Sohn, war am 9. November 1841 zur Welt gekommen – und beanspruchten fast die ganze Aufmerksamkeit der Königin. Aber auch ihre politischen Anschauungen hatten sich gewandelt. Sie war früher eine leidenschaftliche Anhängerin der Whigs gewesen; da aber Prinz Albert ein ebenso begeisterter Freihändler war, entschied sich die Königin selbstverständlich auch für den Freihandel. Es war höchst peinlich, als zur Zeit der Aufhebung der Kornzölle Lord Melbourne, dessen Gerede immer zusammenhangloser wurde, eines Mittags bei Tisch in Windsor plötzlich ohne Veranlassung ausrief: „Madam, das ist ein verflucht unanständiges Verfahren!" ... „Ihre Majestät lachte", schreibt Strachey, „und versuchte, das Gesprächsthema zu wechseln, aber ohne Erfolg. Lord Melbourne kam trotz all ihrer Ablenkungsversuche nicht davon los und wiederholte seine Bemerkung immer wieder, bis die Königin rief: ‚Lord Melbourne, ich muß Sie bitten, hierüber nicht mehr zu reden!'

Dann erst", schreibt Strachey, „hielt er den Mund." Ein Jahr nach seinem Abschied als Ministerpräsident hatte Lord Melbourne einen Schlaganfall erlitten. Zwar erholte er sich noch einmal, aber irgend etwas in ihm schien zerbrochen. Die drei Jahre, in denen er an der Seite der Königin gesessen, ihrem Geplauder gelauscht und ihr von den Herrlichkeiten, die er gesehen, von den Wundern der Geschichte erzählt hatte, waren ein romantischer Traum gewesen. Der war nun ausgeträumt. Die Königin hatte ihn zwar nach wie vor gern, ihre Begeisterung für ihn aber war verflogen. Lord Melbourne beschäftigte sich nicht mehr, weder las er Ciceros Schrift „Über das Alter", noch ergötzte er sich an seinen eigenen Glossen über die Abendgesellschaften, die ihm einst Spaß gemacht hatten. Die Unterhaltungen waren leer, und die Bücher kannte er alle. Kleine, aber furchtbare Sinnestäuschungen zerstörten allmählich den Rest seines Verstandes. Er erklärte zum Beispiel, er habe sein ganzes Geld verloren und könne es sich nicht mehr leisten, Ritter des Hosenbandordens zu sein. Hatte er nicht trotzdem noch Aussicht, wieder zur Macht zu gelangen? Nein! Als Peel zurücktrat, wurde er von den Whigs übergangen, und Lord John Russell, nicht Lord Melbourne, wurde mit der Kabinettsbildung betraut ... Das Warten auf einen Brief der Königin war nun sein einziger Lebensinhalt, und wenn diese Briefe kamen, waren sie freundlich und sehr lang, aber anders als früher ... „Sie waren freundlich, aber zurückhaltend", sagt Strachey, „und er merkte es. Er war der ‚arme Lord Melbourne' geworden." Aber immer noch geisterte der wunderliche, gute Lord Melbourne in der Welt umher, in der er einst so bekannt gewesen war ... Das ging noch ein paar lange, leere Jahre so fort. Sein Geist schwand immer mehr dahin, löste sich auf und verflüchtigte sich, bis er endlich starb.

Die Königin hatte gerade noch einige Tage vor seinem Tode ihr tiefes Mitleid mit diesem armseligen, leeren Schatten bekundet. Aber sie wünschte doch die Zeit nicht mehr zurück, da er an der Macht gewesen war und ihr zur Seite gestanden hatte.

Ein Schatten der Vergangenheit aber war noch da: die Herzogin von Kent, die plötzlich im Lichte von Alberts Gegenwart wieder zum Leben erwacht war. Albert hatte sie aus dem Winkel hervorgeholt, in den man sie gesteckt hatte; er hatte sie abgestaubt und der Familie wiedergegeben. Alle fragten sie um Rat, und die vergangenen Jahre schienen nur noch ein böser Traum. Sie war vollkommen glücklich, und die Königin begriff gar nicht mehr, daß sie sich ihrer liebsten Mama jemals hatte entfremden können.

Das Leben war jetzt eine ununterbrochene Folge harmloser Vergnügungen und häuslicher Freuden. Spaziergänge, Ausritte, Mendelssohnsche Melodien, die der Prinz auf der Orgel, dem „edelsten aller Instrumente", vortrug, dazu Spiele mit den Kindern und Gespräche über Erziehung mit der lieben Mama. Es gab aber auch Sensationen und neue Erlebnisse, zum Beispiel die erste Eisenbahnfahrt der Königin und des Prinzen auf der Great Western-Linie nach Paddington. Das Ganze war nicht so einfach, da die Hofetikette vorschrieb, daß der Oberstallmeister und der Leibkutscher für die Sicherheit der Königin bei ihren Reisen zu Lande verantwortlich waren. Wie aber war das unter den neuen Verhältnissen möglich, da doch weder der Oberstallmeister noch der Leibkutscher jemals in ihrem Leben einen Eisenbahnzug geführt hatten?

Diese Schwierigkeit wurde überwunden und die halbstündige Fahrt war zur Freude der Königin ganz frei von Staub, es war weder heiß noch voll im Zug. Prinz Albert dagegen war über die Geschwindigkeit etwas beunruhigt. Bei der Ankunft in London sagte er: „Nächstes Mal bitte nicht ganz so schnell, Herr Zugführer!"

Im Herbst des gleichen Jahres besuchten die Königin und der Prinz zum erstenmal Schottland. Dies war eines der herrlichsten Erlebnisse; denn die Königin war stolz auf ihr Stuart-Blut. Prinz Albert war, wie Benson berichtet, von der Wildheit der Landschaft und von King Arthur's Seat bei Edinburgh hingerissen; er bezeichnete diesen Berg als sicherlich ebenso schön wie die Akropolis von Athen, die er allerdings nie gesehen hatte. Die Stadt Perth hatte für ihn große Ähnlichkeit mit Basel, und beim Anblick des Birnamwaldes fühlte er sich nach Thüringen versetzt. Auch das Volk sah deutsch aus, und er fühlte sich wie zu Hause. Das königliche Paar war entzückt von Lord Breadalbanes Haus, einer „Art Burg aus Granit", von der Hafergrütze und dem geräucherten Schellfisch, von Tartan und Kilt, der Hochländertracht, dem Dudelsack und den Schwert- und Reel-Tänzen. Kurz, die Freuden wollten kein Ende nehmen, und die Königin und der Prinz kehrten nur ungern wieder nach Windsor zurück. So gab es Abwechslungen genug, aber auch Schatten huschten vorüber. Das Jahr war nicht frei von Sorgen geblieben. Da war zum Beispiel Prinz Alberts Vater mit seinen ständigen Anliegen. Seit der Heirat seines Sohnes hatte er Eigenschaften entwickelt, die sehr an seinen Bruder, den lieben Onkel Leopold erinnerten, nur mit dem Unterschied, daß er sich nicht scheute, gelegentlich deutlich zu werden, so daß man auf seine Wünsche nur mit „Ja" oder „Nein" antworten konnte. In einem Brief an Prinz Ernst zum Beispiel, von dem Prinz Albert erst kürzlich tränenreichen Abschied genommen hatte, schrieb er, es sei die Pflicht seines mit einer reichen Frau verheirateten Bruders, ihm, Ernst, der arm sei, ein Jahresgeld zu zahlen. Prinz Ernst schickte den Brief an seinen Bruder und erhielt folgende Antwort: „Immer Geld und ewig Geld! Papas Grundsätze geben mir einen Stich ins Herz. Möge Gott Euch in Euren Angelegenheiten helfen!" Albert ließ keinen Zweifel darüber, daß er nicht helfen werde. Sein Herz blieb trotz des Stiches ungerührt, obwohl Albert ein beträchtliches Einkommen hatte und mit der Königin von England vermählt war, während sein Bruder in Armut lebte. Wir dürfen aber dabei nicht vergessen, daß Ernst die moralischen Gefühle Alberts verletzt hatte. Wodurch, ist unbekannt; er scheint aber in irgendeinen Skandal verwickelt gewesen zu sein, und seine Gesundheit war angegriffen. In einem Brief, der sonderbar grausam klingt, wenn man bedenkt, daß ein warmherziger, mitfühlender Mensch ihn schrieb, erklärte ihm Prinz Albert, er werde ihn nie verdammen oder ihm die schuldige brüderliche Liebe entziehen, er müsse ihn aber „in seiner Sittenlosigkeit zugrundegehen" lassen. Er könne, fügte er hinzu, Prinz Ernst zur Zeit auch nicht gestatten, England zu besuchen; die bereits erfolgte Einladung betrachte er als hinfällig. „Nichts," schrieb er, „wäre peinlicher als Dein Besuch im gegenwärtigen Augenblick." Prinz Ernst könne nur noch eins tun: eine anständige Frau heiraten; nur dadurch könne er sich vor der Welt rechtfertigen und sein schlechtes Betragen vergessen machen.

Nach kurzer Zeit heiratete Prinz Ernst die Prinzessin Alexandrine von Baden, und sein Bruder und seine Schwägerin vergaßen die Bitten um Geld, vergaßen, daß sie ihn „in seiner Sittenlosigkeit" hatten zugrunde gehen lassen wollen, und luden ihn ein, seine Flitterwochen in Claremont zu verleben.

Besuche und Besucher

Das Jahr 1844 ließ sich traurig genug an. Der alte Herzog Ernst, dessen „Grundsätze" dem Prinzen Albert noch vor kurzem „einen Stich ins Herz" gegeben hatten, starb im Januar, und die Königin, die ihn 1836 nur kurz und dann erst wieder bei ihrer Hochzeit gesehen hatte, war in Tränen aufgelöst. Sie sei, so versicherte sie dem König der Belgier, gebrochen, überwältigt, ganz niedergedrückt; es halte schwer, ihrem vielgeliebten Onkel zu schildern, was sie gelitten hätten. Er müsse jetzt bei den verzweifelten, verwaisten Kindern, nämlich bei ihr und ihrem Manne, die Vaterstelle übernehmen. Der heftigste Schmerz sei nun wohl verwunden, aber die ständige Schwermut, die auf ihnen laste, sei noch viel schlimmer, und sie fänden nur Trost in ihren Tränen.

Der jüngere Sohn des Herzogs, Prinz Albert, schrieb an den neuen Herzog Ernst, der bei ihm noch vor kurzem in Ungnade gewesen war: „Nun haben wir kein Vaterhaus mehr, und das ist eine schreckliche Vorstellung ... Ich bin weit fort von Dir, aber mein Herz ist ganz von brüderlicher Liebe erfüllt, und ich werde Dir stets mit Rat und Tat beistehen ... Unsere armen kleinen Kinder wissen nicht, worüber wir weinen, und fragen uns, warum wir Schwarz tragen ... Victoria weint mit mir, um mich und um Euch alle. Das ist mir ein großer Trost, und Deine liebe Alexandrine wird mit Dir weinen. Wir wollen diese beiden Juwelen mit größter Sorge umhegen. Wir wollen sie lieben und beschirmen, denn in ihnen werden wir unser Glück wiederfinden ... Victoria ... schickt Dir eine Busennadel mit einer Locke unseres lieben Vaters."

Es sollte noch schlimmer kommen. Prinz Albert mußte nämlich nach Koburg fahren, und die Königin war noch nie auch nur eine Nacht von ihm getrennt gewesen. Sie konnte sich gar nicht vorstellen, wie sie das ertragen sollte. Würde vielleicht der liebe Onkel Leopold der Tante Luise gestatten, zu ihr zu kommen, um ihr während der unerträglichen vierzehn Tage Gesellschaft zu leisten? „Denn, ganz allein zu bleiben", erklärte sie dem Onkel, „das, glaube ich, könnte ich einfach nicht ertragen. Es ist vielleicht unbescheiden von mir, aber bedenke bitte, was es für mich heißt, wenn mein Ein und Alles vierzehn Tage von mir getrennt ist."

In Dover schrieb Prinz Albert den ersten Liebesbrief seines Lebens: „Mein Liebling," begann er, „ich bin schon seit einer Stunde hier und bedaure die verlorene Zeit, die ich bei Dir hätte verbringen können ... Armes Kind, Du wirst Dich, während ich schreibe, zum Lunch fertigmachen und dann den Platz leer finden, auf dem ich gestern noch saß. Aber in Deinem Herzen wird mein Platz, so hoffe ich, nicht leer sein ... Jetzt bist Du unserem Wiedersehen schon um einen Tag nähergerückt. Wenn Du den Brief erhältst, ist es schon ein ganzer Tag, und dann sind es nur noch dreizehn Tage, bis ich wieder in Deinen Armen bin ... Dein Dich liebender Albert." Er setzte hinzu: „Ich kann nicht zu Bett gehen, ohne noch ein paar Worte zu schreiben. Ich wohne in Deinem alten Zimmer ..." In einem anderen Briefe schreibt er: „Wir hatten eine recht unerfreuliche Überfahrt. Ich blieb während der ganzen Fahrt auf einem Fleck sitzen und hielt die Augen geschlossen. Ich fühlte mich nichts weniger als behaglich." Zwei Tage darauf schrieb er aus Gotha: „Erinnerungen, Trauer, Freude, alles zusammen erzeugt eine sonderbare Wehmut ... Leb wohl, mein Liebling, suche Stärkung in dem Gedanken, daß ich bald wieder da bin. Gottes Segen sei mit Dir und den lieben Kindern. Ich lege eine Aurikel und ein Stiefmütterchen bei, die ich in Reinhardtsbrunn pflückte ... Ich bringe Spielzeug für die Kinder und Porzellanmalereien für Dich mit."

Wenige Tage später kam er „unter großem Jubel", wie er in sein Tagebuch schrieb, nach Windsor zurück. Das Glück war wieder in Victorias Herz eingekehrt, und die Tage flogen schnell dahin. Manchmal erschien königlicher Besuch mit Gefolge, und alles war in Aufregung und Erwartung. Es gab Bälle, Paraden und Festtafeln, und erst, wenn die Gäste wieder fort waren, kamen der Königin alle die genossenen Freuden so recht zum Bewußtsein.

Vor einem Jahr war ein Besuch gekommen, der keine reine Freude hervorgerufen hatte: der gefürchtete Onkel der Königin, der König von Hannover, den man als Paten ihres dritten Kindes, der am 25. April 1843 geborenen Prinzessin Alice, zur Taufe eingeladen hatte.

Der finstere alte Herr verursachte einige Verlegenheit, als er in einer vierrädrigen Droschke zu spät zur Taufe im Buckingham-Palast erschien. Er kam nicht einmal zu dem Essen zurecht, das nach der Feierlichkeit stattfand, sondern erst, als alles schon vorüber war. Er war obendrein noch schlechter Laune, weil die Königin nicht auf ihn gewartet hatte, ließ sich aber schließlich beschwichtigen. Sein Besuch versprach, ohne weiteren Zwischenfall vorüberzugehen, bis er einige Wochen später an der Hochzeit seiner Nichte, der Prinzessin Augusta von Cambridge mit dem Großherzog von Mecklenburg-Strelitz, teilnahm. Zu dieser Feier erschien er mit lobenswerter Pünktlichkeit, benahm sich aber, gelinde gesagt, höchst seltsam. Als sich nämlich die Fürstlichkeiten in Bewegung setzten, stürzte der König von Hannover plötzlich nach vorne, stieß Prinz Albert, den er eine „papierene Hoheit" zu nennen pflegte, beiseite und nahm seinen Platz neben der Königin ein. Das hatte einen bemerkenswerten Auftritt zur Folge; denn als der Prinz seine Fassung wiedererlangt hatte, „sah er sich gezwungen, ihm einen gehörigen Schubs zu versetzen und ihn ein paar Stufen hinunterzustoßen". Seine Majestät wurde vom Zeremonienmeister aus der Kapelle geleitet. Aber damit noch nicht genug: der König wartete geduldig in der Sakristei, bis das Heiratsregister unterschrieben wurde, und versuchte seinen Namen unmittelbar hinter den der Königin und vor den ihres Gatten zu setzen. Aber die Königin war zu flink für ihn. Sie lief auf die andere Seite des Tisches, das Buch wurde ihr hinübergereicht, und Prinz Albert konnte seinen Namen eintragen, ehe Seine Majestät, langsamer als er, zur Stelle war.

Bald nach diesen Vorfällen konnte der Prinz seinem Bruder berichten: „Glücklicherweise ist er" (d. h. der König) „in Kew über ein paar Steine zu Fall gekommen und hat sich einige Rippen verletzt." Das war das Ende des Besuches.

Im Spätsommer des gleichen Jahres war die Königin mit ihrem Gatten bei König Louis Philippe zu Gast, der mit seiner Gemahlin im Château d'Eu bei Le Tréport weilte. Der König fuhr mit seinem Boot ihrer Yacht entgegen. Die strahlend-goldenen Sonnentage und die Mondnächte waren eine einzige Kette von Unterhaltungen. Am 2. September fand im Schloß ein großes Bankett statt, und am 4. eine „Fête champêtre" im Wald. Der alte König war vor Freude über ihren Besuch im siebenten Himmel und hatte ungeheure Mengen von Käse und Flaschenbier besorgt, um ihren sonderbaren englischen Geschmack zu treffen. Die Königin freute sich ganz besonders, den Komponisten Auber, dessen Werke sie sehr liebte, unter den Gästen des Königs anzutreffen.

Im Juni des folgenden Jahres, drei Monate nach Herzog Ernsts Tode, besuchte der Zar von Rußland Ihre Majestät, und die Königin flatterte aufgeregt wie ein kleiner Vogel umher bei dem Gedanken, daß dieser große, furchtbare Machthaber unter ihrem Dache schlafen sollte. „Es kam mir wie ein Traum vor," schrieb sie in ihr Tagebuch, „mit diesem mächtigsten aller Herrscher der Welt so friedlich zu frühstücken und spazierenzugehen wie etwa mit Bruder Karl oder sonst jemandem." Der Zar war seit frühester Jugend nicht mehr in England gewesen. Damals hatte er Aufsehen erregt, weil er statt in einem Bett auf einem Strohsack schlafen wollte. Aber diesmal gab es keine Überraschungen, und obgleich die Königin den Ausdruck seiner Augen als furchtbar bezeichnete, hat er wenig Furcht erregt. Er gewann das Herz der Königin, weil er den Prinzen sehr schätzte und von ihm sagte, er habe „l'air si noble et si bon". Auch bewunderte er die Kinder, die ihm gegenüber gar nicht schüchtern waren. Prinzessin Alice ließ sich sogar von dem Zaren auf den Arm nehmen und gab ihm von selbst einen Kuß. Tage und Nächte brachten viele Freuden, und die Königin war stolz auf die Schönheiten von Windsor und auf das Waterloo-Zimmer, das abends im Glanze des goldenen Tafelgeschirrs erstrahlte.

Die Zeit verging, und im Oktober 1844 wurde der Hof durch den bevorstehenden Besuch des Königs Louis Philippe in Aufregung versetzt. Der Besuch war offenbar für den König mit vielen Gefahren verbunden, da er immer wieder vergaß, daß er nicht mehr zwanzig Jahre alt war und, durch die neue und fremdartige Umgebung angeregt, zu viel aß. Die Königin der Belgier mußte alles, was ihre geliebte Victoria ihr über den Besuch des Königs schrieb, ihrer Mutter, der Königin der Franzosen, mitteilen, um sie zu beruhigen. Vor seiner Ankunft wurden Anweisungen zur Umgehung der eben geschilderten Gefahren erteilt: Wahrscheinlich werde der König keinen Anlaß zur Sorge geben, hieß es, er mache gar keine Ansprüche, man müsse aber darauf achten, daß er morgens nicht zu früh herunterkomme und auf keinen Fall am Frühstück teilnehme. Er habe schon zu verstehen gegeben, daß er dies tun wolle, das könne verhängnisvoll werden. Die einzigen Mahlzeiten, die er einnehmen dürfe, seien Lunch und Dinner, er müsse aber morgens eine Schale Hühnerbrühe bekommen. Er sei von Natur so unvorsichtig, daß man immer auf ihn aufpassen und vor allem dafür sorgen müsse, daß er sich nicht erkälte. Die Räumlichkeiten könnten so einfach wie möglich sein, er brauche nur einen großen Tisch für seine Schriftstücke und ein hartes Bett, mehr sei nicht nötig. Gewöhnlich schlafe er auf einer Roßhaarmatratze mit einer Holzunterlage, aber es würde auch jedes andere Bett genügen, wenn es nur nicht so weich sei.

In einem zweiten Brief versicherte die Königin der Belgier ihrer geliebten Freundin, ihre Mutter wisse den König in guten Händen, aber es bestehe, aufrichtig gesagt, noch immer die große Besorgnis, daß er zu viel essen könnte. Der Gedanke daran bereite seiner Gattin solchen Kummer, daß er ihr, um sie zu beruhigen, habe versprechen müssen, nicht zum Frühstück zu erscheinen. Schließlich bat Königin Luise ihre geliebte Victoria noch, ihn am Reiten womöglich ganz zu verhindern und Ausflüge nur im Wagen zu unternehmen. Da sie gerade von Ausflügen spreche, so hoffe sie, daß zumindest zwei für den König veranstaltet würden: einer nach London und einer nach Woolwich; letzteres würde ihn als alten Kavallerie-Offizier außerordentlich interessieren.

Einen Tag später berichtete Königin Victoria dem König der Belgier, daß sein Schwiegervater in Begleitung seines Sohnes eben um zwei Uhr eingetroffen sei. Ihre Ankunft komme ihr vor wie ein schöner Traum.

Der Besuch war ein großer Erfolg. Der gute König mit seinem sorgfältig gekräuselten Haar wurde allenthalben sehr herzlich aufgenommen. Die Königin von England fand ihn bezaubernd. Er war für sie ein ungewöhnlicher Mensch mit einem wunderbaren Gedächtnis, „so lebendig und scharfsinnig". Er war obendrein von Albert entzückt, hatte ihn, „mon frère" genannt und ganz wie seinesgleichen behandelt. „Le Prince Albert, c'est pour moi le Roi!" Er war beim Abschied sehr traurig und äußerte die feste Absicht, Ihre Majestät von nun an jedes Jahr zu besuchen.

Er ahnte wohl kaum, auf welche Weise sich diese Absicht erfüllen sollte. Drei und ein halbes Jahr später mußte er beim Ausbruch der Revolution in Frankreich mit seiner Familie fliehen. Mit abrasiertem Backenbart, einer Mütze auf dem Kopf, in einem schlechten Mantel und mit einer riesigen Schutzbrille suchte er in England dauernde Zuflucht und fand eine neue Heimat.

Seine Tochter beklagte seine politische Untätigkeit. Hätte er nur, seufzte sie, rechtzeitig kleine Reformen zugestanden, dann wäre das Volk zufrieden gewesen, und er wäre immer noch König der Franzosen.

Aber nun mußte er in der Verbannung leben und hatte manchmal kaum genug zu essen. Der König von Preußen, der den Sturz des armen alten Exkönigs von Herzen bedauerte, fühlte sich doch genötigt, in seinem Schicksal „die rächende Hand des Königs der Könige" zu erkennen.

Das neue Heim

„Jeder wahre menschliche Gesang", sagt Ruskin, „ist der vollendete künstlerische Ausdruck echter Freude oder echten Kummers edler Menschen. Und die Ausdrucksmöglichkeit der schönen Künste steht genau im Verhältnis zur Echtheit der Motive und zur Reinheit der Empfindung . . . Die jeweils erreichte Schönheit der Kunst ist vom höchsten bis zum niedrigsten ein untrüglicher Gradmesser für die sittliche Reinheit und Erhabenheit der ausgedrückten Empfindung . . . Man muß gut sein, um malen oder singen zu können, dann werden Farbe und Klang auch alles Gute in einem zur Vollendung bringen."

Im Buckingham-Palast wurden häufig Konzerte veranstaltet, bei denen die Königin und der Prinz auch selbst Lieder sangen. Am 12. Juni 1840 hatte ein großartiges Konzert unter der Leitung von Signor Costa stattgefunden, und wie gewöhnlich hatte das königliche Paar sich an den Darbietungen beteiligt.

Man darf aber nicht etwa annehmen, daß die schönen Künste mit Ausnahme der Musik sich damals schon den hohen Platz im häuslichen Leben des Volkes errungen hatten, den sie später einnahmen, nämlich halb „Stimme des Gewissens", halb Schoßhündchen zu sein. Wie wir sahen, hatte sich auch die Königin gegen das Eindringen der Kunst in ihr Heim gesträubt, aber schließlich ließ sie sich durch Prinz Albert eines Besseren belehren. Die Kunst kam ihr ebenso liebenswürdig und harmlos vor wie ihr Hündchen Dash, – und schließlich glaubte das ganze Volk, daß man die Kunst ohne Bedenken hätscheln und ihr sogar Zucker geben könnte.

Diese Gesinnung festigte sich noch mehr, als bekannt wurde, daß der Prinz Vorsitzender eines Ausschusses zur Förderung der schönen Künste in England werden sollte. Der Prinz, dachte das

Volk, hätte diese Aufgabe nie übernommen, wenn er nicht von der Lauterkeit der schönen Künste überzeugt gewesen wäre. Als man in Erwägung zog, die Wände des neu errichteten Parlamentsgebäudes mit Fresken zu schmücken, und der Prinz in der Ausschußsitzung gefragt wurde, ob diese Malereien moralische Lehren enthalten sollten oder nicht, sprach sich Seine Königliche Hoheit mit größter Entschiedenheit für moralische Lehren aus. Der Ausschuß atmete auf, und die moralischen Lehren wurden gemalt. Aber ach, nach kurzer Zeit war von den Malereien nichts mehr zu sehen; die Lehren hätte man sich also getrost sparen können.

Trotzdem blieben Fresken eine Leidenschaft des Prinzen; er machte sogar einen Entwurf für einen Pavillon im Garten des Buckingham-Palastes und ließ diesen dann von großen lebenden Künstlern, unter anderen Landseer und Uwins, ausmalen. Von den Fresken sollten moralische Erbauung und Freude ausgehen. Der Prinz liebte es, sich mit den großen Männern zu unterhalten, und auf diese machten seine gediegenen Kunstkenntnisse und seine häuslichen Tugenden großen Eindruck. Er und die Königin, erklärte Uwins, seien Vorbilder für ihre Zeit. Jeden Morgen hätten sie vor halb neun Uhr gefrühstückt und die Morgenandacht gehört. Dann hätte man sie durch den Garten zu dem geliebten Pavillon gehen sehen können, wo sie Uwins bei der Arbeit zuschauten. Uwins hätte in seinem Lob noch weiter gehen, er hätte sagen können, daß das königliche Paar nicht bloß ein Vorbild, sondern der Inbegriff seiner Zeit war.

Die Königin geriet angesichts des Gartenpavillons in Entzükken über ihres Gatten Begabung für Innenausstattungen und beschloß, daß er sich in größerem Rahmen betätigen müsse. Schon seit geraumer Zeit sehnte sie sich nach einem behaglicheren und stilleren Heim als Buckingham-Palast oder Windsor Castle. Sie wollte „frei von allen Forst- und sonstigen angenehmen Verwaltungen, die wahrhaftig eine Plage sind", leben, und Albert sollte „aller Bitterkeit, die sich die Menschen in London selbst bereiten", entrückt sein. Auf der Insel Wight hatte man einen solchen Platz gefunden.

Die Königin war als kleines Mädchen zweimal in Noris Castle gewesen, in dessen Nähe die kleine Villa ihres Schreckgespenstes

Sir John Conroy lag, und erinnerte sich sehr wohl an die Schönheit der Insel. Daher kaufte sie im Jahre 1845 zweitausend Morgen Land rund um Osborne House, das allerdings für die königliche Familie nicht groß genug war. Deshalb mußte ein neues Haus errichtet werden. Bei den Entwürfen für Haus und Garten konnte der Prinz seine Gaben voll entfalten.

Der Prinz mußte sofort an Neapel denken, da der Garten bis ans Wasser ging. (Für ihn glich jeder Ort irgendeinem anderen, meist einer Stätte der Kultur.) Er begann also, Terrassen, Spazierwege, Gärten und Sommerhäuser zu entwerfen und das Innere des Hauses zu verschönern. Die Nischen in den langen Gängen erhielten das Blau des Hosenbandordens, dazu eine Umrahmung aus schwer vergoldeten Stuckmuscheln und gaben auf diese Weise einen prächtigen Hintergrund für die streng klassischen Bronzebüsten der deutschen Oheime der Königin ab. Währenddessen schufen die englischen Bildhauer Thornycroft, Theed und Edgar Boehm in fieberhafter Tätigkeit die zahllosen „Albert Marbles": zuerst eine Marmorgruppe, die den Prinzen und die Königin als Eduard III. und Philippa darstellte, dann eine Statue des Prinzen in römischer Rüstung. Das war nicht der einzige plastische Schmuck des Hauses: auch die Hände und Füße der Kinder wurden in Marmor gebildet, ebenso die Hunde, Ponys und treuen Hochland-Pagen. Dazu kamen, laut Benson, dessen Buch ich all dies entnehme, sogenannte Porzellanmalereien: „Diese Art künstlerischer Andenken hatte Prinz Albert aus Deutschland eingeführt. Berühmte oder vertraute Orte, Ansichten von Rosenau oder aus dem Thüringer Wald waren auf Teller und Teekannen gemalt. Diese Kunstform übertrug er auf häusliche Erinnerungsstücke, und so lebten Eos und die Hunde der Königin mitsamt ihren Namen in Porzellan weiter. Das königliche Paar machte Radierungen, und es gab ganze Haufen von Familienbildern in Lithographie." Benson erzählt auch von „zwei Sesseln, die aus zwei Kohlenblöcken ausgehauen waren, denn der Bergbau war die bedeutendste englische Industrie. Später kamen auch noch Stühle aus Hirschgeweihen hinzu; die Hirsche hatte der Prinz in den Wäldern von Balmoral erlegt."

Still und glücklich lebte man in diesem Paradies. Die Kinder spielten fröhlich in den Wäldern, und Prinz Albert baute für sie, eine Meile vom Hause entfernt, ein Schweizerhäuschen, wo sie spielen und so leben konnten, wie er einst als Kind in Rosenau gelebt hatte. Die Kinder wuchsen heran, und ihre Charaktere bildeten sich. Die „dicke Pussette", wie die Königin die kleine Princess Royal nannte, war nach Ansicht des Prinzgemahls ohne jeden Fehl; auch in den Augen der Königin konnte sie nie etwas Unrechtes tun. Sie war sehr begabt, konnte Lamartine auswendig und verstand ihn auch sehr gut. Als sie bei einem Ausritt auf ihrem Pony einmal Kühe und Schafe erblickte, wandte sie sich zu Mademoiselle Charier mit den Worten um: „Voilá le tableau qui se déroule à nos pieds!" Das war wirklich ungewöhnlich für ein dreijähriges Kind! Die Königin meinte, so etwas hätte eine Zwanzigjährige eher sagen können. An den König der Belgier schrieb sie: „Du kannst Dir gar nicht denken, was für ein aufgeweckter und schlauer kleiner Racker sie ist, aber leider auch eigensinnig." Und wie lieb hatte sie ihren Papa! Sie tat ihm jeden Gefallen, ihre kindliche Stimme war das Echo seiner Ansichten, sie war nie ungezogen und kam nie auf dumme Gedanken. Sie war auch niemals ausgelassen oder übertrieben freundlich. Wie anders war leider ihr kleiner Bruder Albert Eduard, der eines Tages König von England werden sollte und für diese Aufgabe erzogen werden mußte!

Dieses einsame kleine Kind mit seinem Bedürfnis, Liebe zu geben und zu empfangen, mit seiner warmherzigen Fröhlichkeit und seiner „liebenswürdigen und gar nicht schüchternen Art" (so schilderte ihn eine seiner ersten Freundinnen, die junge Mrs. Gladstone, die Schwester seiner Erzieherin Lady Lyttelton), dieses winzige Kerlchen mit den unkleidsamen „langen, unterhalb der Knöchel zugebundenen, sehr weiten Hosen", hätte die Herzen der meisten Menschen gewonnen. Aber der Prinzgemahl hatte kein Verständnis für die Sehnsucht des Knaben nach Kameradschaft und sein mangelndes Interesse für deutsche Philosophie. Die Königin glaubte zwar, sie habe alle ihre Kinder gleich lieb, ließ sich aber durch ihren Gatten beeinflussen, denn er hatte ja nie unrecht.

So waren die einzigen Freunde, die der kleine Prinz in frühester Kindheit hatte, seine Erzieherin Lady Lyttelton (die ihn wegen seiner Höflichkeit liebte und die sich später noch daran erinnerte, wie er einmal im Alter von drei Jahren „ohne jede Aufforderung sich verneigte, militärisch grüßte und seine Hand reichte"), dazu ihre Schwester und deren Mann, der im Aufstieg begriffene junge Politiker Gladstone. Der kleine William Henry Gladstone war das einzige gleichaltrige Kind, mit dem er spielen durfte. Diesem Freund seiner Kindheit hat er mit der ihm eigenen Anhänglichkeit das ganze Leben hindurch die Treue bewahrt. Elternliebe und Gottesfurcht wurden den königlichen Kindern schon in der Kinderstube beigebracht. Zu jedem Geburtstag und jedem Weihnachtsfest mußten sie wohlvorbereitete Geschenke und sorgfältig durchdachte Glückwunschschreiben überreichen und Morgenbesuche machen. Aber trotz der sorgsam gepflegten Liebe blieb zwischen Prinz Albert und seinem Sohn eine kühle Fremdheit bestehen. Das Kind war eine Enttäuschung, und das wußte das Kind. Deshalb schloß es sich um so fester an seine erste Freundin, Lady Lyttelton, und an seinen ersten Lehrer, Reverend Birch, an, den es schließlich wie einen Vater liebte. Aber auch mit Birch war man nicht zufrieden. Er unterließ es nämlich, jede kleine Schwäche, jeden geringfügigen Ungehorsam seines Schülers und jedes Versagen im Unterricht dem Prinzen Albert zu melden, wie es doch seine Pflicht gewesen wäre. Der Prinz wurde immer ungehaltener auf ihn. Auch Birchs religiöse Anschauungen bereiteten Enttäuschung. Dazu kam seine allzu innige, fast väterliche Liebe zu dem einsamen kleinen Prince of Wales. All das führte schließlich zu Birchs Entlassung. Hinfort war der Prinz allein mit seinen Pflichten. Bis zu seinem Fortgang fand Birch allabendlich kleine, traurige Briefchen und Geschenke mit kindlichen Aufschriften unter seinem Kopfkissen. Aber fort mußte er, und an seinen Platz trat der „steife, korrekte" Mr. Wayworth Gibbs. Bei ihm konnte man sich darauf verlassen, daß er dem Prinzen Albert jede Schwäche, jedes Versagen hinterbringen würde. Warum kehrte sich auch der Knabe nicht an Theologie und deutsche Philosophie? Er schien keinen rechten Sinn für den Ernst des Lebens zu haben. Es gehörte zu seinen Pflichten, Briefe an Baron Stockmar zu schreiben, damit dieser gewissenhafte Mann seine Erziehung ebenso wie die seines Vaters überwachen konnte. Als man den Knaben ein paar Jahre später in die Große Ausstellung geführt hatte, berichtete er Stockmar allen Ernstes, daß ein paar Wachsfiguren von indischen Mordbanditen großen Eindruck auf ihn gemacht hätten. Der Baron erinnerte ihn in seiner Antwort daran, daß er „als Christ in einer aufgeklärten Zeit geboren sei, in der man von solchen Scheußlichkeiten nicht einmal träume".

Es war einleuchtend, daß der Knabe noch strenger angefaßt und erzogen werden mußte, und seine Kameraden mußten, wenn er überhaupt welche haben durfte, sorgfältig ausgewählt werden.

Bevor der kleine Prinz das erziehungsfähige Alter erreichte, hatten die im königlichen Haushalt notwendig gewordenen Neuerungen viel Zeit des Prinzen Albert in Anspruch genommen. Hierbei hatte er in Baron Stockmar einen bereitwilligen Mitarbeiter gefunden. Es lag auf der Hand, daß man die dauernde Verschwendung eindämmen und Ordnung in das in allen Abteilungen herrschende Durcheinander bringen mußte. Als Ergebnis seiner Untersuchungen stellte der Baron voller Verzweiflung zum Beispiel folgendes fest: wenn die Königin im Speisezimmer ein Feuer angezündet haben wollte, mußten sich zwei verschiedene Abteilungen damit befassen. Täglich wurden Hunderte von Kerzen in den Wohn- und Speisezimmern aufgesteckt, verschwanden aber am nächsten Tag wieder und wurden durch neue ersetzt, ob sie nun gebraucht worden waren oder nicht; sie bildeten eine Nebeneinnahme der Lakaien. Andererseits war es Vorschrift, daß die Schlafzimmer nicht mehr als zwei Kerzen erhalten durften. Ganz sinnlose Zustände herrschten bezüglich der weiblichen Angestellten. Es gab vierzig Mädchen in Windsor und vierzig im Buckingham-Palast; die Hausmädchen erhielten infolgedessen für nur sechs Monate Arbeit im Jahr freie Wohnung, Verpflegung und fünfundvierzig Pfund. Es gab ein ganzes Heer von Lakaien, von denen immer nur der dritte Teil voll beschäftigt war, das zweite Drittel leistete halbe Arbeit, der Rest tat überhaupt nichts.

Die Umgestaltung des Haushalts kostete viel Zeit. Aber der Prinz erreichte mit Stockmars Hilfe, was er wollte, und bewies dabei seinen guten Geschäftssinn, der sich in späteren Jahren in den Staatsgeschäften unvergleichlich bewähren sollte.

Lord Palmerston und die Königin

Am 29. Juni 1846 trat zur Verzweiflung Ihrer Majestät Sir Robert Peel von seinem Posten zurück. Er wurde durch Lord John Russell ersetzt; dessen Außenminister war der fürchterliche alte Lord Palmerston mit seiner Pandorabüchse voller Verwicklungen, Kriege, Drohungen und unerwünschter „rapprochements". Palmerston war sehr halsstarrig, leistete sich aber zur Abwechslung auch überraschende Schwenkungen; er besaß viel gesunden Menschenverstand und Freiheitsliebe. Er lachte laut und spöttisch wie ein Eichelhäher, mit dessen buntem Gefieder auch seine farbenprächtige Kleidung Ähnlichkeit hatte, trat recht flott auf und färbte sich den Backenbart.

Strachey erzählt eine Anekdote, die Lord Palmerstons ganze Art wiedergibt: „Als er eines Tages von Osborne zurückfahren wollte, mußte er feststellen, daß er den Zug nach London versäumt hatte. Er bestellte sich einen Sonderzug, aber der Bahnhofsvorsteher bedeutete ihm, ein Sonderzug sei um diese Zeit auf der Strecke gefährlich. Palmerston bestand darauf und erklärte, er habe wichtige und unaufschiebbare Geschäfte in London zu erledigen. Der Bahnhofsvorsteher beharrte auf seinem Standpunkt und wurde von allen Beamten unterstützt; die Gesellschaft, sagte er, könne die Verantwortung nicht übernehmen. ‚Dann also auf meine Verantwortung!' sagte Palmerston in seiner raschen, entschiedenen Art. Daraufhin fertigte der Bahnhofsvorsteher den Sonderzug ab, und der Außenminister erreichte London ohne Unfall und kam rechtzeitig zu seiner Arbeit."

Die Königin und der Prinz waren beide entsetzt, daß Lord Palmerston Außenminister werden sollte. Sie wußten nämlich, daß er, kaum an die Macht gelangt, versuchen würde, sie aus

147

lebendigen, denkenden Menschen zu bloßen Statisten und Attrappen zu machen.

Noch im gleichen Jahre entstand die spanische Heiratsfrage. Palmerston erregte den Zorn der Königin durch einen Satz, dessen Streichung der Prinz dringend gewünscht hatte. Als er die reaktionäre spanische Regierung entschieden aufforderte, einen liberalen Kurs einzuschlagen, erreichte er damit nur die sofortige Ausweisung des britischen Botschafters aus Madrid, und als er die spanische Fortschrittspartei, die von der Königin-Mutter sehr gefürchtet wurde, anscheinend unterstützte, trieb er die alte Dame Frankreich in die Arme. Louis Philippe konnte deshalb nicht nur die Verlobung der jungen spanischen Königin mit dem finsteren Halbidioten Don Francisco d'Assisi bekanntgeben, sondern auch die Verlobung der Schwester der jungen Königin mit seinem eigenen Sohn. Das war das letzte, was man gewünscht hatte, und Victoria und Albert waren auf das höchste entrüstet.

Aber damit noch nicht genug: vor drei Jahren hatte die Königin von Portugal, die mit Victorias Vetter verheiratet und ihre Jugendfreundin war, um ihren Thron zittern müssen und Victoria um Rat und Beistand gebeten. Als Lord Palmerston davon hörte, behandelte er die ganze Sache als Koburger Familienangelegenheit, rieb sich kalt lächelnd die Hände und meinte, daß Dietz, ein geborener Koburger, der als Ratgeber der Königin von Portugal dieselbe Stellung einnehme wie Stockmar am britischen Hof, diese Gefahr heraufbeschworen habe. Der Thron könne nur durch Dietzens sofortige Entlassung gerettet werden. Er diktierte einen Brief, der von Ermahnungen, ernsten Warnungen und unwillkommenen Ratschlägen strotzte; die Königin mußte ihn eigenhändig abschreiben und an ihre unglückliche Kusine senden. Das Haus Koburg geriet darüber in großen Zorn und bezeichnete Lord Palmerston als „bösartig, gemein und gefährlich".

Dabei sollte es noch nicht sein Bewenden haben. Gegen Ende des Jahres 1847 schickte der König von Preußen einen Privatbrief an die Königin Victoria und bat sie um ihre Zustimmung zu seinen geschickt eingefädelten Bemühungen um die Hegemonie über den ganzen Deutschen Bund. Der Brief nahm seinen

Weg über den Gesandten, Baron von Bunsen, der ihn der Königin persönlich aushändigen sollte. Aber Lord Palmerston hatte so viele Ohren wie Argus Augen. Er bekam Wind von dem Brief und erklärte dem Gesandten, es schicke sich nicht für die englischen Herrscher, mit Monarchen anderer Länder einen geheimen Briefwechsel zu führen, ausgenommen, wenn sie miteinander verwandt seien. Er nötigte Prinz Albert, mit ihm zusammen eine „farblose Antwort", wie Sir Sidney Lee es nannte, aufzusetzen. Dies erweckte den Anschein – sehr zum Ärger der Königin – als wende sie sich von der durch Prinz Albert immer wieder zum Ausdruck gebrachten Anschauung ab, die auch in dem privaten Briefwechsel mit dem König von Preußen stets ausgesprochen worden war.

Es war zwecklos zu protestieren; denn als Lord Palmerston einst vom Ministerpräsidenten gerügt wurde, weil er den Zorn der Königin erregt hatte, antwortete der alte Mann einfach in seiner lebhaften Art: „Die Königin leiht den Gegnern ihrer Regierung, die ihr nur Mißtrauen gegen ihre Minister einflößen wollen, leider viel zu willig Gehör. Auf diese Weise bereitet sie sich ständig grundlosen Ärger."

Die Königin erhob Einspruch dagegen, daß ihr privater Briefwechsel im Auswärtigen Amt geöffnet werde. Sie halte dies für eine große Unverschämtheit des betreffenden Beamten. Selbstverständlich, selbstverständlich! Lord Palmerston werde sich der Sache sofort annehmen. Es solle nicht wieder vorkommen. Es kam aber ständig wieder vor!

Mit Lord Palmerston im Auswärtigen Amt wartete die Königin von England geradezu auf einen ständigen Wechsel von Gesandten und täuschte sich darin nicht. Im Jahre 1850 zwang Lord Palmerston Griechenland durch die Entsendung einer britischen Flotte in griechische Gewässer, einen portugiesischen Juden, Don Pacifico, zu entschädigen. Dieser war in Gibraltar geboren und daher britischer Untertan; sein Haus in Athen war vom Pöbel gestürmt und ausgeplündert worden. Gleichzeitig verlangte Lord Palmerston, daß der Historiker Finlay, der einen Geldanspruch gegen die griechische Regierung erhoben hatte, unverzüglich befriedigt werde. Die Königin sah sich angesichts dieses Spektakels gezwungen, Lord Palmerston zu fragen, ob er ein Recht dazu habe, den griechischen Innenminister einen „notorischen Veruntreuer von zweihunderttausend Drachmen" zu nennen und, wenn ja, ob es angebracht sei, daß der Außenminister der Königin eine derartige Feststellung in einem offiziellen Schreiben mache. Zu guter Letzt gelang es Lord Palmerston, in dieser Angelegenheit außer Griechenland auch noch Frankreich zu beleidigen, das damals die Rolle des Vermittlers übernommen hatte, mit dem Erfolg, daß Frankreich seinen Gesandten auf der Stelle aus London abberief und man sich wieder einmal am Rande des Krieges befand.

Im gleichen Jahr erregte Lord Palmerston nochmals das Mißfallen der Königin, als er den durch die Kutscher der Brauerei Barclay & Perkins gegen den österreichischen General Haynau unternommenen Angriff nicht ernst nehmen wollte. Der abscheuliche alte Mann hatte im ungarischen Kriege Frauen auspeitschen lassen und zahllose andere Grausamkeiten begangen. Er war infolgedessen sehr verhaßt. Als er während seines Aufenthalts in England die Brauerei besichtigte, beschimpften ihn die Kutscher und wurden tätlich, so daß er in nicht sehr würdiger Form vor ihnen flüchten mußte. Er fand aber bei Lord Palmerston kein Mitgefühl; dieser schickte vielmehr das amtliche Entschuldigungsschreiben, das er an die österreichische Regierung richten mußte, schnell ab, bevor es die Königin gesehen hatte, damit er einen Österreich kränkenden Satz einfügen konnte. Als die Königin ihm Vorhaltungen machte, antwortete er, daß er nicht umhin gekonnt habe, General Haynaus Mangel an Takt festzustellen, den dieser durch seinen Besuch in England bewiesen habe, wo die öffentliche Meinung über seine in Italien und Ungarn begangenen Grausamkeiten genau im Bilde sei. Der Gesandte, Baron Koller, habe Lord Palmerston erzählt, daß er den General gebeten habe, „sich seinen langen Schnurrbart abzuschneiden", um unerkannt zu bleiben. Selbstverständlich bedauere Lord Palmerston eine Verletzung der Gesetze; aber die Kutscher hätten sich nur von ihrer Empörung über die Grausamkeiten des Generals hinreißen lassen, und er sei ja schließlich mit einem zerrissenen Rock, dem Verlust seines Stokkes, ein paar tüchtigen Beulen und dem Versuch, ihm den Schnurrbart abzureißen, davongekommen. Die Engländer seien für ihre Gastfreundschaft gegenüber Ausländern berühmt und dafür bekannt, daß sie ehemalige Gegnerschaften vergessen könnten; das beweise ihr Verhalten gegen Napoleon und Marschall Soult. „Aber in General Haynau", fügte er hinzu, „sah man einen großen moralischen Verbrecher, und die Stimmung gegen ihn war die gleiche wie gegen den Mörder Tawell und die Mannings", mit dem einzigen Unterschied, daß der General in einem viel größeren Ausmaße Verbrechen begangen habe. Lord Palmerston könne Ihrer Majestät versichern, daß „diese Art einer gerechten und anständigen Empörung" sich keineswegs auf England beschränkt habe. Er wisse zuverlässig, daß General Haynaus unmenschliche Handlungsweise gegen die unglücklichen Einwohner von Brescia und anderen Städten Italiens, sein grausamer Aufruf an die Bevölkerung von Pest und sein barbarisches Vorgehen in Ungarn auch in Österreich denselben Abscheu wie in England erregt hätten und daß er seinen Spitznamen „General Hyäna" in Wien erhalten habe, lange bevor er in London so gerufen worden sei.

Hierauf erhielt er von der Königin eine vernichtende Antwort. Sie teilte ihm mit, sie könne sich nicht denken, daß Baron Koller seine Note ihm, Lord Palmerston, überreicht habe, um seine persönliche Ansicht über die Angelegenheit zu erfahren. Sie könne Lynchjustiz in England ebensowenig dulden wie die heftigen Worte des Tadels, deren Lord Palmerston sich bediene, um Männer der Öffentlichkeit in anderen Ländern zu verurteilen.

Aber der lebhafte alte Herr war nicht unterzukriegen, und so wenig er damals bei der Königin und dem Prinzen in Gunst stand, so beliebt war er beim Volk, das ihm blind vertraute. Ein Jahr später kam der ungarische Revolutionär Kossuth nach England. Die Königin beschwor Lord John Russell, eine Zusammenkunft zwischen ihm und Lord Palmerston zu verhindern oder wenigstens auf alle Fälle durchblicken zu lassen, daß es sich um ein privates Vorgehen Lord Palmerstons ohne Billigung der Regierung handle, da sonst im Ausland ungeheurer Schaden angerichtet werde. Lord John erklärte der Königin, er könne in dieser Sache leider nichts veranlassen, er könne nur der Königin als letztes Mittel untertänigst vorschlagen, sie möge Lord Palmerston verbieten, Kossuth zu empfangen. Auf Lord Johns „sehr entschiedene Bitte", von einem Empfang abzusehen, habe Lord Palmerston nämlich erwidert: „Alles hat seine Grenzen. Ich lasse mir nicht vorschreiben, wen ich in meinem Hause empfangen darf oder nicht ... Ich werde nach eigenem Ermessen handeln ... und Sie können selbstverständlich bei der Regierungsbildung nach dem Ihrigen verfahren." Schließlich gab Lord Palmerston gnädigst nach, aber ein wenig spät. Die Königin war überzeugt, daß er Kossuth bereits empfangen hatte. Von Versammlungen der Radikalen in Islington und Finsbury wurden ihm Dankschreiben für den Empfang des ungarischen Patrioten übersandt. Er hatte außerdem in seiner Eigenschaft als Außenminister im Auswärtigen Amt eine Abordnung empfangen, die ihm eine Denkschrift überreichte, in der der Kaiser von Österreich und der Zar von Rußland als „unbarmherzige Tyrannen und Despoten", als „abscheuliche, verachtungswürdige Mörder" bezeichnet wurden.

Entweder ließ Lord Palmerston die Befehle der Königin gänzlich unbeachtet und tat aus Trotz gegen sie einfach das Gegenteil, oder er befolgte sie in so übertriebener Weise, daß es beinahe besser gewesen wäre, er hätte sie nicht beachtet. Als Louis Napoleon 1851 in Frankreich seinen Staatsstreich unternahm und die offizielle englische Politik streng neutral blieb, besaß Lord Palmerston die Großzügigkeit, dem französischen Gesandten zu erklären, er sei mit dem Schritt des Präsidenten durchaus einverstanden. Das berichtete der Gesandte an seine Regierung, und nun befand sich England in der eigenartigen Lage, gleichzeitig neutral und „durchaus einverstanden" zu sein. Er neckte den britischen Gesandten Lord Normanby, weil er während des Staatsstreichs soviel Angst gehabt hatte, und machte sich offen darüber lustig, daß Lord Normanby, als auf den englischen Klub geschossen wurde, „über einen zerbrochenen Spiegel erschüttert war". „Dabei vergaß er aber," so erzählte Lady Normanby dem Obersten Phipps, „daß dieselbe Kugel den Kopf eines Engländers gestreift hatte, der sich zwischen Fenster und Spiegel befand." Kurz: Lord Palmerstons Benehmen bot ständig Grund zum Staunen, und keiner konnte voraussehen, was er demnächst tun werde. Wegen dieser letzten

Heldentat stellte der vielgeprüfte Lord John Russell seinen Außenminister zur Rede. Da dieser aber keine Erklärung über den Vorfall abgeben konnte oder wollte, wurde er seines Postens enthoben. Die Königin und der Prinz waren vor Freude im siebenten Himmel; die Königin hoffte, daß Lord Palmerston sich gezwungen sehen werde, „auf seinen Lorbeeren auszuruhen".

Keineswegs! Schon nach zwei Monaten hatte der alte Irrwisch den Sturz der Regierung zustande gebracht. „Ich habe", so schrieb er, „mit John Russell 'Wie du mir, so ich dir!' gespielt und ihn letzten Freitag aus dem Sattel gehoben."

Kaum ein Jahr, nachdem sich die Königin über seinen Sturz gefreut hatte, war er schon wieder im Amt, diesmal als Innenminister; als solcher konnte er seinen Tatendrang voll entfalten. Im Jahre 1853 zum Beispiel, als eine der furchtbaren Cholera-Epidemien das Land heimsuchte, versetzte er dem Presbyterium von Edingburgh folgenden Brief:

„Sehr geehrter Herr, im Auftrage von Viscount Palmerston bestätige ich den Empfang Ihres Schreibens vom 15. d. M., in welchem Sie im Namen des Presbyteriums von Edinburgh anfragen, ob beabsichtigt sei, mit Rücksicht auf die Heimsuchung durch die Cholera einen nationalen Fasttag anzuordnen. Ich bin beauftragt, hierzu zu bemerken, daß eine Kundgebung demütiger Unterwerfung unter den göttlichen Willen und ein Bekenntnis menschlicher Unwürdigkeit niemals mehr am Platze sind, als wenn es der Vorsehung gefallen hat, die Menschheit durch schwere Heimsuchungen zu demütigen. Lord Palmerston hält jedoch unter den gegenwärtigen Umständen einen nationalen Fasttag für unangebracht.

Der Schöpfer der Welt hat bestimmte Naturgesetze für den Planeten, auf dem wir leben, geschaffen, und das Wohl oder Wehe der Menschheit hängt von der Beobachtung oder Mißachtung dieser Gesetze ab. Eines dieser Gesetze macht die Gesundheit von dem Nichtvorhandensein jener schauerlichen Ausdünstungen abhängig, die von eng zusammengepferchten menschlichen Wesen oder von zersetzenden tierischen oder pflanzlichen Stoffen ausgehen. Diesen Gesetzen zufolge ist Krankheit die unausbleibliche Folge solcher schädlichen Einwirkungen. Gleichzeitig aber hat es der Vorsehung gefallen, dem Menschen die

153

Macht zu geben, Vorkehrungen zur Verhinderung oder Beseitigung derartiger Ausdünstungen zu treffen und sie auf diese Weise unschädlich zu machen. Es ist Menschenpflicht, diese Naturgesetze zu beachten und von den Fähigkeiten Gebrauch zu machen, die die Vorsehung den Menschen zu ihrem eigenen Wohl verliehen hat. Die jüngste Heimsuchung durch die Cholera, der für den Augenblick glücklicherweise Einhalt geboten wurde, ist eine furchtbare Mahnung an die Bevölkerung, die ihre Pflicht viel zu sehr vernachlässigt hat; diejenigen, denen es oblag, die Städte sauber zu halten und die Ursachen der Seuche zu verhüten oder zu beseitigen, haben nicht das ihrige getan. Lord Palmerston möchte deshalb darauf hinweisen, daß die Bevölkerung ein weiteres Umsichgreifen der Cholera am besten dadurch verhütet, daß man die Zeit bis zum nächsten Frühjahr damit zubringt, Maßnahmen zur Säuberung und Verbesserung der von den Ärmsten bewohnten Stadtteile auszuarbeiten und durchzuführen, damit derartige Ansteckungsherde zerstört werden. Andernfalls bleiben diese Stätten eine ständige Gefahr und bilden Brutherde für todbringende Seuchen, allen Gebeten und allem Fasten einer zwar einigen, aber untätigen Nation zum Trotz. Erst wenn der Mensch sein Äußerstes zu seinem eigenen Schutz getan hat, ist es an der Zeit, den Segen des Himmels für seine Bemühungen zu erflehen.

Ich bin, sehr geehrter Herr, Ihr gehorsamer Diener

Henry Fitzroy."

Alles in allem: ein schwieriger Mann! Man ist deshalb nicht erstaunt, daß es von ihm hieß, er habe den Himmel als eine „auswärtige Macht" behandelt.

Bald fand Lord Palmerston ein noch weit größeres Feld der Betätigung.

Im Jahre 1853 fegte ein Sturm über Osteuropa dahin. Rußland hatte, um noch mehr türkisches Land an sich zu bringen, beschlossen, die in der Türkei lebenden Christen unter seine Fittiche zu nehmen. Das hatte die Kriegserklärung der Türkei an Rußland zur Folge, und gerade das hatte Rußland gewollt. Die anderen Mächte wußten, daß sie intervenieren mußten, weil sonst mit einer vollkommenen Vernichtung der Türkei zu rechnen war. Einige Zeit vorher war die britische Mittelmeerflotte nach dem Bosporus entsandt worden, mit dem Befehl, nur dann in das Schwarze Meer einzufahren, wenn Rußland in die Türkei einmarschierte. Napoleon wünschte, daß sich Frankreich und England verbündeten und gemeinsam Rußland den Krieg erklärten. Aber der damalige Ministerpräsident, Lord Aberdeen, wollte möglichst den Frieden aufrechterhalten.

Lord Palmerston dagegen hielt den Krieg für unvermeidlich und trat, da seine Kollegen ihm nicht zustimmten, aus dem Kabinett aus. Die kriegsbegeisterte Bevölkerung war erbittert über den Aufschub und fiel über Prinz Albert als Sündenbock her. Er sei Deutscher, hieß es, und habe sich mit Rußland hinter dem Rücken seiner Regierung verständigt. Er habe es mit Victorias Wissen getan, er habe es ohne ihr Wissen getan, er sei jedenfalls ein Verräter. „Es gibt keine Art des Landesverrats", erklärte er Stockmar, „dessen ich mich nicht schuldig gemacht hätte." Bolitho berichtet, daß die bösartigen Gerüchte sich bis zu der Behauptung verstiegen, Prinz Albert habe die Königin verraten, sei wegen Hochverrats angeklagt, verhaftet und in den Tower überführt worden. Diese erstaunlichen Gerüchte lockten eine große Volksmenge an die Themse; Tausende warteten und drängten sich an den Mauern des Tower, um die Königin und den Prinzen als Gefangene eingeliefert zu sehen.

Das allgemeine wahnsinnige Kriegsgeschrei hielt an, und bald sollte das Volk seinen Wunsch erfüllt sehen. Das Kabinett schloß sich endlich der Überzeugung Lord Palmerstons an, man söhnte sich mit ihm aus, und er übernahm sein Amt wieder. Im Februar 1854 erklärten England und Frankreich den Krieg an Rußland. Kurz vorher klagte der König der Belgier in einem Briefe an seine Nichte: „Es ist einfach unverständlich, wie der Zar sich und alle andern in diese höllische Klemme hat bringen können, um so mehr, als auch ich weiterhin überzeugt bin, daß er es nicht auf Eroberungen abgesehen hatte." Und er erinnerte sie daran, daß der „gute alte Herzog" zu sagen pflegte: „Einen kleinen Krieg – das gibt es nicht!" Das war richtig, und das Volk, das sich so glühend nach Krieg gesehnt hatte, sollte seine wahre Natur und seine Segnungen bald kennenlernen. Die Geschichte des Krimkrieges ist bekannt; es ist also kaum nötig, die Einzelheiten zu wiederholen: den Beginn mit fliegenden Fahnen und schreienden, jubelnden Volkshaufen; die Königin beim Auszug der Truppen und bei der Ausfahrt ihrer Flotte von Spithead nach der Ostsee; die Verzweiflung über die Schlacht von Balaklawa und die herzzerreißenden Schreckensszenen in den Lazaretten von Skutari und auf den Schiffen mit den Verwundeten. Die Schiffe brauchten statt vierundeinhalb Tage jetzt zwei bis drei Wochen für die Fahrt; die Verwundeten und Sterbenden lagen durcheinander. Die Lazarette waren eine Hölle. Scharenweise kroch das Ungeziefer durch die Wände und überfiel die Betten, riesige Kloaken bildeten sich unter den Fußböden, die Betten reichten nicht aus für die Verwundeten und die an Seuchen Sterbenden. Es schien überhaupt nichts anderes mehr zu geben als Chaos und Schmutz. Da erschien eine junge, vierunddreißigjährige Frau, Florence Nightingale, mit einer kleinen Helferschar und brachte durch ein Wunder an Aufopferung und durch übermenschliche Leistungen etwas Ordnung und Linderung in die Stätten des Todes.

Auch der Mann, den das Volk wegen seiner deutschen Abstammung für einen Verräter erklärt hatte, arbeitete unermüdlich und mit dem ihm eigenen Eifer. Viele Jahre später, im Jahre 1882, schrieb Lord Wolseley an die Königin: „Ich hoffe, Eure Majestät werden mir verzeihen, wenn ich die Erinnerung an einen großen Mann wachrufe, der nicht mehr unter uns weilt. Wem haben wir es zu danken, daß wir mit Gewehren und nicht mit alten Musketen bewaffnet waren, als wir auf der Krim landeten? Wer hat sich für die Einschränkung der Prügelstrafe eingesetzt? . . . Wer hat den Bau unserer großen Krankenhäuser durchgesetzt? Alle, die Sir Theodore Martins Werk Seite für Seite gelesen haben, wissen jetzt, daß das Heer dem verewigten Prinzgemahl mehr verdankt als irgendeinem anderen General seit dem Tode des Herzogs von Wellington."

Zwei Monate nach Kriegsausbruch schrieb die Königin einen für sie besonders bezeichnenden Brief. Sie erklärte Lord Aberdeen, sie sei „ziemlich überrascht" über den Vorschlag, einen nationalen Bußtag festzusetzen, da sie darüber ihre eigenen Gedanken habe: „Es wäre eine abstoßende Heuchelei zu behaupten . . ., die große Sündhaftigkeit des Volkes sei an diesem

Kriege schuld, der in Wirklichkeit das Werk eines einzigen selbstsüchtigen und ehrgeizigen Mannes und seiner Diener ist, wohingegen unser Verhalten durch Uneigennützigkeit und ehrenhafte Gesinnung bestimmt wurde. Einen Bußtag möge man getrost festsetzen, aber nur, um Gott für seinen Segen und für das große Wohlergehen zu danken, dessen sich das Land erfreut hat, und um Gottes Schutz und Hilfe zu erbitten."

Die Große Ausstellung

Das Jahr 1850 hatte dem königlichen Paar einen großen Schrekken gebracht, dem viele andere Sorgen folgten. Als die Königin am 27. Mai das Cambridge House verließ, in dem der Herzog von Cambridge im Sterben lag, sprang plötzlich ein Mann auf sie zu und versetzte ihr mit dem Messingende seines Stockes einen Schlag auf den Kopf. Erst wenige Monate waren vergangen, seit ein anderer Anschlag auf das Leben der Königin verübt worden war. Das Attentat vom 27. Mai war besonders roh, da gerade am ersten des gleichen Monats ihr dritter Sohn Arthur geboren worden war. Man versuchte, den Attentäter, Robert Pate, einen früheren Offizier, für geistig unzurechnungsfähig zu erklären; der Versuch mißlang, und der Angeklagte wurde zu sieben Jahren Deportation verurteilt.

Das war aber noch nicht das Schlimmste. Am 29. Juni, einen Tag nach der Unterhausdebatte über Don Pacifico, stürzte Sir Robert Peel, der treue Freund und Ratgeber des königlichen Paares, bei der Heimkehr von einem Ausritt auf dem Constitution Hill vom Pferde und starb am 2. Juli nach dreitägigem Todeskampf. Es paßt zum Bilde dieses guten, seltsamen und wenig anziehenden Mannes, daß sein Leben durch die Warnung eines Bekannten hätte gerettet werden können. Dieser sah, daß sein Pferd durchgehen wollte; aber Peels Gesichtsausdruck war so abweisend, daß der Bekannte nicht zu reden wagte ... Und doch weinten um ihn die Armen wie um keinen anderen Staatsmann. Es gab keinen Bettelbriefschreiber in ganz England, der nicht wußte, daß man ihn ungeniert um fünf Pfund anbetteln konnte. Er lebt für uns in jenen Parlamentsbeschlüssen fort, durch die den Arbeitern bessere Lebensbedingungen geschaffen wurden, und in dem Bildnis von Lawrence, das ihn in der alten

Tanzlehrerhaltung zeigt, die Hand geziert auf der vorgewölbten Hüfte ruhend. Sein Gesicht wirkt ziemlich farblos und starr; aber aus den Augen spricht warme Menschlichkeit und die Aufrichtigkeit eines Kindes.

Das ganze Volk trauerte um den guten, anständigen Mann; der Kummer der Königin über den Tod des einst so gefürchteten Ministers war grenzenlos, und sie schrieb dem König der Belgier, ihr Mann habe das Gefühl, einen zweiten Vater verloren zu haben.

Auch für Baron Stockmar, der seit 1819 mit ihm befreundet war, bedeutete sein Tod einen bitteren Verlust. Drei Wochen nach des Freundes Tod schrieb die Königin an Stockmar und bat ihn, ihrer dringenden Einladung zu folgen und zu kommen: „Es wird Ihnen gut tun, mit unserem lieben Prinzen zusammenzusein. Er sehnt sich nach Ihnen. Seit der Nacht, in der Ihr armer Freund starb, wacht er immer sehr früh auf. Clark führt es auf seinen Gemütszustand zurück." Hatte er doch vor kaum zwei Jahren erst seinen anderen guten Freund, Anson, durch den Tod verloren. Nun besaß er keinen Freund mehr und fühlte sich vereinsamt.

Aber ach, ein weiterer grausamer Schicksalsschlag stand bevor. Am 11. Oktober starb, erst 38 Jahre alt, die gute, sanfte Königin der Belgier. Vier Tage vor ihrem Tode schrieb der König: „Ihre teure, engelreine Seele scheint im Augenblick der schweren drohenden Gefahr noch heller zu erstrahlen." Aber die Seele verließ den müden Leib, und der König der Belgier war wiederum allein.

Der Prinz fand inmitten all der Kümmernisse, die seine Frau beinahe überwältigten, einigen Trost in der riesigen Arbeitslast, welche die Vorbereitung der großen Ausstellung mit sich brachte. Diese Ausstellung hatte er schon seit langem geplant; ihr Ziel war nicht nur, den Wohlstand in England zu heben, sondern auch, der Sache des Friedens zu dienen. Die Völker mußten begreifen lernen, daß die Blüte eines Landes von der des anderen abhing. „Die Ausstellung von 1851", erklärte er, „soll deutlich beweisen und lebendig darstellen, welche Stufe der Entwicklung die Menschheit mit ihrer großen Aufgabe, der praktischen Anwendung der Wissenschaften, erreicht hat. Zugleich soll sie für weitere Bestrebungen in allen Ländern richtunggebend sein."

Aber die Schwierigkeiten der Durchführung dieses Planes schienen zunächst unüberwindlich, da ein großer Teil der Presse und die öffentliche Meinung entschieden dagegen waren. Es genügte schon, daß der Plan von dem Prinzen ausging. Er, der Ausländer, hatte offenbar die Absicht, das Land lächerlich zu machen. „Peel setzte mein Einkommen herunter", schrieb er an seinen Bruder, „Wellington verweigerte mir meinen Rang, die königliche Familie zeterte gegen den fremden Eindringling, die Whigs in der Regierung gönnten mir gerade soviel Raum, daß ich darauf stehen konnte." Aber schließlich drang der Prinz doch durch und erreichte das Ziel, das ihm vor Augen stand, mit Hilfe seiner erstaunlichen Organisationsgabe und Willenskraft.

Während seines Aufenthalts in Chatsworth im Jahre 1844 hatte er einen starken Eindruck von der Schönheit des riesigen Gewächshauses empfangen, das der merkwürdige Mr. Paxton, später Sir John Paxton, der Gärtner des Herzogs von Devonshire, gebaut hatte. Dabei war ihm der Gedanke gekommen, daß die Große Ausstellung in einem noch viel größeren Gewächshause zur Blüte kommen könnte. Das Gewächshaus in Chatsworth war nur 300 Fuß lang und 64 Fuß hoch. Dagegen sah der Entwurf, den Paxton jetzt dem Prinzen vorlegte, einen Bau von 1000 Fuß Länge vor, der ganz aus Glas sein sollte. Fünf Tage vor dem großen Ereignis der Eröffnung, die am ersten Mai stattfand, besuchte die Königin die Ausstellung und kam, wie sie in ihrem Tagebuch vermerkte, „ganz betäubt nach Hause, den Kopf wirr von den zahllosen schönen und wundervollen Dingen, die einem jetzt noch die Augen blenden". Der Lärm, schrieb sie, sei überwältigend gewesen, denn zwölf- bis zwanzigtausend Menschen hätten noch fleißig wie die Bienen gearbeitet.

Die ungeheure Größe des Glashauses kann man am besten ermessen, wenn man sich vorstellt, daß zwei der größten und belaubtesten Ulmen des Hydeparks sich unter dem glitzernden Glasdach wie Zimmerpflanzen ausnahmen.

Am Eröffnungstage fuhren die Königin und ihr Gemahl, der Prinz und die Prinzessin von Preußen mit ihrem Sohn Friedrich

Königin Victoria im Kreise ihrer Familie

Die Königin und ihr Butler John Brown

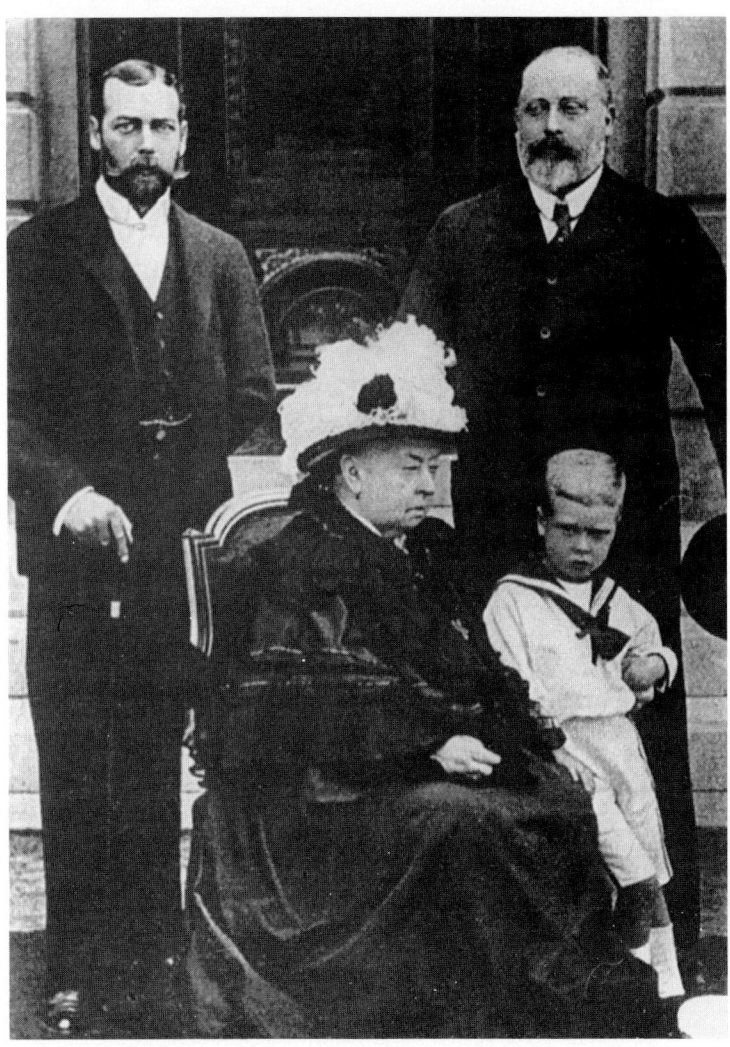

Königin Victoria mit Eduard VII, Georg V und dem Prinzen von Wales

Königin Victoria im hohen Alter

und das kleine zehnjährige Mädchen, das sieben Jahre später seine Frau werden sollte, dazu der kleine Prinz Eduard um einhalb zwölf Uhr in Staatskarossen durch die überfüllten Straßen, durch Green Park und Hyde Park zu dem gigantischen Glashause.

Wehende Palmen, Myriaden leuchtend bunter Blumen, Statuen und Menschenmassen füllten die Galerien. Als die Königin, von ihrem Gatten geführt, mit dem kleinen Prinzen Eduard an der Hand, zu der großen Kristallfontäne in der Mitte des Palastes schritt, kam es ihr vor, als ob die ganze Schönheit der Welt hier beisammen sei. Die brausenden Jubelrufe, die Freude des Volkes, der Klang der riesigen Orgel, der zweihundert Musikinstrumente und sechshundert Stimmen – all das war für sie ein Teil des Segens, den Gott über ihren geliebten Albert und über das Werk, das er für ihr Land vollbracht, ausschüttete.

Es war wirklich ein reicher Segen: denn des Prinzen Klugheit und sein erstaunlich scharfer Geschäftssinn hatten sich bei der Planung dieser Ausstellung wieder einmal bewährt. Die Einnahmen betrugen 186 000 Pfund, also 93 Prozent mehr als die Garantiesumme.

Albert erlebte einen vollkommenen Triumph, und die Freude der Königin kannte keine Grenzen. Endlich würde das Volk nun doch den wahren Wert ihres geliebten, herrlichen Gemahls erkennen.

Bald nach diesem Erfolg war der Prinz schon wieder an der Arbeit, diesmal freilich in viel kleinerem Maßstabe: er entwarf ein neues Heim.

In Erinnerung an ihre beiden herrlichen Besuche in Schottland wünschte sich die Königin dort ein Heim. Im Jahre 1848 hatte man Balmoral, ein kleines Haus im Hochland, gemietet; 1852 wurde es gekauft und durch ein Schloß aus Granit ersetzt, das im Jahre 1854 fertig war. Prinz Alberts Begabung für Inneneinrichtungen konnte sich wieder betätigen. Das Haus wurde ein wahres Schmuckstück. Lady Augusta Stanley, damals Hofdame bei der Herzogin von Kent, schrieb einen Tag, nachdem die königliche Familie dort eingezogen war, an ihre Schwester: „Gestern gab es sehr viel zu tun. Wir kamen um einhalb zwölf nach Balmoral und überwachten bis zum Lunch die Vorbereitungen. Alle Handwerker, die mit Hausbau und Hauseinrichtung zu tun haben, waren zwischen den vier Wänden mit ihren Arbeiten beschäftigt. Wie sollte bloß alles vor einhalb sieben Uhr fertig sein? . . . Das Holzwerk ist in lichten Farben gehalten, meist Ahorn und Birke, mit versilberten Schlössern und Beschlägen usw. . . . Auch sonst sind noch herrliche Dinge da: Kronleuchter aus Biscuitporzellan, wunderschöne Figuren von Hochländern als Lichthalter, Tafelzierat in gleichem Stile und eine Menge eigenartiger, geschmackvoller und sorgfältig ausgeführter Gegenstände. Der einzige Mangel ist, daß dem Ganzen eine gewisse Harmonie fehlt, was sich etwa im Tapetenschmuck der Zimmer zeigt."

Als Lady Augusta das letzte Zimmer überprüfte, erscholl „ein fröhlicher Willkommensruf; die königliche Gesellschaft, in blaue Schleier eingemummt, kam vorgefahren".

In diesem Paradies schenkte ein Jahr später der junge Kronprinz von Preußen mit Erlaubnis der Königin und des Prinzen der kleinen vierzehnjährigen Princess Royal von England ein weißes Erikareis und „vertraute ihr seine Wünsche an". Aber die Königin berichtete dem König der Belgier, dieses höchst befriedigende und aufregende Ereignis müsse eine Zeitlang geheimgehalten werden, da ihr Kind noch nicht alt genug sei, um an eine Heirat zu denken. Die Neuigkeit sickerte jedoch durch und erregte in England viel Zorn. Kaum ein Jahr später erschien die Prinzessin zum ersten Male in der Gesellschaft, und die Verlobung wurde bekanntgegeben. Die Feiern dieser beiden Ereignisse brachten eine ununterbrochene Folge von Vergnügungen mit sich. In dem neuen, von Prinz Albert entworfenen Ballsaal, der bei dieser Gelegenheit zum erstenmal benutzt wurde, fand ein Ball statt. Im gleichen Monat besuchte die Königin einen Ball in der Türkischen Gesandtschaft und wählte, sehr zu seinem Schrecken, den Gesandten als Partner für den ersten Kontertanz. Mit vollendeter Anmut, die ihr stets eigen war und das ganze Leben lang treu blieb, tanzte sie Menuette und Kontertänze. Zwei Wochen danach tanzte sie auf einem Ball in der Waterloo-Galerie zu Windsor, nachdem sie keinen Tanz ausgelassen hatte, zur Dudelsackbegleitung den schottischen Reel.

Inzwischen war die Königin zu ihrer eigenen großen Verwunderung in recht gute Beziehungen zu Louis Napoleon getreten, diesem Unruhestifter, dem sie nächst Lord Palmerston immer am meisten mißtraut hatte. Dies gute Verhältnis war im wesentlichen das Werk des schlauen Onkels Leopold, der die Gefahr eines französischen Angriffs gegen Belgien für geringer hielt, wenn Frankreich und England freundschaftlich miteinander standen. Er ging schrittweise vor, indem er seinen Neffen, den Herzog Ernst, als Gast zu Napoleon schickte. Dieser sprach, ebenso wie seine schöne Frau, begeistert über die häuslichen Tugenden und das entzückende Familienleben von Herzog Ernsts Bruder und Schwägerin; er bekundete ein lebhaftes Verlangen, mit ihnen gut, wirklich gut bekanntzuwerden, daß dem Herzog nichts anderes übrig blieb, als die Urheber dieser Gefühle davon in Kenntnis zu setzen. Die Königin konnte von der bereitwilligen Anerkennung der Tatsache, daß ihr und ihres Gatten Vorbild alle europäischen Höfe beeinflußt hatte, nicht ungerührt bleiben, zumal sie seinerzeit den bedauerlich unmoralischen Lebenswandel des jungen Louis Napoleon hart verurteilt hatte. Es erschien deshalb ebenso als ein Gebot persönlicher Liebenswürdigkeit wie politischer Klugheit, diese Freundschaft zu pflegen. Also besuchte der Prinz den Kaiser in seinem Heerlager zu St. Omer. Der Kaiser war von seiner Persönlichkeit und seinem großen Wissen so eingenommen, daß die letzte Schranke fiel. Die Königin lud den Kaiser und die Kaiserin für den April 1855 zu sich nach Windsor ein.

Der Besuch war ein Erfolg ohnegleichen. Die Königin fand den Kaiser still, offen und sehr anziehend, die Kaiserin, die später eine ihrer vertrautesten Freundinnen werden sollte, nannte sie „sehr hübsch und ganz ungewöhnlich aussehend". Disraeli, der zu einigen der Festlichkeiten geladen war, unterlag anfangs nicht dem Zauber dieser wunderbaren Schönheit. „Ich war von der Kaiserin sehr enttäuscht", sagte er zu Mrs. Brydges-Williams, „für mich ist sie ohne Reiz. Sie hat chinesische Augen und ein ständiges geziertes Lächeln, das ich nicht leiden kann." Zwei Jahre später aber änderte er seine Meinung. Bei einer Parade der königlichen Garde im Windsor-Park am siebzehnten bewunderte man allgemein das strahlende Lächeln und den gewaltigen Schnurrbart des Kaisers und die schwermütige Schönheit der

Kaiserin. Abends wurde im Schloß ein Ball gegeben, und die im mondhellen Park unter den Bäumen träumenden Geister wurden bis zum frühen Morgen durch Gavotten, Mazurkas, Kontertänze und schottische Reels aufgescheucht. Am Nachmittag des achtzehnten verlieh die Königin dem Kaiser den Hosenbandorden, am neunzehnten speiste der Kaiser im Glanze seiner Uniform in der Guildhall, abends besuchte man eine Galavorstellung von „Fidelio". Am zwanzigsten fuhr die ganze Hofgesellschaft durch die von Menschen wimmelnden Straßen nach Sydenham, wo man jetzt den Kristallpalast besichtigen konnte. Dann war der Besuch zu Ende, der für die Königin wie ein Traum gewesen war.

Disraeli erzählte Mrs. Brydges-Williams, es habe „bei der Abreise unaufhörliche Umarmungen und viele Tränen" gegeben. Als die Wagentür endlich geschlossen wurde, habe der Kaiser sie wieder geöffnet, sei herausgesprungen, habe Victoria an sein Herz gedrückt und mit Tränen in den Augen auf beide Wangen geküßt, was die Zuschauer sehr in Erstaunen versetzt habe.

Der Grundstein für eine dauernde Frendschaft war gelegt. Noch im August des gleichen Jahres machten die Königin und der Prinz mit dem Prince of Wales und der Princess Royal dem Kaiser und der Kaiserin ihren Gegenbesuch; denn es lag dem Kaiser sehr daran, ihnen die Große Ausstellung zu zeigen, die er seinerseits in Paris veranstaltet hatte. Sie trafen bei großer Hitze ein; aber die Luft war, wie die Königin meinte, klarer und frischer als in England, und so fühlte sie sich nicht übermäßig ermüdet. Sie war von allem „entzückt, hingerissen, begeistert und angeregt". Der Marschall Magnan erzählte ihr, daß selbst Napoleon I. bei der Heimkehr von seinen Siegen nicht begeisterter empfangen worden sie als sie, wenn sie sich nur blicken ließ. Entzückt von ihrer zierlichen Gestalt und ihrer eigenartigen, unvergleichlichen Anmut, schrieb ein Berichterstatter: „La Reine Mab nous a visité." Aber die Kleidung der Königin versetzte die Franzosen in Erstaunen, besonders den Marschall Canrobert, der in sein Tagebuch schrieb: „Trotz der großen Hitze trug sie einen schweren, weißen Seidenhut. Ihr Kleid war weiß, dazu hatte sie eine Mantille und einen Sonnenschirm von ausgesprochen grüner Farbe, die, wie mir schien, zum übrigen nicht paßte." Gleiches Staunen und noch größere Bestürzung rief dagegen die dienststeifrige Aufmerksamkeit der Franzosen beim Gefolge der Königin hervor. Lady Bulteel hatte unter der Übertreibung dieser wertvollen Eigenschaft durch einen ihr zur Verfügung gestellten Lakaien zu leiden: „Je suis aux ordres de Madame la Marquise, toujours prêt. Madame la M., je ne quitte pas ce fauteuil à la porte de Madame la M. Absolument à la disposition de Madame la M." Und er schien Wort zu halten. Er brachte seine Zeit damit zu, unruhig an der Türklinke herumzuspielen, während sie ein Bad nahm (die Tür hatte kein Schloß), und „trat alle Augenblicke bei ihr ein, ungeachtet ihrer Aufschreie und ihres Widerspruchs: 'N'entrez pas!' (crescendo), N'entrez pas!' – 'Oh, oui, oui, oui, oui, Madame la M.; il le faut, Madame la M. C'est pour expliquer à Madame la M." So schwer Lady Bulteel auch unter der Zudringlichkeit dieses einen Lakaien zu leiden hatte, – der Lady Churchill erging es noch schlimmer, denn sie hatte drei, deren Pflichteifer über jedes Lob erhaben war, und die sie unter keinen Umständen allein ließen.

Aber was bedeuteten diese kleinen privaten Ärgernisse gegen den Triumph in der Öffentlichkeit, wie zum Beispiel beim Einzug in Paris. Die Königin berichtete dem König der Belgier, daß es „einfach überwältigend" war, „glänzende Ausschmückung – Festbeleuchtung – riesenhafte Menschenmengen – sechzigtausend Soldaten auf den Beinen, vom Gare de Strasbourg bis nach St. Cloud". Und wie wunderbar war bei Hofe alles eingerichtet! Die Königin und der Prinz konnten der Versuchung nicht widerstehen, diese ruhige Vornehmheit mit dem lärmenden Durcheinander und der Hast zur Zeit des armen Königs Louis Philippe zu vergleichen. Der Hof des Kaisers, erklärte die Königin, sei sehr viel königlicher. Während des Besuches nahmen die Feste kein Ende. Die königliche Gesellschaft war in der Oper gewesen, wo sie mit „God save the Queen" begrüßt wurde. Man hatte das Grabmal Napoleons I. bei Fackelbeleuchtung mit dem Prince of Wales besucht, der einen schottischen Kilt trug. Die Königin forderte ihn auf, neben dem Grabmal niederzuknien; in diesem Augenblick brach ein Gewitter los. Die Szene war so eindrucksvoll, daß die französischen Generale in Tränen ausbrachen.

Der Glanz eines Festes, das in Versailles stattfand, überstieg die kühnsten Träume der Königin. Alle diese Freuden und Aufregungen wurden noch durch die Wärme, die Sonne, die an Bilder von Théodore Rousseau erinnernden, fast tropischen Bäume mit ihren großen, raschelnden Blättern und die fremdartigen, dunklen Gesichter erhöht. Und wie waren der gute Kaiser und die Kaiserin, ja das ganze französische Volk darauf bedacht, ihnen Freude zu bereiten! Die Zimmer für den königlichen Besuch in St. Cloud hatte man nach dem Muster einiger Zimmer in Windsor eingerichtet.

Schöner konnte es wirklich nicht sein, und die Königin und der Prinz genossen den Aufenthalt in vollen Zügen. Die Königin stand ganz im Banne der Menschen, denen sie früher mißtraut hatte. Sie war von der Kaiserin begeistert und weinte, als die Zeit zum Abschied gekommen war.

Voller Freude empfing sie im August 1857, zwei Jahre nach ihrem Besuch in Paris, die Nachricht, daß der Kaiser und die Kaiserin wiederum ihre Gäste sein würden, diesmal inoffiziell, und zwar in Osborne.

Modischer Geist

Langsam fahren Kutschen, Victorias und Kaleschen die Prome-
nade am Meeresstrand entlang. Es ist spät am Nachmittag, und
die Insassen wollen den Wagen mit der Königin und der Kaiserin
der Franzosen vorüberfahren sehen. Da kommt er auch schon,
er fährt etwas schneller als die anderen. Die schlichte, feste,
kleine Gestalt der Königin nimmt sich merkwürdig neben der
feinen, hell glänzenden Schönheit der Kaiserin aus. Aber noch
merkwürdiger ist es, daß aller Augen sich nach einem Blick auf
die Schönheit der Kaiserin mit dem rötlich-blonden Haar und
ihrer lässigen Grazie wieder der schlichten Gestalt zuwenden, –
nicht nur, weil sie Königin von England ist, sondern um ihrer
Würde und um ihrer vollendeten Anmut willen.

Die Königin plaudert mit ihrer Gefährtin und zeigt beim Lachen ihr Zahnfleisch. Ihre bezaubernde Stimme klingt wie die
eines kleinen Vogels, als der Wagen in einer Allee mit hohen,
breitblättrigen Bäumen verschwindet. Sie erzählt von der Verlobung der Princess Royal und von Alberts Besuch in Brüssel, wo
er im Juli der Hochzeit des nachmals so unglücklichen Erzher-
zogs Maximilian, des späteren Kaisers von Mexiko, mit Prinzessin Charlotte beigewohnt hatte.

Wie die Wogen kamen und schwanden die Moden in diesem
unbeständigsten aller Jahrhunderte.

Der mit dem griechischen Befreiungskampf aufgekommene
Philhellenismus versank wie der schöne Lord Byron, wie der ro-
mantische General von Norman, der auch in diesem „Heiligen
Krieg" fiel, – wie die wunderlichen, selbstlosen Bankiers Ey-
nard in Genf und Hoffmann in Darmstadt, die für die Sache der
Griechen ihr Geld wie einen Wasserfall ausgeschüttet hatten.
Auch die romantische Bewegung samt jenem preußischen Edel-

mann geriet in Vergessenheit, der im Glauben an die heilige Verpflichtung des Rittertums den Schwanenorden gegründet hatte,
dessen Ritter sich dem Kampf gegen die Armut widmeten. Dahin sind die Frauen, die um der Liebe willen alles aufgaben, wie
Charlotte Friederike von Mecklenburg, die Frau Christians
VIII. von Dänemark, deren Leben als Königin durch die Liebschaft mit ihrem Musiklehrer ein Ende fand, und die nach jahrelanger Verbannung in Jütland zu Rom als barmherzige Schwester starb. Vergessen ist auch die törichte Lady Caroline Lamb
mit ihrer Verzweiflung und ihrer Demütigung, dahin Constance
Mayer, die sich im Mai 1821 aus unglücklicher Liebe zu Prud
'hon die Gurgel durchschnitt, und Charlotte Stieglitz, die sich
erdrosselte, um ihren geliebten, aber recht unbegabten Mann,
den Dichter Heinrich Stieglitz, zu einem großen Werk zu inspirieren. Das Zeitalter der Romantik ist vorüber, – und hier fahren
nun eine Königin und eine Kaiserin, deren Liebe allein ihren
Männern gehört. – Bald werden auch alle diese Kleidermoden
vergangen und vergessen sein wie die großen Sommerrosen,
wenn das Jahr zu Ende ist: das Kleid aus grau-weißer Seide für
den Sommer, regenfarben, mit großen luftigen Ärmeln und einem
Kragen mit Ecken so spitz wie riesige, dunkle Blätter; und für
den kalten Dezember ein pelzbesetztes Kleid ähnlich dem Gefieder eines schwarzen Schwans mit einem großen Mantelkragen, einer Haube und einem Muff, der mit hauchdünner Spitze
verziert ist, sowie einer dunklen Boa. Diese Kleider sind längst
vergessen. Auf schimmernden Wölkchen kommen jetzt kleine,
leichtbeschwingte Damen mit den Pagodenärmeln von 1850 herangeweht, das laubdunkle Haar liegt wie das der Chinesin glatt
am Kopfe. Andere wiederum muten wie der dunkle Schatten
unter den Bäumen an, gekleidet in Mantillen, Bischofsmäntel,
Krispins, Kardinalsmäntel, Redowas, aragonesische und andalusische Halbmäntel. In diesen Moden leben die wehenden
Winde, die brütenden Sonnen und der ewige Schnee ferner
Länder: es gibt das Schwedencape (1846), den Moldaumantel
(1848), später den algerischen Burnus, den arabischen Beduinenmantel, den russischen Baschlik und den schottischen
Tartan. Dazu trägt man gefiederte Turbane, deren Federn von
den langen, goldenen Fingern des Windes gestreichelt werden,

und Handschuhe mit goldenen Fransen. Im Baumdunkel lust-
wandelt eine Dame in einem geflammten Musselinkleid neben ei-
ner anderen in gestreiftem Barègestoff, der wie Sommerregen in
kühler, trüber Luft wirkt. Aber am Rande des Meeres ist die
Luft hell und klar und glitzernd wie die Modestoffe, licht wie
Flor, Musselin, Jaconet, Organdie, Tüll und Tarlatan. Aber kein
Lufthauch flüstert davon, daß diese zarten Gewebe in manchen
Ländern furchtbare Flammen und tragisches Unglück verur-
sachen werden. Schon 1851 war die Duchesse de Maillé im
Schloß La Roche Guyon am Kaminfeuer sitzend verbrannt.
Entsetzte Zuschauer hatten den Feuertod der Schauspielerin
Emma Livey miterlebt; vor und hinter der Bühne raste die
schreckliche Feuersäule mit wilden, wehenden Flammenhaaren
dahin; es gab keine Hilfe, und die Schreie der Zuschauer misch-
ten sich mit denen des Opfers. Bald sollte auch die Erzherzogin
Mathilde, Erzherzog Albrechts Tochter, den Feuertod erleiden.
Aber die furchtbarste Tragödie ereignete sich später beim Brand
der Kirche La Compania in Santiago im Jahre 1883: Die Flammen erfaßten die fließenden Gewänder, und zweitausend
Frauen, weiße Rosen im Schnee, Frauen wie Sonnen, Blüten
und Sterne wurden zu lodernden Fackeln und verbrannten zu
Asche.

Die Kaleschen und Victorias fahren langsam unter den goldenen Sonnenstrahlen, die sich wie Palmblätter über den Himmel
breiten.

Fern von hier in Paris sitzen Damen auf ihren Balkonen und
lesen die Memoiren von Rigolboche und Célestin Mogador;
denn die Herrschaft der Demimonde ist angebrochen. Bald
wird Cora Pearl in Mode kommen, und in dieser Zeit geraten
Liszt und der König von Bayern in den Bann der Lola Montez.
Blanche de Marconnay heiratet einen Bourbonenprinzen, und
Graf Gustav Chavinsky, Sproß eines angesehenen mährischen
Geschlechts, verfällt dem dunklen Zauber der Julie von Eber-
genyi, die, wie es heißt, „ihren wahren Ruf unter dem Titel einer
Stiftsdame verbarg". Neben der Stiftsdame, dieser schrecklichen
Sphinx ohne Rätsel, gibt es noch andere Nacht-Chimären, Hu-
ren mit der Maske von Heiligen und Prophetinnen: die stigmati-
sierte Bauerndirne aus Oberbayern, die in abstoßend finsterer

Blasphemie „auf ihrer Zunge die Hostie erzeugte" und die nächtlicherweile durch leere, dunkle Straßen strich auf der Suche nach irgendeinem namenlosen Gefährten ihrer geheimen Ausschweifungen. Es gibt die geheimnisvolle Nonne Patrocinia, die durch das Irrlicht ihrer falschen Weissagungen Königin Isabella von Spanien um Krone und Königreich brachte.

Aber in Paris kümmert man sich nicht um diese unheimlichen Nacht-Chimären. „Avoir du chien", „Canaille" zu sein oder der Demimondaine so weit wie möglich zu gleichen, das ist der Ehrgeiz der Modedamen. Bald hallen die Tuilerien wider von den Schlagern: „Rien n'est sacré pour un sapeur", „Vénus aux carottes" und „La Femme à barbe". Denn eine Prinzessin führt Hortense Schneider und Madame Teresa, die Sängerin des Tingeltangels, am Hofe der Kaiserin der Franzosen ein, und nicht nur das Auftreten, sondern auch die Toiletten der Demimonde werden nachgeäfft. An schwülen Sommerabenden kann man die weiblichsten Frauen in seltsamem verunstaltenden männlichen Aufzug – mit Paletots, Kragen, Krawatten und Spazierstöcken – unter den prächtigen, üppigen Bäumen der öffentlichen Gärten zu den Musikklängen von Meyerbeer und Auber an den Musikpavillons vorüberpromenieren sehen. Spät am Abend spreizen sie sich in Uniformmänteln aus gelbem Samt mit chinesischen Stickereien, oder in rotsamtenen Mänteln, mit schwarzer Spitze gesäumt, oder in „Caracos" aus feuerrotem Seidenatlas „mit einem wahren Planetensystem von Stahlknöpfen oder mit Eiszapfen aus geschliffenem Glas". Alle diese Damen haben rotgefärbte Haare, die „gelockt und gekräuselt sind wie bei einem Schoßhund" . . .

Nun sinkt die Sonne ins Meer. Der Wagen mit der Königin und der Kaiserin wendet und fährt heim.

Spät in der Nacht verbringt die Kaiserin, die in ihrem „Peignoir" wie ein weißer Rosenbusch aussieht, zwei Stunden vor ihrem Toilettentisch, einem Wasserfall von Musselin. Draußen vor dem Fenster ist die dunkle See mit den schläfrigen, rauschenden Wellen. Ein leiser, geheimnisvoller Lufthauch entführt die Wohlgerüche von Guerlain, die dem Toilettentisch mit den Pasten, Schönheitswassern und Pudern entsteigen.

All das wird nun bald der leise geheimnisvolle Lufthauch ver-

weht und unter das stille Laub der Gärten zerstäubt haben . . .
Bald verlöschen auch die kleinen gelblichen Rosenknospen, die
Kerzenflammen, auf dem Toilettentisch der Kaiserin, und das
Schloß liegt im Dunkeln.

Zwei Todesfälle

In einem stillen, sonnigen Zimmer ihres Hauses zu Frogmore saß eine alte Frau und las in Briefen, die vor vierzig Jahren geschrieben waren. Die draußen über den Rasen huschenden Schatten glichen Kindern, die um irgendeinen Unbekannten Trauer trugen und in fernen Gärten erlernte Spiele spielten. Über eine kleine Weile sollten diese Schatten schwerer, tiefer und kälter werden und in unbekannter Sprache zu ihr von den Geheimnissen reden, deren sie bald teilhaftig werden würde. Aber die Herzogin von Kent schenkte ihnen keine Beachtung. Alle ihre Gedanken gehörten der Vergangenheit und der glücklichen, schnell dahineilenden Gegenwart. Sie kam nun nicht mehr geschäftig und rechthaberisch in einem Sturm von Federn und rauschender Seide daher, sie war sanft und zufrieden geworden und verträumte die Jahre, die ihr noch blieben. Ihr tödliches Leiden verursachte ihr ständig Schmerzen; und doch war sie jetzt glücklich, da „ihr Leben schenkende Liebe war". Die Tochter war ihr wiedergegeben und brachte ihr viel mehr Liebe entgegen als in den Tagen der Kindheit. Der Neffe, ihrer Tochter Gemahl, war wie ihr eigener Sohn. Sie wurde in allen Dingen um Rat gefragt, und wenn der Hof sich in Windsor befand, liefen die Enkelkinder in ihrem Hause ein und aus wie kleine glückliche Putten.

Die Sommer verlebte sie in Abergeldie bei Balmoral. An den Geburtstagen der Herzogin gab es freudige Aufregung; sie verliefen ganz anders als früher, da sie nur eine arme Witwe gewesen war, um die sich keiner kümmerte, und noch nicht die geliebte Mutter der Königin von England . . . Schon früh am Morgen wachten die Hofdamen an solchen Geburtstagen von den Klängen der Nationalhymne auf, die unter dem Schlafzimmerfenster Ihrer Königlichen Hoheit gesungen wurde. Und dann ertönte lieblich wie ein Wasserfall das Geplauder des Hofstaates. Alles war versammelt, auch die Mädchen, die in ihren weißen Kleidern wie Kirschblüten aussahen und Blumensträuße in der Hand hatten. Dann kamen Dudelsackpfeifer und die schottischen Diener mit bäuerischen Gesichtern, und es wurden Reels und Schwerttänze getanzt.

Die Herzogin hatte über vieles nachzusinnen. Es gab mannigfache Freuden, kleine und flüchtige, große und bleibende. Das jüngste Kind der Königin, Prinzessin Beatrice, war am 14. April 1857 geboren worden: wieder ein Baby, das man verhätscheln konnte. Die älteste Enkelin der Herzogin, die Princess Royal, wurde von ihrem Vater für ihre Pflichten als Prinzessin von Preußen vorbereitet. Alle Anstalten zur Hochzeit mußten besprochen und überlegt werden. Mittlerweile hatte die Königin sich sehr darüber geärgert, daß man sich in Preußen einbildete, die Hochzeit werde in Berlin stattfinden. Sie schrieb an Lord Clarendon: „Die Auffassung, es sei von einem Königlich Preußischen Prinzen zuviel verlangt, herüberzukommen, um die Princess Royal von Großbritannien in England zu heiraten, ist – milde gesagt – sinnlos . . . Was auch sonst bei preußischen Prinzen der Brauch sein mag, so kommt es doch nicht jeden Tag vor, daß einer die älteste Tochter der Königin von England heiratet. Die Angelegenheit ist daher als entschieden und erledigt zu betrachten . . .“

Schließlich kam der kalte Januartag, an dem die kleine Princess Royal England und ihren Vater, dem ihre ganze Kindesliebe galt, verlassen mußte. Die Heirat entsprach „seinem Wunsch und es geschah zu ihrem Wohl; sie mußte ihm gehorchen und weit, weit fortgehen“. Aber sie erklärte ihrer Mutter: „Ich glaube, es wird mein Tod sein, von dem lieben Papa Abschied zu nehmen.“

Nach der Hochzeit fuhr Prinz Albert mit seiner Tochter und ihrem Gemahl nach Gravesend. Es war bitter kalt. Als sie zum Kai kamen, schneite es. Die kleine Prinzessin sah sehr blaß aus und zitterte vor Kälte. Der Vater neben ihr, der mit seinen achtunddreißig Jahren schon alt aussah, schien müde und gebeugt von der immer schwereren Last seiner Arbeit.

Die Prinzessin ging an Bord und begab sich in die königliche Kabine. Obwohl ihr Vater auf dem Kai stehenblieb, bis das Schiff außer Sicht war, hat er seine Tochter nicht mehr gesehen. Sie kam nicht an Deck zurück, um ihm zu winken. Nach London zurückgekehrt, fühlte sich der Prinz sonderbar erschöpft. Morgen erwartete ihn noch mehr Arbeit, überlegte er, und im Augenblick erschien ihm der Gedanke an Arbeit niederdrückend. Der Staat mußte neu geordnet, Reformen mußten vorgenommen, die Lage der Armen verbessert und die Frage der Arbeitslosigkeit behandelt werden. Bolitho betont in seiner Biographie des Prinzen, daß „seine Menschenliebe niemals in der Theorie steckenblieb". Als er Leiter des Trinity-Hauses wurde, wendete er seine Aufmerksamkeit der Sache der Lastträger zu. Die Geschichte ihrer Befreiung ist am besten in der Denkschrift dargestellt, die nach des Prinzen Tode für die Königin verfaßt wurde: „Ehe er uns zu Hilfe kam, konnten wir nur durch eine Bande von Schankwirten und Maklern Arbeit bekommen; sie zwangen uns erst zum Trinken, bevor sie uns Arbeit gaben ... infolgedessen befanden wir uns in einem erbarmungswürdigen Zustand. Dieser Trink-Handel ruinierte uns körperlich und seelisch und unsere Familien dazu. Wir erhielten keine Hilfe, bis wir uns an Ihren verstorbenen königlichen Gemahl wandten. Er schenkte uns sofort Gehör. Er konnte von dem Thron, den er teilte, herabsteigen in die jämmerlichen Behausungen von uns armen Leuten ... Er untersuchte selbst die Übelstände, die uns bedrückten ... Unverzüglich wurde das Unrecht abgestellt, und das System, das uns vernichtet hatte, verschwand."

So vergingen die Jahre und ein jedes hatte seine Sorgen und seine übergroße Arbeitslast. Der Krimkrieg war zwar vorüber, aber bald danach erkannte der Prinz, daß England in seine altgewohnte Trägheit zurückglitt. Seine Armeen waren aufgelöst, bei Heer und Flotte wurden unkluge Einsparungen vorgenommen, und der Prinz befürchtete in jedem Augenblick Verwicklungen, auf die England nicht genügend vorbereitet war. Die Königin beschwerte sich daher brieflich bei Palmerston über die Sparmaßnahmen und drang auf ein etwas tatkräftigeres Vorgehen.

Es sollte sich bald zeigen, daß die Befürchtungen des Prinzen nur allzu begründet waren. Im Jahre 1857 brach der indische Aufstand in seiner ganzen Wildheit los. Der Prinz und Disraeli, der bereits das Vertrauen der Königin besaß, hatten ihn kommen sehen, und Disraeli hatte davor gewarnt. Aber Gladstone war zu sehr mit der Opposition gegen das Scheidungsgesetz beschäftigt, um den Berichten über die zunehmende Unruhe Beachtung zu schenken. Der sonst so weitblickende Lord Palmerston glaubte an keine bevorstehende Gefahr und erklärte der Königin, daß er zwar die Ausbreitung der Meuterei unter den Truppen bedaure, aber keine weiteren Folgen befürchte. Aber der Aufruhr griff wie ein Brand um sich, und tagtäglich kamen Meldungen von unsagbaren Grausamkeiten. Die Königin schrieb an den König der Belgier: „Die an unglücklichen Damen, Frauen und Kindern begangenen Greuel sind barbarisch für unsere Zeiten und machen einem das Blut gefrieren . . ."

Inmitten all der Raserei, dem Schrecken und der Verwirrung, die der Aufstand hervorrief, bewahrte sich Ihre Majestät, im Gegensatz zu den meisten ihrer Untertanen, einen kühlen Kopf und ihr gerechtes Denken. Sie schrieb einen sehr vernünftigen und unparteiischen Brief an Lord Clarendon, der sich darüber beschwert hatte, daß der Maharadscha Dulip Singh seine Empörung über die Greueltaten nicht zum Ausdruck gebracht habe. In diesem Brief wies sie Lord Clarendon darauf hin, es sei „von dem Maharadscha kaum zu erwarten, daß er Freude daran habe, seine Landsleute Teufel und Ungeheuer genannt zu hören und zusehen zu müssen, wie man sie zu Hunderten, wenn nicht zu Tausenden hinrichtete".

Victorias Seelenadel, ihr Gerechtigkeitssinn, ihr stark ausgebildeter, gesunder Menschenverstand und ihre Begabung als Königin offenbarten sich in ihrer Haltung gegenüber Indien und in ihrem Aufruf an das indische Volk nach Unterdrückung des Aufstandes. „Das indische Volk soll wissen," schrieb sie im Dezember 1857 an den Generalgouverneur Lord Canning, „daß es keinen Haß gegen die braunen Menschen gibt, daß die Königin vielmehr von dem Wunsch beseelt ist, sie glücklich, zufrieden und im Wohlstand zu sehen."

Der Aufstand und der Krimkrieg hinterließen Trümmer und Schrecken, und die dahingehenden Jahre brachten manche Veränderungen. Lord Palmerston zum Beispiel, einst der Abgott des Volkes, wurde jetzt wie der Bösewicht im Volksstück behandelt. Sobald er sich im Unterhaus erhob, um zu sprechen, wurde er niedergebrüllt, und die Abgeordneten waren wie ein Mann gegen alle Maßnahmen, für die er eintrat. „Ohne Sinn und Verstand", schrieb der Prinz, „ist er früher als der einzige wirkliche englische Staatsmann, als Vorkämpfer der Freiheit und als Mann des Volkes usw. usw. abgestempelt worden, und jetzt gilt er als Haupt einer Clique und als Intrigant, ohne daß er sich irgendwie gewandelt hätte; er besitzt vielmehr die gleichen Tugenden und Fehler und ist mit seinen fünfundsiebzig Jahren noch jung und rüstig und erfolgreich in seiner Politik. Sein Werk ist erledigt, kurz – er ist verhaßt."

Jung und rüstig mit fünfundsiebzig Jahren! Dachte der Prinz dabei vielleicht an einen anderen Mann, der mit neununddreißig Jahren müde und alt war, fast so alt wie die verbrauchten Arbeiter, für deren Wohl er unermüdlich gewirkt hatte, – dem man mißtraute, der unpopulär war und unterschätzt wurde? Lord Palmerston aber kehrte sich im Gegensatz zu diesem Manne nicht daran, ob er populär oder unpopulär war. Er lachte nach wie vor sein spöttisches Lachen und trug, flott wie immer, seine grünen Hosen und seinen blauen Rock und färbte sich nach wie vor den Backenbart.

Während sich draußen in der Welt diese Umwälzungen vollzogen, gab es in der Familie der Königin Abwechslungen freundlicherer Art: Gesellschaften und Geburten.

Im August 1858 besuchte die Königin mit dem Prinzen ihre älteste Tochter in Berlin, und zu Beginn des nächsten Jahres wurde ihr erster Enkel geboren. 1859 wurde der Prince of Wales nach Erreichung seines achtzehnten Lebensjahres volljährig. Er war nun zum Mann geworden; aber sein Vater, der jetzt den Titel „Prinzgemahl" führte, bemerkte mit Sorgen, daß er sich trotz seiner Reife nicht geändert hatte. Noch immer liebte er die Fröhlichkeit und leichte, oberflächliche Bücher und hätte, wäre es erlaubt gewesen, gern gleichaltrige Kameraden gehabt, kurz: für seinen Vater war er eine schmerzliche Enttäuschung. Aber noch war es eine Vaterpflicht des Prinzgemahls, ihn vor Schaden zu bewahren. Er mußte deshalb, als er für drei Semester nach

Oxford geschickt wurde, mit seinem Hofmeister und seinem Lehrer zusammenwohnen, damit sie jeden einzelnen Schritt überwachten und ihm leichtfertige Bekanntschaften fernhielten. Rauchen war verboten; der Prinzgemahl wurde nicht nur von allem, was sein Sohn trieb, durch Berichte auf dem laufenden gehalten, sondern tauchte selbst, wie Benson erzählt, „häufig überraschend in der Universität auf, um nachzuprüfen, ob auch keine Nachlässigkeiten vorkämen".

Im Jahre 1860 erhielt der Prince of Wales die Erlaubnis, eine Reise durch Kanada zu unternehmen und Washington und New York zu besuchen. Er wurde von dem Herzog von Newcastle in seiner Eigenschaft als Kolonialminister begleitet. Durch seinen persönlichen Zauber, der seinem Vater soviel Kummer und Sorge bereitete, machte der Prinz großen Eindruck. Deshalb versicherte der Prinzgemahl seinem Sohn bei der Rückkehr schleunigst, seine Beliebtheit sei nur dem Umstand zu verdanken, daß er der Repräsentant seiner Mutter gewesen sei. Wiederum wurde der Prinz in Oxford eingekapselt und erhielt Rauchverbot.

Unterdessen hielt der Prinzgemahl nach jungen Damen Ausschau, unter denen er eine passende Braut für den künftigen König von England wählen könnte. Dabei half ihm der unermüdliche König der Belgier, der schon, als der Prinz sechzehn Jahre war, eine Liste von sieben Prinzessinnen aufgestellt hatte, die für die Heirat in Betracht kamen. An siebenter Stelle stand der Name der Prinzessin Alexandra, der Tochter des Prinzen Christian von Schleswig-Holstein-Sonderburg-Glücksburg und der dänischen Thronerbin. Die Princess Royal hatte sie schon gesehen und die Tugend, den Zauber und die zarte, reine, makellose Schönheit der jungen Prinzessin so begeistert geschildert, daß der Prinzgemahl nach weiteren Erkundigungen ihren Namen vom Ende an den Anfang der Liste rückte. Je eher der Prinz mit seiner Braut zusammenkomme, desto besser sei es, meinte er. Er hielt die Universitätsferien – der Prince of Wales war jetzt in Cambridge eingesperrt –, für eine geeignete Gelegenheit.

Diese Pläne lagen schon in der Luft, als das trübe, traurige Frühjahr 1861 anbrach.

Im Februar verlegte die Herzogin von Kent, krank und leidend, ihren Hof nach Frogmore. Am Abend nach der Ankunft sah Lady Augusta Stanley, eine ihrer Hofdamen, die Todkranke stolz und aufrecht an ihrem Schreibtisch sitzen. Sie hatte ihre „kostbaren Aufzeichnungen" hervorgeholt; denn es blieben ihr nur noch wenige Tage, um die fliehenden Schatten des Glücks und die wie Sonnenstäubchen vergehenden Augenblicke schriftlich festzuhalten und ihre welken, abgezehrten Hände nach der wärmenden Sonne auszustrecken.

Am nächsten Tage spielte sie wie gewöhnlich Klavier. Aber die Noten erschienen ihr undeutlich wie kleine Staubwölkchen. Arm und Hand schmerzten mehr und mehr, sagte sie; einmal war der Schmerz so heftig, daß sie mit den Zähnen klapperte, als spürte sie das Nahen der ewigen Kälte. Sie bat darum, eine Weile allein gelassen zu werden. Die Hofdamen entfernten sich, aber gleich darauf rief sie wieder nach ihnen mit kläglicher, zittriger Stimme. Sir James Clark erschien; als er beim Eintritt in das Zimmer das Gesicht der Herzogin erblickte, wußte er, daß das Ende bevorstand. Ihre Stimme war jetzt verstummt, die Augen „sahen ganz matt aus und hatten einen traurigen, flehenden Blick". Sir James Clark eilte nach London, um die Königin und den Prinzen zurückzurufen, aber bei ihrer Ankunft um sieben Uhr erkannte die Herzogin sie nicht mehr.

Im Laufe der Nacht versprach die Königin, die vor Kummer erschöpft war, sich auszuruhen. Aber von Zeit zu Zeit stahl sie sich in ihrem weißen Morgenrock, eine Lampe in der Hand, die Treppe hinunter und trat in das Zimmer ihrer Mutter. Sie kniete zu ihren Füßen nieder, küßte ihre Hand, rief sie beim Namen und versuchte, sie zurückzurufen.

Lady Augusta lag auf dem Fußboden, die anderen Hofdamen lagen auf dem Sofa oder saßen in den tiefen Armsesseln. Aber alle waren ohne Schlaf und warteten auf den langen Abschied. Um sechs Uhr erschien die Königin wieder mit dem Prinzen. „Die kalte graue Morgendämmerung", schrieb Lady Augusta, „weckte die Vögel, . . . bald sahen wir die Gärtner kommen . . . es war sehr kühl." Durch die Stille drang jetzt ein schwacher, trauriger Laut, der wie ein kleines Licht flackerte: die Sterbende zog den Atem ein. Kurz nach neun Uhr wurde der flackernde

Laut immer schwächer und hörte schließlich ganz auf; das Zimmer schien wieder in tiefstes Dunkel getaucht.

Der Prinz brach in Tränen aus und hob die neben dem Leichnam der Mutter kniende Königin auf. Sie gingen wie im Traum langsam nebeneinander und verließen gebeugten Hauptes das Zimmer.

Die folgenden Tage und Wochen waren für die Königin eine lange Folge von Selbstquälereien und Selbstvorwürfen. „Das ständige Weinen", schrieb die Königin in ihr Tagebuch, „war mir ein Trost und eine Erleichterung." Alle Andenken an Kindheit und Jugend, alle Stunden, in denen die kostbaren Aufzeichnungen der Herzogin gesichtet und durchgeblättert wurden, gaben zu neuen Tränenausbrüchen Anlaß. Hatte es vor Alberts segensreichem Erscheinen jemals eine Zeit gegeben, so fragte sich die Königin verwundert, da sie wirklich nicht gewußt hatte, wie heiß und innig sie ihre Mutter liebte? Wie bitter war der Schmerz, als sie die Berechtigung dieses Selbstvorwurfs erkannte und kleine, verschossene Bücher mit Berichten über ihre Kindheit und kleinen zärtlichen Bemerkungen fand! Wie war es nur möglich gewesen, daß eine Zeitlang zwei Menschen die Königin ihrer Mutter entfremdet hatten! „Ich wage gar nicht, darüber nachzudenken, – es macht mich jetzt noch wild!" Und wie rührend waren die Tagebücher, in denen man lesen konnte, wie innig ihre liebste Mama den geliebten Papa geliebt hatte (dessen früher Verlust, obwohl sie ihn nie gekannt, sie stets betrübte). Rührend war es auch zu sehen, wie die Mutter nur in dem Gedanken an die Wiedervereinigung mit ihm gelebt hatte. Der Kummer der Königin wurde so beunruhigend, und so unaufhörlich flossen ihre Tränen, daß der Prinzgemahl sie schließlich ermahnen mußte, sich zu beherrschen und zu ihrer gewohnten Lebensweise zurückzukehren. Da trocknete die Königin, die ihm in allem gehorchte, ihre Tränen und fühlte sich nach einer Weile stark genug, um Besuche zu empfangen; ja, als der Hof nach Balmoral übergesiedelt war, hatte sie sogar an Ausflügen, die incognito unternommen wurden, und an Picknicks wieder ihre Freude.

Diese Fahrten, an denen sie und der Prinz unter dem Namen von Hofmitgliedern teilnahmen, bereiteten ihr das größte Vergnügen. Die Furcht, entdeckt zu werden und das Gelächter, wenn man sie erkannte, das aufregende Versteckspielen, selbst die Trostlosigkeit der Gasthöfe, in denen sie wohnten, und das schlechte, unzureichende Essen belustigten sie immer von neuem. Eines Tages wurde ein Gasthof, in dem sie eingekehrt waren, von einem Schwarm von Handlungsreisenden gestürmt, die Erfrischungen und Zimmer für die Nacht haben wollten. Ein Teilnehmer des Ausflugs kam auf die glänzende Idee zu erklären, der ganze Gasthof sei von einer Hochzeitsgesellschaft aus Aberdeen besetzt, worauf die Handlungsreisenden abzogen.

Auf diesen Ausflügen war ein Hochländer, John Brown, der ständige persönliche Diener der Königin. Er führte ihr Pony, wartete ihr bei Tisch auf und vereinigte, wie sie an den König der Belgier schrieb, „das Amt eines Reitknechts, Lakaien, Pagen und sozusagen auch eines Kammermädchens, da er geschickt mit Mänteln und Schals umzugehen versteht". Er war für die Bequemlichkeit der Königin bald so unentbehrlich geworden, daß er der Königlichen Hofhaltung beim Umzug von Balmoral nach Windsor folgen mußte.

Das Leben verlief glücklich, voller kleiner Freuden und Scherze. Beinahe schien es so, als werde nie Trübes kommen, als berge selbst der Staub noch die Keime eines neuen Frühlings. Aber zuweilen gewahrte die Königin, wenn sie ihren Mann ansah, einen leisen, beunruhigenden Schatten auf seinem Gesicht. Eines Morgens im November fuhr der Prinz bei immer stärker werdenden Regengüssen von Windsor nach Sandhurst, um die Königliche Militärakademie und Stabsschule zu besichtigen, die sich damals im Bau befand. Er kehrte erst um zwei Uhr nach Windsor zurück und erklärte der Königin, er sei ermüdet, die Kälte und der Regen seien ihm durch und durch gegangen. Seit vierzehn Tagen hatte er keinen Schlaf mehr gekannt. Am vierundzwanzigsten, zwei Tage nach seinem Besuch in Sandhurst, schrieb er in sein Tagebuch: „Ich habe starke rheumatische Schmerzen und fühle mich ganz schlecht; habe in den letzten zwei Wochen nachts kaum ein Auge zugemacht."

Trotzdem fuhr er am nächsten Morgen in der Frühe mit dem Zug nach Cambridge, um den Prince of Wales zu besuchen und eine gewisse Angelegenheit zu besprechen, deren wirklicher Tatbestand nie bekannt geworden ist. Es war wieder schneidend kalt und stürmisch, und der Prinz schrieb, daß er „noch immer sehr unpäßlich sei". Als er am andern Tag um einhalb zwei Uhr heimkam, sagte er, daß er sich „sehr elend" fühle. Er konnte wegen der Rücken- und Beinschmerzen nicht mit der Königin spazieren gehen, was er sonst jeden Nachmittag tat. An den folgenden Tagen hatten sich die Schmerzen und das Unbehagen noch gesteigert. Aber es sollte keine Ruhe für den erschöpften, übermüdeten Mann geben; denn es trafen Nachrichten über eine Verletzung der britischen Flagge durch Amerika ein, und der Prinz mußte sich mit der Angelegenheit befassen. Ein Kriegsschiff der Föderierten, die „San Jacinto", hatte anscheinend auf einen englischen Post- und Passagierdampfer, die „Trent", geschossen. Der Kommandant des Kriegsschiffes war an Bord der „Trent" gekommen und hatte erklärt, er habe Befehl, vier Kuriere der Südstaaten festzunehmen, die sich unter den Passagieren befänden. Dieser Vorfall mußte, wenn nicht auf der Stelle Genugtuung gegeben würde, zum Kriege führen. Deshalb entwarf der Außenminister, Lord John Russell, ein Eilschreiben an den britischen Gesandten in Washington mit der Weisung, sofort eine Entschuldigung zu verlangen und, wenn diese nicht erfolge, um seine Pässe zu bitten. Der Entwurf wurde am 30. November abends zur Genehmigung durch die Königin nach Windsor gesandt.

Am anderen Morgen um sieben Uhr war der Prinzgemahl so krank, daß er kaum die Feder halten konnte und mit unsicherer, zitternder Hand schrieb, und doch saß er bei der Arbeit, verbesserte den Entwurf, milderte die allzu schroffen Stellen und machte neue Vorschläge. Die Arbeit mußte trotz seiner Krankheit, trotz seiner hoffnungslosen Erschlaffung und seines verzweifelten Zustandes erledigt werden; denn das Wohl der Nation stand auf dem Spiel, und das war allein maßgebend. Deshalb schleppte sich der vom Tode gezeichnete Mann von seinem Bett zum Schreibtisch und saß und verbesserte und überarbeitete den Entwurf, der sein Land vor einem neuen Krieg bewahren sollte. Als das erledigt war, mußte er die Königin zu einer Besichtigung der Freiwilligen von Eton begleiten.

Es war ein warmer, dunstiger Tag, und doch hatte der Prinz, obwohl er in einen mit Pelz gefütterten Mantel gehüllt war, ein Gefühl, als würde ihm kaltes Wasser über den Rücken gegossen. Er ging langsam mit zögernden Schritten. Es war ihm, als habe sein Schatten greifbare Gestalt angenommen und wolle ihn zu sich herabzerren. Abends konnte er weder essen noch schlafen. Er lag zitternd und bebend im Dunkel. Und doch fanden die Ärzte noch keinen Anlaß zur Besorgnis. Sir James Clark versicherte der Königin, es handele sich nicht um schleichendes Fieber, und es bestehe keine Veranlassung, noch einen anderen Arzt zu rufen, wie Lord Palmerston vorgeschlagen hatte; man müsse nur Geduld haben. Aber der Schatten auf dem Gesicht des Prinzen wurde tiefer und dunkler; er lächelte der Königin nicht mehr zu und beachtete sie kaum. Ihr fiel sein sonderbarer, unsteter Blick auf.

Am 6. Dezember schrieb die Königin: „Er war um acht Uhr auf, und ich fand ihn in seinem Wohnzimmer. Er schien matt und erschöpft und sah nicht besser aus; er klagte auch, daß es ihm nicht besser gehe, und daß er nicht wisse, woher seine Krankheit komme. Ich sagte ihm, es sei Überarbeitung und Ärger. Er meinte: „Es wird mir zu viel, du mußt mit den Ministern sprechen." Dann erzählte er, er habe, als er wach lag, die kleinen Vögel gehört und dabei an die Vögel denken müssen, die er in seiner Kindheit in Rosenau gehört habe. Ich war ganz außer Fassung. Als die Ärzte eintraten, bemerkte ich, daß sie seinen Zustand weniger gut fanden und stärkeres Fieber feststellten. Ich ging auf mein Zimmer und hatte ein Gefühl, als müsse mir das Herz brechen."

Für die Ärzte bestand jetzt kein Zweifel mehr, daß sie sich geirrt hatten. Sie brachten der Königin so schonend wie möglich bei, welcher Art die Krankheit ihres Mannes war. Er leide, sagten sie, an gastrischem oder schleichendem Fieber. Aber immer noch leugneten sie, daß Anlaß zu Besorgnis bestehe. Das Fieber müsse sich austoben; es werde einen Monat dauern, und es sei nur Pflege nötig. Aber die Königin durchlebte diesen furchtbaren Traum, diese unwirklichen Tage und Nächte in namenloser Angst.

Und doch gab es noch flüchtige köstliche Augenblicke, in

denen sie glaubte, er müsse zurückkehren, es könne nicht wahr sein, daß er sie verlassen sollte. „Er freute sich so, wenn er mich sah", schrieb sie, „streichelte mir das Gesicht, lächelte und nannte mich 'liebes Frauchen'." Als er eines Morgens seine Fleischbrühe trank, „stützte ich ihn, und er lehnte seinen lieben Kopf – sein schönes Gesicht, schöner als je, ist so mager geworden! – auf meine Schulter, ließ ihn da eine Weile und sagte: 'So liegt sich's gut, liebes Kind!' Das hat mich sehr glücklich gemacht."

Am 14. Dezember kam etwa um sechs Uhr morgens einer der Ärzte zur Königin und erklärte ihr, er könne ohne Bedenken sagen, daß es dem Prinzen viel besser gehe; es bestehe die berechtigte Hoffnung, daß die Krise vorüber sei. „Ich ging um sieben Uhr hinüber", schrieb die Königin. „Es war ein klarer Morgen; die Sonne ging eben auf und schien hell. Das Zimmer schaute nach der Nachtwache trübselig aus. Die Kerzen waren bis auf die Halter herabgebrannt. Die Ärzte blickten besorgt. Ich trat ein und werde nie vergessen, wie schön mein Liebling aussah. Sein Gesicht war von der aufgehenden Sonne beleuchtet; in seinen Augen war ein ungewöhnlicher Glanz, sie schienen Niegesehenes zu schauen und nahmen keine Notiz von mir."

An diesem Tage, da er sie verlassen sollte, schienen die Stunden ein Gewirr aus angstvoller Verzweiflung und wilder Hoffnung. Um zwölf Uhr ging die Königin auf die Terrasse, um Luft zu schöpfen. In der Ferne spielte die Militärmusik eine lustige Weise, als sei es gar nicht Winter, und als läge kein Schatten über der Welt. Als die Königin das herzlose, lustige Liedchen hörte, brach sie in Tränen aus und ging wieder hinein. Dann packte sie neue Angst, als sie auf den Bericht der Ärzte wartete. „Wir sind sehr besorgt", sagten sie, „aber wir wollen die Hoffnung keineswegs aufgeben. Der Puls hält sich, er hat sich nicht verschlechtert."

Dann trat eine Veränderung ein. Es zeigte sich, sagte die Königin, „ein bräunlicher Schatten auf seinem Gesicht und seinen Händen. Albert beugte seine Arme und fing an, sein Haar zu ordnen, wie er es tat, wenn er gesund war und sich anzog. Das wurde als schlechtes Zeichen gedeutet. Seltsam! gerade als ob er sich für eine andere, größere Reise zurechtmachte."

Die Seelenangst der Königin war furchtbar. Die Ärzte versuchten, sie zu trösten und ihr Hoffnung zu machen, aber sie wußte mit dem Instinkt der Liebe, daß nun die größere Reise bevorstand. „Um halb sechs Uhr", schrieb Ihre Majestät, „ging ich hinein und setzte mich neben sein Bett. ‚Gutes Frauchen!' sagte er und ließ ein trauriges Stöhnen oder eher einen Seufzer hören, nicht vor Schmerz, sondern weil er wohl fühlte, daß er von mir ging, und dabei lehnte er seinen Kopf an meine Schulter."

Am späteren Abend verließ ihn die Königin für einen Augenblick, um ihrem Kummer freien Lauf zu lassen; aber als sie eine kleine Weile fort war, ließ Sir James Clark sie zurückkommen. Sie trat ins Zimmer und kniete zur Seite ihres Mannes nieder. Am Fußende des Bettes knieten der Prince of Wales und Prinzessin Helene, auf der anderen Seite Prinzessin Alice; im Dunkel des Hintergrundes standen Prinz Ernst von Leiningen, die Ärzte, der Diener des Prinzen, Lohlein, General Grey und der Dechant von Windsor. Tiefstes Schweigen erfüllte das Zimmer. Und als die Schloßuhr das dritte Viertel nach zehn Uhr ertönen ließ, wurde das müde, verstörte Antlitz des Mannes auf dem Bett hell und schattenlos – und schön, wie es vor fünfundzwanzig Jahren gewesen war, als er, ein Knabe von siebzehn, in den laubreichen Gärten des Kensington Palastes spielte.

Das Haus im Schatten

Osborne, den 8. Januar 1862 . . . „Voriges Jahr weckte uns Musik: kleine Geschenke, Neujahrsglückwünsche, im Nebenzimmer warteten die Kinder mit ihren Geschenken." Diesmal herrschte Schweigen, und die ganze Welt war wie mit einem schwarzen Schleier verhängt.

In den wesenlosen Tagen der Qual nach des Prinzen Tode wurden ganz mechanisch die Pflichten erfüllt und die Entscheidungen gefällt, dazu gehörte auch die Übersiedlung der Königin nach Osborne, am Tage nach dem Todesfall, auf Anraten König Leopolds. Dann mußte der geeignete Platz für ein Mausoleum in den Gärten von Frogmore ausgesucht werden, wo sie eines Tages wieder an der Seite ihres Mannes liegen sollte. Mit achtloser Hand unterschrieb sie Staatsdokumente, die ihr nichts bedeuteten. Prinzessin Alice und die Prinzessin Hohenlohe weinten mit ihr. Prinz Hohenlohe traf am 20. Dezember um Mitternacht ein, und die Königin begrüßte ihn, ganz verweint, auf der Treppe. Drei Tage später blickte sie zum letztenmal in das Antlitz ihres Mannes. Sie wußte nun, daß ihr Leben vorbei war.

Am 17. Februar 1862 schrieb sie an Lord Derby: „Es gibt kaum einen Ausdruck für die Trostlosigkeit und äußerste Trübsal der Königin. Alle Gefühle scheinen in den grenzenlosen Gram eingegangen zu sein. Sie sieht die Bäume sprießen, die Tage länger werden, die Primeln hervorkommen – aber sie wähnt sich immer noch im Dezember. Die Königin arbeitet von früh bis spät, geht zweimal am Tage aus, tut alles, was die Ärzte von ihr verlangen; aber dabei grämt und verzehrt sie sich, und es ist etwas in ihrer tiefsten Seele, das ihr Dasein zu untergraben scheint."

Der Rest des Lebens sollte fortan nur der Erinnerung an den

verlorenen Gatten gewidmet sein: Ehrung sollte auf Ehrung getürmt werden, ihm zum Ruhm und um seinetwillen. Ihr Volk mußte und sollte wissen, was für ein Mensch er gewesen war. Bücher sollten zum Preise seines Andenkens geschrieben, Statuen und Erinnerungsmale mit seinem Bild und seinem Namen errichtet werden. Als sie sein geliebtes Antlitz zum letzten Male erblickte, hatte sie gerufen: „Wird man ihm denn nun endlich gerecht werden?" Jede Handlung, ob bedeutend oder gering, jeder Gedanke war seinem Andenken geweiht. Bis an ihr Lebensende, so erzählt ihr Biograph, Sir Sidney Lee, ist sein Zimmer unverändert geblieben. Und solange sie lebte, beging der Hof den Jahrestag seines Todes in stillem Gebet. Auch sein Geburtstag, der Verlobungs- und der Hochzeitstag wurden wie Festtage eines Heiligen begangen. In diesem Kult fand sie eine Ablenkung für ihren tiefen Schmerz.

In ihrem schweren Gram während der „ersten beiden furchtbaren Jahre der Qual" hätte sie am liebsten alle Züge ihres einst so glücklichen Gesichts ausgelöscht, um nicht vom Spiegel an das Einst gemahnt zu werden. Die Pflicht, sich der Menge zu zeigen, verursachte ihr noch mehr Pein; denn dadurch wurde sie sich der ganzen Trostlosigkeit ihrer Lage bewußt. Dann merkte sie, die bis zu ihrem siebzehnten Lebensjahr keine Treppe hinuntergegangen war, ohne daß jemand sie an der Hand hielt, daß sie niemanden mehr hatte, der sie leitete oder führte. Sie war allein und sollte, was sie freilich nicht ahnen konnte, noch vierzig lange Jahre allein sein.

Ihre Aufzeichnungen „Weitere Tagebuchblätter aus dem Hochland" gewähren Einblick in ihren Kummer. So trug sie zum Beispiel über die Enthüllung des Denkmals für den Prinzen in Aberdeen (Dienstag, den 13. Oktober 1863) folgendes ein: „Ich fuhr zitternd hinaus, und als ich hinkam, war keiner da, der mich wie einst anleitete und mir sagte, was ich zu tun hatte." Es peinigte die Königin, sich einer Menschenmenge zu zeigen und in der Öffentlichkeit zu erscheinen; denn dann fühlte sie sich doppelt einsam. Sie mußte das Schloß verlassen und durch eine unwirklich erscheinende Menge dahinfahren, während die Erinnerung an das geliebte Wesen, das ihr einst zur Seite gesessen, sie nicht losließ. Und dann kam die Rückkehr in das Schloß – allein . . . Am schwersten von allem fiel ihr die Parlamentseröffnung. Am 22. Januar 1866 erklärte sie Lord Russell: „Will man es der Königin ermöglichen, etwas zu überstehen, das nur mit einer Hinrichtung verglichen werden kann, dann muß man ihr vor allem den Gedanken daran möglichst fernhalten. Deshalb würde ein Aufenthalt in Windsor, lediglich zu dem Zweck, zwei volle Tage auf diese schreckliche Prüfung zu warten, ihr ernstlich schaden . . . Die Königin muß schon sagen, daß sie den Mangel an Gefühl bei denjenigen sehr bitter empfindet, die sie auffordern, sich zur Parlamentseröffnung zu begeben. Sie kann durchaus verstehen, daß die Öffentlichkeit sie sehen möchte, und will sich dem auch nicht widersetzen. Weshalb aber dieser Wunsch so unvernünftig und gefühllos sein muß, nach dem Anblick einer armen Witwe mit gebrochenem Herzen zu verlangen, die, nervös und verschreckt, in tiefer Trauer als Schaustück in vollem Staat ganz allein an einen Ort geschleppt wird, wo sie früher nur in Begleitung ihres Mannes zu erscheinen pflegte, und die sich dabei ohne jedes Zartgefühl angaffen lassen muß – das kann sie nicht begreifen. Sie möchte es ihrem schlimmsten Feinde nicht wünschen, dem ausgesetzt zu sein."

Bald darauf war die Königin bei Lord Dallhousie zu Besuch. Sie fühlte sich, so nett auch alle zu ihr waren, müde, niedergeschlagen und verstört und empfand zum erstenmal in ihrem Leben, daß sie „allein in einem fremden Hause weilte, ohne Mutter und ohne Mann. Wie viele Besuche", schrieb die einsame Frau, „haben wir zusammen gemacht, mein Liebling und ich, und wie haben wir sie stets genossen! Selbst wenn sie lästig und förmlich verliefen, hatten wir doch das große Glück, beisammen zu sein und eine Welt für uns zu bilden." Nun war er von ihr gegangen, und die Königin fühlte sich „wie ein armer gehetzter Hase, wie ein Kind, das seine Mutter verloren hatte, ganz einsam, furchtsam und hilflos".

An manchen Tagen hatte sie das Gefühl, die Tür müsse sich öffnen und er müsse eintreten, jung und schön, wie sie ihn zum erstenmal gesehen hatte, das jugendliche Gesicht nicht vom Tode gezeichnet. Als sich Prinz Alfred auf Malta von einem typhösen Fieber erholte, schrieb sie an den König der Belgier: „Ich kann mir gar nicht vorstellen, wie jemand von diesem gräßlichen Fieber überhaupt genesen kann, da er (d. h. Prinz Albert) nicht genesen ist; und wenn der liebe Alfie, wie wir, unberufen, zuversichtlich glauben, sich wieder erholt, dann, meine ich, muß mein Liebling auch wiederkehren."

Sie lebte in einer ständig wachsenden Betrübnis. Im Juli 1863 starb ihr „geliebter, klügster, bester und ältester Freund", Baron Stockmar, und sie erklärte dem König der Belgier, der Verlust sei „vollkommen unersetzlich. Nach seinem Rat und seiner Hilfe hat mein Engel sich immer umgeschaut, und seine Sorgen und Ängste haben sich vermehr, als Stockmar fortgegangen war . . . Immer und immer hat er sich nach Stockmar gesehnt . . . Ach, geliebter Onkel, seit mein Liebling nicht mehr unter uns weilt, klammerte ich mich mehr und mehr an ihn und habe oft, sehr oft, seinen Rat und Beistand gesucht. Dieser Verlust ist für mich einfach unfaßbar. Ich kann überhaupt nicht daran glauben. Es ist zu schrecklich. Eins nur hält mich aufrecht: der glückselige Gedanke an die Wiedervereinigung der beiden gesegneten Geister, die einander so herzlich lieb hatten und sich so gut verstanden. Denn der liebe Stockmar sagte letztes Jahr zu mir, als er ein Bild meines Lieblings betrachtete: 'Es wird eine große Freude für mich sein, ihn wiederzusehen, meinen lieben, guten Prinzen'."

Ihr ganzes Leben hatte sich in ein Scheindasein verwandelt. Einst, an einem lieblichen Oktobertag, saß die Königin mit ihren Damen und Herren am Ufer des Loch Tay, wo sie den glitzernd weißen Quarz auflas und im Sand ihren Lunch einnahm. Plötzlich sah sie, daß sich in dem malvenfarbenen See alles so klar und deutlich spiegelte, als sei es eine andere wirkliche Landschaft. Aber jetzt konnte ja nichts mehr ganz wirklich sein – jetzt, da ihr Mann nicht mehr an ihrer Seite war, der den Prunk und Glanz, darin sie leben mußte, in eine glückliche, innige Häuslichkeit, der die furchtbaren Jahre der Weltgeschichte in glückliche, friedliche Stunden verwandelt hatte. Wie unwirklich nahmen sich doch die Geschicke der Völker neben dem glücklichen Dasein der einzelnen aus . . . etwa so unwirklich wie die Spiegelungen im See. Die große Königin war sich dessen bewußt – sie, in der sich Millionen Leben spiegelten, Millionen menschlicher Wesen, die ihr bescheidenes Dasein im Glück verbringen, die in der Liebe ihren höchsten Schatz sehen und ihr Heim als Zuflucht betrachten, nicht bloß vor den Stürmen des Himmels, auch vor dem Schicksal ... eine warme Zuflucht, ein schützendes Obdach. Schöpfung bedeutete für sie Kinder gebären. Ihre Liebe zu ihrem Mann war das irdische Spiegelbild ihrer Liebe zu Gott, dem sie getreulich diente, einem Gott, vielleicht nach ihrem eigenen Bilde gemacht, aber jedenfalls einem Gott der Güte und der edlen Erleuchtung. Sie war, wie Strachey sagte, ein Spiegel; aber nicht kalt und hart wie ein Spiegel; denn sie war aus Fleisch und Blut, warm und menschlich zugleich; mutwillig und voll Ausdauer. Ihr Wille war ihre Kraft; er glich den Wurzeln eines Baumes, naturhaft, ohne bestimmtes Ziel, aber zum Lichte aufstrebend. Das Böse vermochte ihr nichts anzuhaben. Wenn sie von einer Schlechtigkeit vernahm, sprach sie nur die Hoffnung aus, daß die Übeltäter nicht wüßten, was sie täten.

Die Augenblicke flogen, wenn auch draußen die Stürme der Weltgeschichte tosten, ebenso ereignislos, ebenso gleichmäßig dahin wie damals, als der liebe Albert noch lebte. In dieser Zeit schien für sie nur der gute, hilfreiche, unermüdliche und beherzte John Brown, ihr treuer Diener, wirkliches Leben zu haben, der mit seiner zottigen, kräftigen Erscheinung wie ein Hochlandrind aussah, und dessen struppige Augenbrauen stachligen Tannenzweigen glichen. Er war der Sohn eines schottischen Bauern und hatte viele Jahre in den Diensten des Prinzgemahls gestanden. Jetzt hatte er sich durch Treue, Beherztheit und Aufrichtigkeit die Zuneigung der Königin erworben, die wohl in ihm die verkörperte Loyalität ihres Volkes und einen bescheidenen Ersatz für den Menschen sah, auf dessen Hilfe zu bauen sie gewohnt war: Er war immer zur Stelle, wo es nötig war, jederzeit bereit, einen mutmaßlichen Attentäter zu fassen, ein paar durchgehende Pferde zu packen, aufdringliche Reporter zu verscheuchen oder mit seinem gesunden Menschenverstand zu raten. Es gab der Königin ein unbeschreibliches Gefühl der Geborgenheit, John im Hintergrund zu wissen, den verläßlichen, biederen, treu ergebenen, männlichen und ordentlichen John. Auf ihren Ausfahrten in Balmoral, an den kleinen Hochlandbächen entlang, deren Grün dem Gefieder eines Erpels glich, hinein in die stille, malvenfarbene Ferne, sah man bei dem

Gefolge von schwarzverschleierten Damen und schwarzgekleideten Herren stets seine derbe, zottige Gestalt im Kilt.

In seiner Gegenwart fühlte sie sich sicher trotz der Gefahren, die sie umgaben, und die sich von Monat zu Monat infolge der allgemeinen Unzufriedenheit und der Umtriebe der Fenier[1] vermehrten. General Grey war zum Beispiel von Hardy, dem Herzog von Buckingham und dem Herzog von Cambridge, die einen anonymen Brief erhalten hatten, von einem Plan benachrichtigt worden, die Königin während ihres Aufenthalts in Osborne zu entführen. General Grey erklärte der Königin, es sei zwar schwer zu glauben, da alles so friedlich und ruhig erscheine, daß in den stillen Wäldern und Tälern der Insel eine Gefahr lauern sollte; er müsse aber wiederholt zum Ausdruck bringen, daß gerade an solchen einsamen, friedlichen Orten wirkliche Gefahr bestehe. Wäre es also nicht besser für Ihre Majestät, in Windsor zu bleiben? Die Königin erwiderte, sie gedächte deshalb ihre Pläne nicht zu ändern und müsse „bitten, davon nicht wieder zu sprechen".

Aber das war nicht die einzige Gefahr. Der Herzog von Marlborough war durch eine telegraphische Warnung Lord Moncks aus Kanada in höchste Unruhe versetzt worden, wonach achtzig Leute sich in zwei Schiffen von New York aufgemacht hatten, um die Königin und verschiedene Regierungsmitglieder zu ermorden. Sie wollten nach Lord Moncks Mitteilung irgendwo am Bristol-Kanal landen. Obwohl Befehl gegeben war, diese Schiffe abzufangen, rechnete der Herzog von Marlborough doch für die nächsten drei bis vier Wochen mit beträchtlicher Gefahr. „Er meinte", so erklärt die Königin in ihrem Tagebuch, „daß Schiffe die Küste bewachen und Truppen hingeschickt werden sollten." Die Königin setzte hinzu, sie habe nachmittags mit Prinzessin Luise einen Spaziergang nach dem Schweizerhäuschen gemacht und sei dann in den Wald gefahren. Es sei aber sehr ungemütlich gewesen, sich in seiner Freiheit so beschränkt zu wissen; sie habe sich nervös und unruhig gefühlt. Am gleichen Tage, dem 20. Dezember 1867, teilte sie Lord Derby brief-

---

[1] Die „Fenier" sind eine politische Vereinigung für die Unabhängigkeit Irlands, 1857 in New York gegründet. (Anmerkung des Übersetzers.)

190

lich mit, seine Befürchtungen wegen ihrer späten weiten Ausfahrten nach Einbruch der Dunkelheit seien unbegründet; denn sie kämen sehr selten vor, und es reite stets ein Stallmeister zur Begleitung mit. Sie halte aber Windsor nicht für sicher, und nichts könne sie dazu bringen, nach London zu kommen, ehe sich nicht die Verhältnisse geändert hätten. Die Vorsichtsmaßnahmen, die man in Osborne getroffen habe, seien derartig, daß sie sich nicht viel besser als ein Staatsgefangener vorkomme. „Sie läßt sich dies wohl für kurze Zeit gefallen, aber nicht lange." Die Vorstellung, achtzig Männer mit kleinen kahnförmigen Hüten, Kautabak und Kaugummi, unheimlichen, knarrenden Stimmen und ruchlosen Absichten könnten auf zwei Schiffen landen und in den Gärten von Osborne herumlungern, muß sehr aufregend gewesen sein. Aber schließlich sickerte es durch, daß diese ruchlosen Menschen nur in der Einbildung existiert hatten. Auf jeden Fall war die Gegenwart und Wachsamkeit des getreuen Brown, der die ganze Treue ihres Volkes in einer Person verkörperte, ohne Zweifel eine Quelle des Trostes.

Der gute Brown besaß auch in hervorragendem Maße die angenehme Gabe, bei melancholischen Anlässen in einen Zustand überschwenglicher Trauer zu geraten und in die gleiche Tränenseligkeit, die die Königin an Lord Melbourne bewundert hatte. Es war für sie deshalb nicht bloß Leutseligkeit, sondern ein wahres Vergnügen, ihm schlimme Nachrichten zu bringen. Er blickt uns aus den Tagebuchseiten Ihrer Majestät durch eine wahre Kaskade von Tränen an, die er immer parat hatte, und die ihm bei jeder passenden Gelegenheit zur Verwunderung aller Zuschauer aus den Augen strömten. Immer wieder finden wir den Satz: „Der gute Brown war ganz überwältigt". In diesen Zustand konnte er ebenso leicht durch die Schenkung einer Keksbüchse wie durch eine Todesnachricht versetzt werden. Am 28. September 1878 zum Beispiel lag der arme Sir Thomas Biddulph sehr krank; als die Königin um dreiviertel eins im Gartenhaus Briefe schrieb, brach zu ihren Füßen ein Springquell von Tränen los, in dessen Mitte Brown deutlich zu erkennen war. Er sagte: „Es ist alles vorbei!" Die Königin setzte hinzu: „Der gute Brown ganz verstört und so nett und gefühlvoll." Als die Königin am „Heiligen Jahrestag", dem 26. August 1878, der Prinzessin Beatrice eine in erhabener Arbeit ausgeführte Emaillephotographie „unseres teuren Mausoleums" und einen silbernen montenegrinischen Gürtel geschenkt hatte, ließ sie nach dem Frühstück ihren getreuen Brown kommen und beschenkte ihn „mit einer Keksbüchse aus Silberoxyd und ein paar Onyxknöpfen. Er war darüber hocherfreut, die Tränen traten ihm in die Augen und er meinte: 'Das ist zu viel'." Aber die Königin sagte: „Es ist weiß Gott nicht zu viel für einen so ergebenen und treuen Menschen!"

Es ist eine traurige Tatsache, die kein gutes Licht auf die menschliche Natur wirft, daß herzlose, zynische Menschen, von den stets locker sitzenden Tränen des guten Brown befremdet, andere Ursachen vermuteten, zumal er unter dem Druck heftiger Gemütsbewegungen einen schwankenden Gang hatte. Tatsächlich erzählt man sich von ihm, daß er einmal, von der Last eines überwältigenden Kummers niedergebeugt, zu Boden gestürzt und in einer, wie es den Zuschauern schien, wohltätigen Bewußtlosigkeit einige Augenblicke liegengeblieben sei. Als der Königin der merkwürdige Vorfall berichtet wurde, antwortete sie gütig, auch sie habe deutlich ein leichtes Erdbeben verspürt. Die Treue des guten Brown war der einzige Trost in ihrer Trübsal, und seine Tränen schienen zu ihrem Gram zu gehören.

Solche dienende Treue schien das einzig Greifbare und Wirkliche zu sein. Eines Abends veranstaltete die Königin ein kleines Einzugsfest im „Glassalt Shield", dem festen, trotzigen Häuschen im Schatten der malvenfarbenen Berge, deren „Wildheit" für die Königin ein Born des Glücks und der Behaglichkeit war. Die Dienerschaft tanzte fünf Reels, und die Königin schaute zu. Dann bat Brown sie, zum Feueranmachen einen Whiskygrog zu trinken, was auch geschah. Aber von dem „netten, fröhlichen kleinen Ball" hörte die Königin nichts mehr, obwohl die Leute noch im Zimmer des Verwalters weitersangen; denn „der kleine Gang neben meinem Schlafzimmer hält alles ab". So ging es stets mit ihr; sie lag wach in der Dunkelheit, dachte an ihren Mann und bildete sich ein, ihn zu sehen. Schließlich sagte sie, halb getröstet, halb schlaftrunken: „Sicherlich ruht sein Segen auf dem Haus und seinen Bewohnern."

In dem Schattenreich, in dem die Königin lebte, sich bewegte und atmete, hatte keine Freude Bestand. Gesellschaften, die Hochzeiten ihrer Kinder, die Geburten der Enkelkinder – alles gab nur zu neuen Tränenausbrüchen Anlaß. Als der Prince of Wales von einem langen Aufenthalt im Nahen Osten heimkehrte, „war die Königin bei seinem Anblick ganz außer Fassung und empfand so recht, daß sein geliebter Vater nicht zugegen war, um ihn willkommen zu heißen. Er hätte mit großer Freude bemerkt, wie er sich herausgemacht hatte und wie strahlend und gesund er aussah."

In der Nacht vor Prinzessin Alices Vermählung mit dem Prinzen Ludwig von Hessen-Darmstadt konnte die Königin kaum Schlaf finden; es quälte sie schrecklich, die Hochzeitsvorbereitungen mit anzuhören. Als aber die Prinzessin früh morgens ins Zimmer der Mutter kam und sie um ihren Segen bat, erhielt sie ihn, und die Königin schenkte ihr ein Gebetbuch, wie sie eines von ihrer lieben Mama an ihrem glücklichen Hochzeitsmorgen bekommen hatte; bevor sie ihre „traurige Haube", wie die kleine Prinzessin Beatrice es nannte, aufsetzte, sah sich die Königin die ganze hübsche Ausschmückung an. Aber es bedeutete doch alles eine schwere Prüfung für sie, obwohl sie mit Tränen an sich hielt und unter großer Anstrengung während der ganzen Hochzeit ihre Fassung bewahrte.

Weit schlimmer als Prinzessin Alices Heirat aber war für sie die öffentliche Hochzeitsfeier des Prince of Wales. Zwar war die Königin von ihrer künftigen Schwiegertochter entzückt und liebte sie von ganzem Herzen. Aber sie konnte das neue Mitglied ihrer Familie nicht sehen, ohne in Tränen auszubrechen. Denn sie mußte an die Vergangenheit denken und an ihren eigenen herben Verlust.

An einem weißen, nebligen Tag, durch den man die hellen Lieder der Vögel hörte, am 7. März 1863, kam die künftige Princess of Wales in Begleitung ihrer Eltern und ihrer Schwester in England an. Früh morgens verließ der Prince of Wales Windsor Castle und begab sich nach Gravesend, um seine Braut einzuholen. Aber erst bei Einbruch der Dunkelheit begannen die Glocken zu läuten; man sah die Kutschen und das Geleit kommen. Alles stürzte an die Schloßtore; nur die Königin ging langsam die Treppe hinunter, kummervoll und allein. Schließlich erschien ihre künftige Schwiegertochter, sie sah, so schreibt die Königin in ihrem Tagebuch, wie eine Rose aus und trug eine violette pelzverbrämte Jacke und ein graues Kleid. Die Königin umarmte sie herzlich, ging aber nach einigen Augenblicken wieder trostlos und traurig auf ihr Zimmer. „Es war für mich furchtbar", schrieb sie, „daß all dies vor sich gehen mußte, daß Fremde kamen, und er, mein Geliebter, nicht dabei war." Drei Tage später, als die Hochzeit vorbei war, ließ sie in Gedanken die ganzen Ereignisse des Tages an sich vorüberziehen und schrieb in ihr Tagebuch: „Ich, die doch Liebe und Zärtlichkeit brauchte, saß allein und einsam da, während unsere beiden Töchter ihre liebenden Gatten haben, und Bertie mit seiner lieblichen, reinen, süßen Braut, einem Juwel, dessen Besitz ihn wahrhaftig glücklich macht, nach Osborne gefahren ist." Alles hatte nur wenig Eindruck auf sie gemacht; denn sie konnte an nichts anderes denken als an den Prinzgemahl. Sie erinnerte sich daran, wie sie gefröstelt hatte, als sie sich beobachtet fühlte. Prinzessin Lenchen hatte ein ganz reizendes, lilaweißes Kleid mit einer langen Schleppe getragen. Das „süße Baby" trug die gleichen Farben. Das „süße Baby" machte einen tiefen Hofknicks, als es seine Mama sah. Die Königin hatte sich niedergesetzt und fühlte sich traurig und verstört. Alles um sie herum erinnerte an ihren Geliebten. Sie hatte zuerst gar nicht bemerkt, daß Prinzessin Alice erschien. Sie sah sehr hübsch aus in einem violetten Kleid, das mit ihrer Hochzeitsspitze geschmückt war, und einer violetten Samtschleppe mit dem Besatz aus Fehpelz, den die Herzogin von Kent bei der Hochzeit der Princess Royal getragen hatte. Zuletzt kam die Princess Royal in einem weißen Seidenkleid mit ihrem Söhnchen, Prinz Wilhelm, an der Hand. (Was für ein lieber, guter kleiner Junge, wenn er es auch fertigbrachte, den Rauchtopas aus seinem schottischen Dolch herauszuklauben und durch das Kirchenschiff zu werfen, um seine jungen Onkels zu ärgern!) Als die Prinzessin ihre Mutter sah, machte sie einen tiefen Hofknicks „mit einem unbeschreiblich lieben und ehrfurchtsvollen Blick". Dann wurden wieder die Trompeten geblasen, und der Prince of Wales trat ein, blaß und nervös, in Begleitung des Prinzen von Koburg und des Kronprinzen von Preußen. Alle trugen die Tracht des Hosenbandordens. Er verneigte sich vor der Königin und blickte, während er auf seine Braut warten mußte, oft mit einem besorgten, langen Blick zu seiner Mutter hin, die darüber tief bewegt war. Endlich erschien zu den Klängen von Händels Festmarsch die junge Prinzessin, hell und lieblich wie der Frühlingstag.

Die Königin legte ihre Feder hin und versank in Träume. Was konnte sie sonst wohl noch von dem langen, verwirrenden Tag aufzeichnen? Sie erinnerte sich, daß sie heute zum erstenmal, seit ihr Lebenstraum zu Ende gegangen war, die Große Treppe hinuntergegangen war, um ihre beiden lieben Kinder zu umarmen. Das Hochzeitsregister wurde unterzeichnet, und ein Familienessen für achtunddreißig Personen fand im Speisezimmer statt. Sie aber aß allein mit der kleinen Prinzessin Beatrice. Danach kam der lange, ergreifende Abschied vom Brautpaar, bei dem alle hemmungslos weinten, und dann der letzte Blick auf das junge Paar, das in einem offenen Wagen abfuhr. Der Prince of Wales erhob sich dabei und blickte liebevoll zu seiner Mutter hinauf. Sie sah ihn durch die jubelnde Menge davonfahren . . . Ach, wie glich das doch alles jenem anderen Hochzeitstag vor dreiundzwanzig Jahren! War es denn möglich, daß diese Volksmenge wirklich einer anderen Braut und einem anderen Bräutigam freudig zujubelte? Oder würde sie, wenn sie sich umwandte, die geliebte Gestalt von einst wieder an ihrer Seite finden? Seltsam: seit er von ihr gegangen war, sah sie immer nur das junge schöne Gesicht, die strahlenden Augen mit ihrem hoffnungsfreudigen Blick – nie die gebeugte, matte Gestalt, das erschöpfte, entmutigte Antlitz des Mannes, der sich im Dienste ihres Landes aufgerieben hatte. Aber als sie sich umwandte, war niemand bei ihr in dem leeren Sonnenlicht, nicht einmal ein Schatten . . .

Sie blieb noch einen Augenblick wie wartend stehen. Dann fuhr sie in ihrem Wagen mit Prinzessin Lenchen zum Mausoleum und betete an der Ruhestätte des geliebten Mannes.

Der aufregende Tag voller Tränen und Kummer war vorüber. Aber die Königin war sich schlüssig, daß nach der nächsten Hochzeit eines ihrer Kinder von einem getrennten Haushalt keine Rede sein dürfe. Sie schrieb dem König der Belgier: „Eine verheiratete Tochter muß ich bei mir haben. Ich will nicht ständig auf fremden Beistand angewiesen sein und mir nur immer durchhelfen. Das ist zu schrecklich. Ich beabsichtige (und das entspricht auch ihrem eigenen Wunsch!), mich für Lenchen in ein bis zwei Jahren (denn ich will nicht, daß sie vor neunzehn oder zwanzig heiratet) nach einem verständigen jungen Prinzen umzusehen, der während meiner Lebenszeit mein Haus zu seinem Hauptwohnsitz machen kann. Lenchen ist so gut zu gebrauchen und nach ihrer ganzen Anlage zur Hausgenossin so geeignet, daß ich mich nicht von ihr trennen könnte, ohne unter der Last meiner Trostlosigkeit zu versinken (es sei denn, daß Alice ständig bei mir wohnte, was sie nicht tun wird). Das einzige, was sie verlangen muß, ist ein hinreichendes Vermögen, um im Falle meines Todes unabhängig leben zu können, viel gesunder Menschenverstand und hohe moralische Gesinnung."

Unterdessen ging das große Unternehmen, dem Volk durch das geschriebene Wort den wahren Wert des Mannes, den man verloren hatte, einprägsam vor Augen zu führen, rüstig vorwärts. Sir Arthur Helps, der nach Anleitung der Königin wie ein Maulwurf arbeitete, förderte ganze Haufen von Ansprachen und Reden des Prinzen zu Tage. General Grey verfaßte, ebenfalls nach Anweisungen Ihrer Majestät, eine Lebensgeschichte des Prinzen von seiner Geburt bis zu seiner Heirat. Die Königin machte ihm für diese Arbeit vertrauliche Schriftstücke zugänglich, die sie mit eigenhändigen Anmerkungen versah. Das Buch erschien 1867. Aber das große Werk sollte erst noch kommen: Mr. – später Sir Theodore – Martins vollständige Biographie des Prinzen, deren Abfassung vierzehn Jahre in Anspruch nahm und deren letzter Band erst 1880 erschien. Aber auch dieses Werk wurde nicht ohne Verdruß und Verzögerungen vollendet, über die man erst hinwegkommen mußte. So findet sich zum Beispiel ein höchst rätselhafter Brief der Königin an Martin vom 19. Januar 1874: „Was die Stelle betrifft, die sie (die Königin) gestrichen haben will, . . . so fühlt und weiß sie, daß durch solche Anspielungen manche treuen Diener sich verletzt fühlen könnten; sie ist aber der Meinung, daß die Empfindungen solcher Menschen stets in demselben Maße zu berücksichtigen sind wie unsere eigenen."

Trotz aller Mißhelligkeiten kam Martins Arbeit doch endlich

zum Abschluß. Aus seinem riesigen Werk ersteht zwar eine Gestalt; aber es ist nicht das rührende, leidende, liebende Menschenkind, nicht der Mann, dessen herzliche Liebe zu seiner Familie, dessen leidenschaftliches Mitleid mit den Hilflosen kaum übertroffen werden konnten, wie Bolitho ihn darstellt. Zwar sind alle seine Tugenden und keine seiner Schwächen aufgezeichnet. Aber er erscheint dabei als ein ziemlich banaler, in seiner Vollkommenheit unlebendiger Mensch, ohne Licht und Schatten: ein Charakter von unglaubhafter Vollendung. So schilderten ihn alle seine früheren Biographen. Tennyson hat zu den schlichteren Prosa-Verherrlichungen noch den Glanz seiner Verse gestellt, aus denen sich eine Gestalt erhebt, die überhaupt nicht mehr die des Prinzen ist, sondern ein Märchenritter, ein fader Heiliger auf einer gemalten Fensterscheibe.

Außer mit diesen Lobeshymnen beschäftigte sich die Königin noch mit der Errichtung von Bauwerken, Statuen und Erinnerungsmalen zu Ehren des Prinzen. Einen Monat nach seinem Tode war ein Ausschuß gebildet und eine Sitzung in Mansion House einberufen worden, um zu erörtern, ob zu seinem Gedächtnis ein Denkmal oder ein Institut erbaut werden solle. Eine Subskription wurde veranstaltet und die Königin nach ihren Wünschen gefragt. Ihre Majestät schien einen Granit-Obelisken mit Skulpturen am Sockel einem Institut vorzuziehen. Es bestanden jedoch technische Schwierigkeiten: der Ausschuß war der Meinung, daß ein wirklich eindrucksvoller Obelisk aus einem Stein bestehen müsse. Aber wo sollte man einen Granitblock finden, aus dem sich ein Monolith von hinreichender Größe heraushauen ließ?

In diesem Augenblick erschien Gilbert Scott auf der Bildfläche, der Erbauer des Albert Memorials. Es ist hier angebracht, die frühere Tätigkeit dieses ausgezeichneten Mannes zu betrachten. Er verdankte, wie Strachey zutreffend bemerkt, seine beherrschende Stellung in der Architektur ebenso seiner persönlichen Tüchtigkeit und seiner schlichten Frömmigkeit wie seinem hervorragenden Talent. Architektur bedeutete für ihn vor allem Symbol. Er wollte zum Beispiel, wenigstens bis zu seiner Demütigung durch Lord Palmerston, nichts mit dem klassischen Stil zu tun haben, der ihm zu sehr nach dem italienischen Volk und seinem unglücklichen Hang zum römischen Katholizismus schmeckte. Nur durch das „Aufstrebende" der englischen Gotik konnte seiner Meinung nach der Pfad des Lichts gefunden werden. Das hat er ganz klar in einem Brief an den Herausgeber des „Ecclesiologist" auseinandergesetzt, wo er betont, daß Pugin, der begabte Bewunderer der englischen Gotik, die besondere Eignung des gotischen Stils für alle Bauten einer christlichen Nation bewiesen habe. – „Er (d. h. Pugin) weist auf das Vorherrschende der aufstrebenden Tendenz in allen Formmerkmalen eines gotischen Bauwerks hin. Er spricht von den Pfeilerbündeln als den ‚Wahrzeichen brüderlicher Liebe, da ein jeder Pfeiler die Last des anderen tragen hilft und jeder den anderen im Emporstreben unterstützt, bis alle sich oben im Himmelsgewölbe vereinigen'. So wie aller Ziel das Himmelsgewölbe ist, so beseelt sie auch alle der Geist freiwilliger Liebe. Nichts Kriechendes ist zu sehen, kein Architrav wiedersetzt sich mit drückender Last dem Emporstreben. Alles trägt und dient wahrhaftig; aber es ist freiwilliger Liebesdienst."

Kein Wunder, daß Scotts Entwürfe für den Neubau der Regierungsgebäude in Whitehall gotische Bauwerke darstellten. Es wäre auch alles gutgegangen, wenn nicht bei einer Regierungsumbildung Lord Palmerston Ministerpräsident geworden wäre. Dieser Mann, der dem Prinzen Albert das Leben zur Last gemacht hatte, schickte sich nun an, Scott zu einem Märtyrer zu machen. Er gefiel sich „in allerlei elenden Schikanen, die nur durch sein Alter zu entschuldigen sind". Er sagte dem empörten Scott, daß er auf einem Entwurf in italienischem Stil bestehen müsse. Schließlich blieb Scott trotz seines Abscheus gegen diese gemeine Zumutung nichts anderes übrig, als sich in das Unvermeidliche zu fügen und unter dem Mitgefühl der Nation (wie er erzählt) einen streng – oder doch nicht ganz streng – klassischen Entwurf zu machen. Aber es tröstete ihn, daß „sogar Ruskin ihm erklärte, er habe ganz richtig gehandelt". Und noch tröstlicher ist es, daß er im Jahre 1865 den Auftrag erhielt, die Kopfstation der Midland-Bahn und das St. Pancras Hotel zu bauen, und daß er bei diesen Gebäuden endlich seine Ideale verwirklichen konnte. Nun aber sollte seine Erfahrung einem Werke zugute kommen, das zwar von geringerem Ausmaß, aber doch von größerer Bedeutung war als seine früheren Arbeiten: dem Albert Memorial.

Von Anfang an hatte die Idee des Erinnerungsmals auf Scott große Anziehungskraft ausgeübt. Er bedauerte allerdings die Form, die es anscheinend erhalten sollte, und „unternahm es, zu seiner persönlichen Befriedigung und Freude, als man noch an einen Monolith-Obelisken dachte, diese Idee mit einem christlichen Denkmal in Einklang zu bringen, indem er ein großes, prächtiges Kreuz für die Spitze vorsah". Scott zeigte der Königin seinen Entwurf erst, wie er geflissentlich versichert, als der Gedanke an einen Obelisken endgültig aufgegeben war. Zu seinem großen Stolz wurde er als Erbauer des Erinnerungsmals ausersehen, das unter seiner Leitung jetzt eine weit ernstere Gestalt angenommen hatte. „Ich dachte beim Entwurf für das Erinnerungsmal", so bekommen wir zu hören, „an eine Art Ziborium als Schutzgehäuse für eine Statue des Prinzen. Das Besondere an diesem Ziborium war, daß sich der Entwurf bis zu einem gewissen Grade an die alten Heiligenschreine anlehnte. Solche Schreine stellten Phantasiebauten vor, wie sie in Wirklichkeit nie errichtet worden sind." Das Erinnerungsmal erhielt auf Wunsch der Königin seinen Platz möglichst nahe der Stelle, wo die Große Ausstellung in London stattgefunden hatte, und „im Mai 1864 wurde der erste Spatenstich getan".

Angefeuert durch ein Festessen, vollendeten die Arbeiter schließlich ihr großes Werk, und im Juli 1872 durften sich die treuen Untertanen der Königin seines Anblicks freuen. „Dieses Erinnerungsmal", schrieb Daily Telegraph, „ist ganz gewiß das vollkommenste und geschmackvollste Trauermonument, das der moderne Geist hervorgebracht hat. Hätten wir so gewaltige Werke von schöner Erfindung und gewissenhafter Arbeit in einem italienischen Weingarten oder auf einem griechischen Hügel ausgegraben, so würden die Kritiker sie vielleicht nicht gerade für Überreste aus dem perikleischen Zeitalter halten. Aber sie würden, wenn sie Augen hätten, ihre Anmut, ihren Geist, ihre Schönheit und ihren Realismus preisen. Die Statue der ‚Amerika' ist ein Hymnus auf den nationalen Fortschritt in beredtem Marmor, und hätte Mr. T. Theed seine ‚Afrika' einst für Dido oder Sophonisbe geschaffen, dann wäre er mit Freuden in mauretanischem Silber nach ihrem vollen Gewicht dafür bezahlt worden. Es ist wahrhaft ein Besitz, der die Hauptstadt schöner macht, und der sich vor den ausländischen Besuchern sehen lassen kann. Sie werden ihm sicherlich Bewunderung und Beifall zollen, zumal wenn sie bedenken, daß ein Zeitalter, das als geldgierig und ideallos verschrien ist, dieses feine, köstliche Sakramentshäuschen der Künste zum Gedächtnis eines Mannes aufgerichtet hat, dessen Hauptruhm zwei Dinge ausmachen: seine eigene vollendete Pflichttreue im Leben und im Tode die unwandelbare Treue seiner Witwe. Solange das Denkmal steht, werden die nach unten und nach oben weisenden Engel all denen, die 'Ohren haben, zu hören', verkünden, daß der beste Weg in den Himmel über die stille Pflichterfüllung auf Erden führt.“

So sehr sich auch die Königin über dieses vornehme Werk freute, stolzer war sie auf das noch größere Denkmal für den Prinzen, die „Idylls of the King“ und deren Widmung. Diese Widmung führte zur Freundschaft zwischen Königin und Dichter. Um deren Entwicklung zu verfolgen, müssen wir um ein paar Jahre zurückgehen.

Die Königin und der Poeta Laureatus

Im Arbeitszimmer eines Hauses zu Boxley bei Maidenhead saß am 19. November 1850 ein Mann, der in seiner Erscheinung die Erhabenheit Homers mit der Korrektheit des Schulvorstehers Arnold in Rugby und die Rauheit der Alpen mit der Stille eines englischen Sonntags in fast gleicher Stärke vereinigte, sozusagen ein Zusammenklang von Kuhgeläut und Kirchenglocken . . . Er las einen Brief.

Die Landschaft draußen vor dem Fenster wirkte mit den herbstlichen Bäumen, dem dichten Gras und dem rauschenden Wasserfall gepflegt und wild zugleich, wie der Dichter selbst. Tennyson schaute vom Briefe auf und blickte mit sichtlicher Befriedigung hinaus. Vor kurzem hatte sein Freund Carlyle ihn einen „durch die Poesie verdorbenen Leibgardisten" genannt. Jedoch der eben angekommene Brief bewies, daß er für das irdische Leben wenigstens noch nicht ganz verdorben war. Er enthielt nämlich die Mitteilung, daß Ihre Majestät Tennyson zum Poeta Laureatus ernannt habe.

Diese Ehrung verdankte er der tiefen Bewunderung des Prinzgemahls für „In Memoriam". Sie stellte auch so etwas wie einen Lohn für die sittliche Größe des Dichters dar. Er ließ sich zum Beispiel unter keinen Umständen von seiner Wahrhaftigkeit abbringen, und sein Sohn bezeugt, daß er zu sagen pflegte: „Ich würde mich selbst von meinem größten Helden und meinem liebsten Freunde lossagen, wenn er eine Frau kränkte oder belöge." Man erzählt sich von ihm, daß er sich einmal bei einer Gartengesellschaft auf ein leises knirschendes Geräusch hin zu der Dame neben ihm gewandt und gesagt habe: „Junge Frau, Ihr Korsett knarrt!" Aber seine Wahrheitsliebe war so groß, daß er fünf Minuten darauf in den fernen Teil des Gartens hinüberging, wohin sie sich geflüchtet hatte, und hinzusetzte: „Junge Frau, ich hatte unrecht, es war nicht Ihr Korsett, sondern meine Hosenträger!"

Von der gleichen Gewissenhaftigkeit zeugten alle seine Handlungen, ob sie nun bedeutend oder geringfügig waren, und es verband sich mit ihr, seltsam genug, ein Sinn für Spaß, der ihn nur manchmal überkam, dann aber ungewöhnlich ausgeprägt war.

Tennyson hatte seinen Aufstieg zur Geltung nicht erwartet; denn sein Vorgänger Wordsworth war schon einige Monate tot. Es kam ihm deshalb wie ein seltsames Zusammentreffen vor, daß er just in der Nacht vor Empfang des Schreibens geträumt hatte, der Prinzgemahl sei erschienen und habe ihn auf die Wange geküßt. Auf dieses Zeichen der Zuneigung hatte der Dichter im Traum erwidert: „Sehr freundlich, aber sehr deutsch!" Einige Tage lang war sich Tennyson darüber im Zweifel, ob er die Würde eines Poeta Laureatus annehmen sollte oder nicht. Aber schließlich tat er es doch. Er führte diesen Entschluß darauf zurück, daß sein Freund Venables ihm bei Tisch erzählt hatte, er würde als Poeta Laureatus künftig bei Festessen immer vom Geflügel das beste Stück, nämlich den rechten Flügel, bekommen.

Die Stellung erwies sich durchaus nicht als Sinekure; denn kaum war die Nachricht von der Ehrung bekannt geworden, als auch schon sämtliche Versemacher im Königreich den Poeta Laureatus mit Briefen, Bitten um Ratschläge und, was das Schlimmste war, mit Gedichten bombardierten. „Täglich überschwemmen mich die zwei Millionen Poeten Großbritanniens", seufzte er. Aber unverdrossen kam der Laureatus den Pflichten seines Amtes nach. Als man ihn aufforderte, das Gedächtnis der Großen Ausstellung im Kristallpalast zu feiern, schrieb er die folgenden Zeilen und nahm sie in die Huldigung an die Königin auf, die der siebenten Auflage seiner Gedichte vorangestellt ist:

Sie hat ein großes Werk gewirkt,
Europen und die Welt erfaßt,
die Fernen freundschaftlich umzirkt
als Brüder im Kristallpalast.

Die Strophe ist, wie Sidney Lee in seiner Biographie der Königin mit Bedauern feststellt, nicht wieder gedruckt worden. Sieben Jahre später wünschte Ihre Majestät eine neue Strophe für „God save the Queen!", die auf einem Konzert im Buckingham-Palast am Abend des Hochzeitstages der Princess Royal gesungen werden sollte. Der Laureatus entsprach ihrer Bitte mit zwei Strophen, die am 26. Januar 1858 in der „Times" veröffentlicht wurden und große Anerkennung fanden:

> God bless our Prince and Bride!
> God keep their lands allied,
>   God save the queen!
> Clothe them with righteousness
> Crown them with happiness,
> Them with all blessings bless,
>   God save the queen!

> Fair fall this hallow'd hour,
> Farewell our England's flower,
>   God save the queen!
> Farewell, fair rose of May!
> Let both the peoples say,
> God bless thy marriage-day,
>   God bless the queen!

Das war aber nicht sein einziger Triumph. „Die Reiterattacke von Balaklawa" begeisterte Soldaten und Zivilisten derartig, daß Tennyson John Forster berichten konnte: „Mein Freund Chapman schrieb mir folgendes: Einer meiner Bekannten von der ‚Gesellschaft zur Ausbreitung des Evangeliums' erzählte, ein Geistlicher aus der Krim habe an die Gesellschaft geschrieben: Sie könnten uns im Augenblick keinen größeren Gefallen erweisen, als wenn sie Tennysons ‚Reiterattacke von Balaklawa' auf Flugzetteln versenden würden. Es ist das Lieblingsgedicht der Soldaten. Die halbe Armee singt es, und alle wollen es schwarz auf weiß haben, um auch lesen zu können, was sie so hingerissen hat."

Tausend Abdrucke des Gedichts wurden von dem Laureatus verschickt.

Leider war er nicht immer so populär. Das Gedicht „Maud" erregte einen derartigen Sturm, daß Dr. Dunn sich gezwungen sah, eine Verteidigungsschrift „Zur Rechtfertigung Mauds" zu veröffentlichen. Ein Kritiker hatte anscheinend das Gedicht als „verkrampft" bezeichnet, ein anderer hatte entdeckt, daß es „eine nachlässige, phantastische und unwirkliche Allegorie des russischen Krieges" sei. Ein dritter konnte sich nicht darüber schlüssig werden, ob das Gedicht nicht besser „Mad" (d. h. verrückt) oder „Mud" (d. h. Schmutz) heißen sollte. Ein vierter fand, daß „Mad" die richtige Bezeichnung sei, und daß diese Verrücktheit erst den „Ton überspannter Sentimentalität" entschuldige, in den das Gedicht verfalle. Schließlich erhielt der Dichter noch das folgende, leider nicht unterzeichnete Schreiben:

„Mein Herr! Ich habe Sie angebetet; jetzt hasse und verabscheue ich Sie, Sie Bestie! Sie wollen wohl Longfellow nachahmen! In Abscheu Ihr . . ."

Es sollte noch viel schlimmer kommen. Die Moral des Dichters wurde ernsthaft verdächtigt. Das „Athenäum" war über den Ton des „Enoch Arden" entsetzt: „Was haben wir wohl dabei zu gewinnen, wenn wir dem Publikum solche Gedichte vorsetzen? Haben sich Dichter und Erzähler etwa entschlossen, der Vielmännerei den Weg zu ebnen? Sollen die jungen Frauen der kommenden Zeit in dem bequemen Glauben erzogen werden, daß es eine poetische Beiläufigkeit und nicht ein düsteres, schmachvolles Elend ist, gleichzeitig zwei Ehemänner zu haben? Wenn nicht, wozu dann diese ganze Prostitution der Kunst? Enoch konnte sich nach seiner Heimkehr nicht ohne einen richtigen Betrug, nicht ohne das Verbrechen heimlicher Billigung von seiner Frau und seinen Kindern fernhalten und sie in dem Hause eines anderen Mannes lassen. Für aller Seelenheil und -reinheit wäre es besser gewesen, wenn er durch Bekanntgabe seiner Heimkehr mit diesem Zustand sofort Schluß gemacht hätte. Daß sein verstecktes Herumlungern in der Kneipe und am Hafen, womit er vor aller Welt täglich ein Lügendasein führte, als heroische Tat hingestellt werden kann, das gehört zu den Geheimnissen einer angekränkelten Epoche." Es bleibt immerhin ein Trost, daß „Lady's Magazine" zu beweisen vermochte, daß

Mrs. Arden im Sinne des Gesetzes der Bigamie nicht schuldig war, da sie länger als sieben Jahre von ihrem ersten Manne nichts gehört hatte.

Der Streit erhob sich 1864, nach dem Tode des Prinzgemahls, dem also der Schlag erspart blieb, den sittlichen Ruf des Poeta Laureatus mit solchem Makel behaftet zu sehen. Aber in anderen Stürmen hatten er und die Königin dem Dichter ihre Bewunderung unvermindert bewahrt.

Farringdon House, das sich Tennyson gerade erbaut hatte, lag nicht weit von Osborne, und der Prinz besuchte einmal den Dichter. Er fuhr in die blaue Ferne hinein, in der die wehenden Bäume alt wie Wellingtons Generäle wirkten. Unter der großen, goldenen Sonne, zwischen dem grünen jungen Laub leuchteten die hellen Häuser. Die Landleute, die beim Bier saßen, riefen ihm fröhlich zu, die kleinen Mädchen in ihren zusammengebundenen Kleidern knicksten. Alles sah friedlich und glücklich aus, als habe das Zeitalter der Maschine noch gar nicht begonnen, als gebe es keine Arbeitslosenfrage, keinen schrecklichen Lord Palmerston, der „uns das ganze Leben verbittert", als seien Politik und Überarbeitung nur Schatten im Winter.

Der Besuch des Prinzen kam so unerwartet und jagte der Dienstmagd, die die Tür öffnete, solchen Schreck ein, daß sie ihn nicht vorbei ließ. Sie mußte erst aus der Tür entfernt werden, ehe er eintreten konnte.

In der erst halb eingerichteten Bibliothek plauderten die beiden Männer einige Stunden lang. Sie beide verkörperten viele der besten Eigenschaften des Victorianischen Zeitalters: Selbstlosigkeit, Hochherzigkeit, Weitblick und geistige Unabhängigkeit. Der Stallmeister pflücke derweil einen kleinen Strauß wilder Blumen für die Königin. Dann stieg der vor der Zeit gealterte Mann, der bald sterben sollte, den Pflichtgefühl und Überarbeitung in den Tod trieben, wieder in seinen Wagen und kehrte nach Osborne zurück.

Bald darauf erschienen die „Idylls of the King", ein Werk von makelloser Reinheit, trotz einer oder zweier sehr bedenklicher Stellen. „Quarterly Review" schrieb darüber: „Die Keuschheit und sittliche Höhe dieses Bandes, seine wesentliche, tiefe, dabei aber durchaus nicht lehrhafte Christlichkeit, zu der sich ebenbürtige Ausdruckskraft gesellt, dürften im ganzen Umkreis der englischen Literatur nicht ihresgleichen finden ... Er mußte sich auf ein Gebiet begeben, das jedes anderen Fuß hätte straucheln lassen. Wir wissen durchaus nicht, ob Lanzelott oder Ginover ohne seine instinktsichere Herzensreinheit und seine hohe Gestaltungskunst selbst für reife Leser unbedenklich wären."

Der Prinzgemahl war von dem Buch entzückt. Er schrieb an den Dichter, entschuldigte sich, daß er ihn in seiner Mußezeit gestört habe und bat ihn für sein Exemplar des Buches um ein Autogramm. Der Laureatus erwiderte, die Liebe des Prinzen für die Gedichte sei nur dadurch zu erklären, daß er „unbewußt" sein eigenes Bild in ihnen erkenne.

Drei Jahre später, nach dem Tode des Prinzen, besuchte der Dichter die verwitwete Königin in Osborne. Er erzählt darüber: „Sie stand blaß und statuenhaft vor mir und sprach mit einer ruhigen, unsagbar traurigen Stimme. Es war etwas von erhabener Unschuld um sie." Sie sagte ihm, daß nächst der Bibel sein „In Memoriam" ihr Trost gebe. Der Laureatus erklärte, der Prinz hätte ein ganz großer König werden können, und sie entgegnete: „Er sagte immer, es sei gleichgültig, ob er recht handle oder nicht, wenn nur überhaupt das Rechte getan werde."

Die Zuneigung der Königin zum Poeta Laureatus wurde noch größer, nachdem er die „Idyllen" dem Andenken des Prinzen gewidmet hatte. Wertschätzung wurde zur Freundschaft, Freundschaft zur aufrichtigen Zuneigung. Sie hatte an Unterhaltung und Briefwechsel mit ihm ihre Freude, obgleich in seinen Briefen ein Ton war, den ihm gleichzeitig seine hohe Berufung wie sein Amt einzugeben schienen. Späterhin gab er den schon ziemlich priesterlichen Briefen an seine Herrscherin noch eine besondere elegische Würde. Er sprach von sich selbst wie von einem Fremden: „Der alte Dichter", „Ihr alter Dichter", „Der alte Dichter sendet Segenswünsche" usw. „Ihr alter Dichter dankt für das Gedenken an seinem Geburtstag". Auf diese Weise war er Zuschauer und erster Schauspieler in einem und genoß in vollen Zügen die rührende Eindringlichkeit des Briefwechsels zwischen der verehrten, geliebten Herrscherin, „so einsam in ihrer

Höhe", und ihm, dem Untertan, dem Stolz der Nation, dem großen Dichter, dessen edles Haupt sich unter der Last seiner Lorbeeren beugte.

Das Verhalten der Königin gegen den Dichter offenbart die ganze Wärme und Schlichtheit ihres Wesens und ihre Fähigkeit, zu verehren. Die Freundschaft, die sich zwischen ihnen entwickelte, gereicht beiden zur Ehre. Es ist zu bedauern, daß seine zunehmende Gebrechlichkeit und die Entfernung seine Besuche in den letzten neun Jahren vor seinem Tode unmöglich machten. Die Königin schreibt in ihrem privaten Tagebuch, daß sie zuletzt am Dienstag, dem 7. August 1883, mit dem großen Dichter Tennyson im Zimmer des geliebten Albert beinahe eine Stunde lang zusammen gewesen sei. Sie bemerkte, daß er sehr alt und fast blind geworden war. Sie bat ihn, Platz zu nehmen, und sie sprachen von den vielen Freunden, die er verloren hatte, und von der Unsterblichkeit. Er redete „mit Abscheu von den Ungläubigen und Philosophen, die einem einreden möchten, daß es keine andere Welt und keine Unsterblichkeit gebe, und die alles auf erbärmliche Weise wegzudisputieren versuchen." Sie sprachen auch über Irland und die „Gemeinheit, arme Tiere zu mißhandeln". „Es kommt mir beinahe so vor", sagte Lord Tennyson (denn damals war er schon Peer), „als sei die Welt verdüstert. Aber ich glaube, es wird wieder lichter in ihr werden." Die Königin erzählte ihm abermals, welch ein Trost „In Memoriam" für sie gewesen sei. Er erwiderte, sie „könne sich gar nicht vorstellen, wie viele schändliche Schmähbriefe er deswegen bekommen habe". „Unglaublich!" schreibt die Königin in ihr Tagebuch. Beim Abschied dankte sie ihm für seine Güte und meinte, sie bedürfe ihrer sehr, denn sie habe sehr viel durchgemacht. Er sagte: „Sie sind so allein in Ihrer furchtbaren Höhe ... Ich habe bloß noch ein bis zwei Jahre zu leben; aber es wird mich beglücken, alles was in meinen Kräften steht, für Sie zu tun. Rufen Sie mich nur immer, wenn Sie mich brauchen."

Nach seiner Heimkehr schickte der Laureatus einen Brief voll sorgender Anteilnahme an die „Liebe und Verehrte Frau, meine Königin." Auch bei Shakespeare, schrieb er, fänden sich Stellen, die auf ihre Lage anzuwenden seien:

O hartes Los, du Zwilling jeder Größe!
und:
Welch endlos Glück entbehren Könige,
des schlichtes Volk sich freut . . .

Dann erwähnte er dezent „die Einsamkeit des Thrones" und „die vielen Verluste Eurer Majestät" und sprach in rührender Weise von „jenem jüngsten Verlust Ihres treuen Dieners". Vor kurzem war nämlich John Brown gestorben. Es wurden noch weitere Briefe gewechselt. Die Königin schickte ihrem Dichter Photographien von einem „Lebenden Bild" nach „Elaine", die gebührend bewundert wurden. Aber sie sah ihn nicht wieder. Krankheit und die Schwierigkeit, bei dem schlechten Wetter Besuche zu machen, beraubten sie dieses Trostes und ihn der Freude, obwohl noch neun Jahre zwischen ihm und der Unsterblichkeit lagen, an die sie beide glaubten.

Es ist tröstlich, zu wissen, daß das Ende, wie Ihre Majestät in ihrem Tagebuch erzählt, des bedeutenden Mannes würdig war. Er starb mit der Hand auf seinem Shakespeare und vom Mondlicht überglänzt.

Die Königin, Disraeli und Gladstone

Im Dezember 1868 trat zur kaum verhüllten Bestürzung Ihrer Majestät Disraeli, der sich nach zehnmonatiger Ministerpräsidentschaft bereits die Gunst der Königin erworben hatte, vom Amt zurück. Sie sah sich nun genötigt, Gladstone mit der Bildung eines neuen Kabinetts zu beauftragen, – Gladstone, der im Gespräch mit ihr stets so tat, als rede er in einer öffentlichen Versammlung.

Während der zehn Monate der Regierung Disraeli hatte die Königin eine seit ihrer Verwitwung ungewohnte Betriebsamkeit entfaltet. Nach einer großen Gesellschaft im Buckingham-Palast im März hielt sie am 20. Juli eine Parade über siebenundzwanzigtausend Freiwillige im Park von Windsor ab und gab zwei Tage darauf eine öffentliche Nachmittagsgesellschaft in den Gärten des Buckingham-Palastes.

Seit dem Erscheinen Gladstones aber herrschte im Schloß eine nüchterne Sonntagsstille, die nur durch eifrige Arbeit unterbrochen wurde.

Die Charaktere der beiden Männer waren durch eine weite Kluft getrennt. Beide besaßen auf ihre Weise Größe, freilich ganz entgegengesetzter Art. Gladstones schroffe Erscheinung entbehrte nicht einer gewissen, glänzenden Geschmeidigkeit, während Disraelis Gesicht und Gestalt in vollständiger Verknöcherung begriffen schienen und jede Politur vermissen ließen. Sir John Skelton schreibt bei der Schilderung eines Zusammentreffens mit Disraeli im Jahre 1862: „Der gewaltige Magus war mit seinem olivfarbenen Teint, seinen kohlschwarzen Augen und der mächtigen Kuppel seiner Stirn (kein christlicher Tempel fürwahr!) ganz anders als andere Lebewesen, denen ich begegnet bin. Ich hatte ihn nie zuvor bei Tageslicht gesehen. Das

Tageslicht unterstreicht noch das Fremdartige seiner Erscheinung. Das Gesicht gleicht mehr denn je einer Maske, und der Unterschied zwischen ihm und gewöhnlichen Sterblichen tritt stärker hervor. Ich hätte mir einreden können, mit Hamlet, Lear oder dem Ewigen Juden am gleichen Tisch zu sitzen ... Man sagt, und zwar mit Recht, der Mann sei ein Schauspieler. Und doch ist der endgültige Eindruck der eines unbedingt lauteren und offenherzigen Menschen. Grant Duff[1] will durchaus nur den Fremdling in ihm sehen und fragt, was England ihm, was er England bedeuten könne? Aber gerade in diesem Punkt haben die Leute unrecht. Ob Whig, Radikaler oder Tory – das heißt für ihn nicht allzuviel. Aber, das „größere Venedig", das Imperium, in dem die Sonne niemals untergeht, das ist die Vision, die ihn im Banne hält! Oder ich müßte mich sehr täuschen. England ist für ihn das gelobte Land, und er wird vor seinem Tode Minister des Imperiums sein, wenn sich für ihn die Möglichkeit bietet."

Diese beiden Männer also, die von gleicher Vaterlandsliebe beseelt, deren Anschauungen aber einander entgegengesetzt waren, wachten abwechselnd über das Schicksal der Nation. Auch ihre Lebensgewohnheiten waren einander diametral entgegengesetzt. So hielt zum Beispiel der junge Gladstone bei Mondschein im Kolosseum um die Hand seiner späteren Frau an, die ihn zunächst durch ihr Frömmigkeit angezogen hatte, und wiederholte seinen Antrag später in einem Garten in England. Sie nahm seine Hand an, tiefbewegt durch sein Geständnis, daß er ursprünglich Geistlicher habe werden wollen und die politische Laufbahn nur erwählt habe, weil sein Vater sich seinem Wunsche widersetzte. Dabei habe ihn die Erkenntnis gleitet, daß man auch als Politiker sein Leben dem Ruhm der Kirche widmen könne. Man stelle sich ferner vor, daß Gladstone an seinem Hochzeitstage um fünf Uhr mit seiner Frau in der Bibel las oder daß Mr. und Mrs. Gladstone eine Köchin erst nach einer längeren Unterhaltung über Religion in ihren Dienst stellten. Wie ganz anders war dagegen der ältliche, aber immer glänzende Disraeli, von dem sein Biograph Sichel sagt: „Er wirkte wie ein

---

[1] Grant Duff, liberaler Politiker, (1829–1906). (Anmerkung des Übersetzers.)

Byron vom Mittelmeer; denn die Disraelis stammten von Juden ab, die niemals die Küsten des Mittelmeers verlassen und schon vor den Goten in Spanien Ansehen besessen hatten." Man versuche sich vorzustellen, wie er als alter Mann im Nachthemd mit Mrs. Disraeli, auch im Nachtgewand, einen Hochländer tanzte, als sie von dem Glück eines Freundes erfahren hatten. Wenn man sich diese Verschiedenheit klar macht, versteht man, warum die beiden politischen Gegner niemals persönliche Freunde sein konnten, obwohl Gladstone eine – übrigens erwiderte – Zuneigung zu Disraelis Frau hegte.

Man kann wohl sagen, daß Gladstones Sympathien dem Mittelstand gehörten. Er besaß auch die Tugenden des Mittelstandes. Disraeli dagegen sympathisierte mit der Arbeiterschaft, für deren Wohl er unablässig wirkte, und mit der alten Aristokratie, deren Gesellschaft er der neuen vorzog. Pitt, erklärte er, „schuf eine plebejische Aristokratie und vermischte sie mit der patrizischen Oligarchie. Er machte Peers aus zweitklassigen Landedelleuten und dicken Viezüchtern, die er in den Seitengassen von Lombardstreet auflas und aus den Geschäftskontoren herausholte." Disraeli hatte für diese Anbetung und Rangerhöhung des Besitzes nichts übrig und mißbilligte sie um so mehr, wenn sie zur Ausbeutung der Armen führten. Vor langer Zeit, schon in einer Rede von 1848, hatte er darauf hingewiesen, daß der Radikale Hume „den Besitz zur Grundlage des Wahlrechts" mache, genau wie die Whigs im Jahre 1832, und daß dies „wieder zum Übergewicht der Bourgeoisie führen müsse".

„Ich für meine Person", fuhr er damals fort, „glaube, daß der Besitz in diesem Hause ausreichend vertreten ist . . . Das Haus wird nicht vergessen, was diese Klasse mit ihrer Gesetzgebung geleistet hat. Ich bediene mich des Wortes „Mittelstand" ohne jede Mißachtung. Niemand vergegenwärtigt sich mehr als ich, was die städtische Bevölkerung für die Freiheit und die Zivilisation der Menschheit getan hat. Aber ich rede von dem Mittelstand als einer Klasse, die offen nach der Vorherrschaft trachtet. Es empfiehlt sich deshalb festzustellen, wie weit die Tatsachen das Vertrauen in ihre politische Befähigung rechtfertigen. Erst gegen Ende des vorigen Jahrhunderts hat der Mittelstand sich zu bedeutendem Einfluß aufgeschwungen . . . hauptsächlich durch

Pitt ... Die Abschaffung der Sklaverei war eine hochherzige, edle Tat, wurde aber, wie das Ergebnis gezeigt hat, ohne jede Sachkenntnis durchgeführt. Ich frage mich immer wieder, wieweit dadurch die Schrecken der Sklaverei verschlimmert wurden ... Der Mittelstand hat zwar die Neger befreit, aber kein Gesetz über den Zehnstundentag eingebracht ... Er befaßte sich auch mit der Parlamentsreform und hat das Reformgesetz durchgebracht. Aber man beachte, daß er dabei die alte Freiheit der Industrie wegen angeblicher Korruption zerstört und nichts an ihre Stelle gesetzt hat ... Danach versuchte er es mit einer Handelsreform und führte unter der irreführenden Bezeichnung Freihandel die freie Wareneinfuhr ein. Wie aber wurde das Interesse der Arbeiterschaft bei dieser dritten Maßnahme berücksichtigt? Etwa mehr als bei der Kolonial- und Parlamentsreform? Im Gegenteil! Während man ungeniert für die Interessen des Kapitals eintrat, wurde der zurückgesetzten Arbeiterschaft weder Trost noch Entschädigung zuteil. Man erklärte ihr lediglich, sie müßte sich damit abfinden, in der Masse aufzugehen."

Ohne jeden Zweifel hat Disraeli, der nicht nur ein Byron des Mittelmeeres, sondern auch ein orientalischer Aristokrat war, eine Abneigung gegen den Mittelstand gehegt, soweit man bei einem so gerecht denkenden Mann überhaupt von Abneigung gegen etwas reden kann, das auch Vorzüge besitzt. Er verabscheute auch den Utilitarismus. Eine seiner bedeutendsten Fähigkeiten war es, in die Zukunft schauen zu können. In seinem Roman „Der junge Herzog" verkörperte er in der Gestalt des Utilitariers Duncan Macmorragh nicht nur eine gewisse Geisteshaltung, er ahnte auch unsere heutige Roboterzivilisation voraus. „Duncan Macmorragh", schrieb er, „sezierte die Schöpfung und machte sich damit einen Namen. Er wetterte heftig gegen die Gebirge und bewies durch die Art seines Angriffs, daß er aus dem Tiefland stammte. Er legte die Zwecklosigkeit aller Erhebungen dar und erklärte die Anden für die Aristokraten des Erdballs. Flüsse verdammte er in Grund und Boden und bewies die völlige Nutzlosigkeit ihres Daseins ... Er belehrte uns darüber, daß wir uns ganz zu Unrecht für die Krone der Schöpfung hielten. Er bekannte im Gegenteil, daß bereits verschiedene Maschinen viel wichtiger seien als die Menschen, und er zweifelte nicht, daß die Dampfmaschine und der mechanische Webstuhl eine höhere Rasse erzeugen würden."

Auch Gladstone war zweifellos ein Idealist, aber sein Idealismus war ganz anderer Art als der seines politischen Gegners. Buckle hat recht, wenn er in seiner Biographie Disraelis sagt: „Jeder bewunderte und achtete die hohen parlamentarischen Eigenschaften des Gegners. Aber Gladstones Achtung war mit tiefer sittlicher Mißbilligung gepaart. Diese Haltung wurde bestärkt durch die, wie Disraeli sie nannte, ‚gespreizte und nörgelnde Gesellschaft hoher Anglikaner', mit denen Gladstone vertrauten Umgang hatte. Sie alle nahmen an Disraelis Aufstieg großes Ärgernis."

Gladstone und Disraeli waren zum erstenmal 1835 auf einem Essen beim Lordkanzler zusammengetroffen. Der damals sechsundzwanzigjährige Gladstone wurde anscheinend durch seinen glänzenden Gegner in den Schatten gestellt, der als Gast berühmter Salons „das phantastische Geglitzer zweifelhafter Edelsteine ausstrahlte", wie Lord Morley sich ausdrückt. Gladstone erwähnte ihn daher überhaupt nicht. Disraeli hingegen erzählte seiner Schwester, er habe „den jungen Gladstone" getroffen, fuhr dann aber fort, die beste Tischgesellschaft sei ein „ganz weißer, zarter, mit Trüffeln gefüllter Schwan" gewesen.

Schon damals zeichnete sich Gladstone durch Ernst und hohes Pflichtgefühl aus. Er aß zum Beispiel an Sonntagen nicht auswärts, nicht einmal bei Sir Robert Peel. Dabei hielt er, wie Lord Morley erzählt, „die kleinen gesellschaftlichen Verpflichtungen streng inne, soweit es wirkliche Pflichten waren". Er beobachtete die Etikette der kleinen Besuche auf das peinlichste und machte an manchen Nachmittagen, wie er schreibt, deren zwölf oder gar vierzehn.

Das Ende solcher kleinen Besuche mag von den etwas oberflächlicheren Hausfrauen mit einer gewissen Erleichterung begrüßt worden sein; denn die Unterhaltungen mit Gladstone waren ausschließlich ernster und sogar belehrender Natur und wurden noch ernster, je älter er wurde. In seiner späteren Zeit besuchte er eines Sonntags Tennyson und erörterte mit ihm Goschens Gemeinderats-Entwurf und andere soziale Reformen,

Lacordaire[1] und den liberalen Kollektivismus. Die Unterhaltungen mit der Königin Victoria, die nach den Regeln der Etikette von ihr zu führen waren, nahmen dagegen notwendigerweise einen oberflächlichen, höfischen Ton an. Nach einem Brief Gladstones an seine Frau wurde etwa über folgendes gesprochen: Prinz Humbert, Garibaldi, Lady Lyttelton, Lucy, Rauchen, Kleidung, Mode, Prinz Alfred, seine Versorgung und seine Zukunftspläne, den Besuch des Prince of Wales in Dänemark, die Staatseinkünfte, Lancashire, auswärtige Politik, die Tagespresse, die Gepflogenheiten der gegenwärtigen Generation, junge Leute, junge verheiratete Frauen, Klubs, Lord Clarendons Reise, die Ansichten des Prinzgemahls über Kleidung und Mode, die Ansichten des Prince of Wales darüber, Sir Robert Peel, die falsche Auslegung fremder Namen und Wörter, das Ansehen des englischen Volkes im Ausland, den erfreulichen Mangel an Auseinandersetzungen und Streitigkeiten im Auswärtigen Amt.

„Die Natur", schreibt Lord Morley, „hatte ihn mit vielen hervorragenden Gaben ausgestattet. Ob auch der Humor dazu gehörte, darüber pflegten sich seine Freunde zu streiten. Niemand, der ihn kannte, wird leugnen, daß er gern fröhlich war und eine dem Humor verwandte, gewinnende Heiterkeit besaß. Für seine Neigung zu Scherzen legen seine Reden tausendfältigen Beweis ab. Er hatte Sinn für Spaß und Possen; aber es war vorher nie ganz sicher, wie er einen Witz aufnehmen würde.

Mit Lektüre machte Gladstone es sich nicht leicht. Im Jahre 1885 hat der Sechsundsiebzigjährige in seinem Bildungsdrang folgende Bücher verdaut: Bodleys „Werke aus dem Nachlaß", Bauchamonts „Anekdoten", Cuviers „Theorie von der Erde", Whewells Buch über „Astronomie", „Das Leben von R. Gilpin", Hennells „Untersuchung", Schmidts „Soziale Wirkungen des Christentums", Miß Martineaus Autobiographie, Andersons „Herrlichkeit der Bibel" und Borrows „Der Weg zur Wahrheit".

Dieser merkwürdige Mann übernahm nun das Amt des Ratgebers Ihrer Majestät an Stelle Disraelis. Disraeli hatte nach nur

[1] Lacordaire, berühmter Kanzelredner in Paris (1802–1861). (Anmerkung des Übersetzers.)

zehnmonatiger Ministerpräsidentschaft die Gunst der Königin gewonnen, und zwar durch seine große Bereitwilligkeit, ihr Werk zu wahren, durch seine Beweglichkeit, seine glänzende Persönlichkeit, seinen Witz und seine Gewohnheit, offizielle Schreiben mit etwas Klatsch zu beleben, weil er wußte, daß es Ihrer Majestät Vergnügen machte. Diese Gaben und seine graziöse Schmeichelei, die von der Königin allerdings nur als Scherz genommen wurde, verliehen den Beziehungen schon zu Beginn einen eigenartigen Reiz.

Sowohl Disraeli wie Gladstone hatten ihrem lieben verstorbenen Gatten ihre Hochachtung gezollt. „Der Prinz", erklärte Disraeli Ihrer Majestät, „ist von allen Menschen, die ich je gekannt habe, der einzige, in dem das Ideal Wirklichkeit wurde. Keiner meiner sonstigen Bekannten ist ihm jemals darin nahe gekommen. In ihm vereinigten sich männliche Schönheit, erhabene Schlichtheit, Ritterlichkeit und der Glanz attischen Geistes. Die einzige Gestalt der englischen Geschichte, die ihm in mancher Hinsicht gleicht, ist Sir Philip Sidney: er besaß die gleiche Hochgestimmtheit, die gleiche Kraft, die gleiche seltene Verbindung von romantischem Feuer und klassischer Ruhe." Doch damit nicht genug! Die Bekanntschaft mit dem Prinzen, sagte Disraeli, war eines der „förderlichsten Ereignisse seines Lebens; er verdankt ihr viele schöne Erinnerungen, und er hofft, daß sie einen besänftigenden und erhebenden Einfluß auf den Rest seines Lebens ausüben wird".

Die Königin sah in diesem Lob keine Übertreibung; sie vergaß vollständig, daß der Lobredner noch vor Jahren „der schreckliche Mr. Disraeli" gewesen war und schickte den Hymnus an Sir Arthur Helps, damit er sehen könne, welch wunderschönen Brief sie bekommen hatte. Lord Derby erzählte Disraeli, sie habe die Sprache des Briefes „ebenso beredt" gefunden, „wie irgendeine der schönsten und berühmtesten Reden". Vielleicht war der Brief auch wirklich ganz aufrichtig gemeint. Denn Disraeli hatte in einer vor vielen Jahren verfaßten Schrift erklärt: „... ein großer Geist, der denkt und empfindet, ist niemals wankelmütig und niemals unaufrichtig ... Unaufrichtigkeit ist das Laster der Narren und Wankelmut der Fehler eines Schurken."

Gladstone sprach vom Prinzen mit der gleichen Hochachtung, aber mit weniger Wärme. Sein Lob beim Tode des Prinzen tat der Königin sehr wohl. Aber in einer privaten Aufzeichnung, die nie zur Kenntnis der Königin gelangt ist, hatte er geschrieben: „Mein Lob ist unparteiisch; denn er hat mich weder bezaubert noch beherrscht und hat mich lediglich durch seine Urteilskraft und Gewissenhaftigkeit angezogen. Ihm fehlte, meiner Ansicht nach, Freiheit, Natürlichkeit und Beweglichkeit, teils wegen seines Hangs zur ständigen Grübelei, teils wegen seiner unbeirrbaren Zurückhaltung in allem, was er sprach und tat. Dadurch wirkte er schweigsam und frostig, und er war dabei doch stets bescheiden, aufrichtig und freundlich, sogar Menschen gegenüber, die auf solche Behandlung gar keinen Anspruch hatten."

Gladstone hatte zwar 1845 eine „ganz nette Unterhaltung" mit dem Prinzen über eine englisch-preußische Urheberrechts-Konvention gehabt. Aber seine Haupterinnerung, zehn Jahre danach, war peinlicher Art. Sie betraf eine sehr interessante, aber enttäuschende Unterredung in Windsor über das päpstliche Dogma der Unbefleckten Empfängnis. Der Prinz hatte gesagt, er freue sich darüber; denn es werde dazu beitragen, das ganze System bloßzustellen und auffliegen zu lassen. Gladstone vertrat einen anderen Standpunkt: „Wir sind alle an dem Wohlbefinden und Wohlerhalten jener großen kirchlichen Gemeinschaft interessiert, und alles, was auf die Vorherrschaft der schlechteren Einflüsse in ihr über die besseren hindeutet oder sie gar fördert, ist tief zu beklagen." „Es war", so fährt Gladstone betrübt fort, „keine Zustimmung, nicht einmal unter Vorbehalt, zu erreichen."

Ganz abgesehen von solchen Enttäuschungen, hatte sich Gladstone auch später nie etwas aus Besuchen in Balmoral gemacht, obgleich er an „den schwarzgrünen Kiefern, dem grauen Gefels und den unendlichen Heidekrautstrecken" seine Freude hatte, während Disraeli die papageiengrünen, glattgeschorenen Rasenflächen vor den Fenstern Ihrer Majestät liebte. Zwar hatte Gladstone vor vielen Jahren – 1845 – alles versucht, um sich an den ziemlich oberflächlichen Zeitvertreib nach den Mahlzeiten zu gewöhnen. Er hatte sogar das Kartenspiel „Commerce" mitgespielt.

Aber jetzt waren alle Ansätze zur Heiterkeit verschwunden, und die Sonntage waren eine Enttäuschung. Gladstone hatte sich vergebens nach bischöflichen Gottesdiensten erkundigt. Es wurde anscheinend im Umkreise von fünfzehn Meilen kein einziger abgehalten. Allerdings gab es Familienandachten und nach dem Tee einen Gottesdienst im Speisezimmer, der aber nur vierzig Minuten dauerte. An einem anderen Sonntag war Gladstone schon zufriedener; es fand nämlich in der Mädchenklasse der Freikirche ein Gottesdienst statt. Dafür war aber an diesem Tage in Balmoral kein Geistlicher und infolgedessen auch kein Gottesdienst im Speisezimmer. Disraeli dagegen genoß jeden Augenblick des Tages. Er war entzückt, mit der Königin im Bibliothekszimmer – „zwischen guten Büchern sehr behaglich" – zu speisen. Ihm war, als säße er bei einem Junggesellen in sehr schönen Räumen des Albany [1], und er berichtet ohne jede Ironie: „Der Herzog von Edinburgh sprach viel über ausländisches Obst, und er war ein guter Plauderer."

Auch die Schriftstellerei bildete ein starkes Band zwischen der Königin und ihrem früheren Ministerpräsidenten. Sir Arthur Helps hatte Disraeli einen frühen Druck des „Hochlandtagebuchs" zugeschickt, und Disraeli sagte zu ihm, er habe es mit großem Interesse gelesen: „Es ist unverkünstelt und lebendig in seiner Art, glücklich in der Schilderung, und hat jene Anmut, die mir stets für unsere königliche Herrin so charakteristisch erscheint. Das Buch ist frisch und duftig wie das Heidekraut, in dem es entstanden ist."

Dieses Lob bereitete natürlich Freude, und als Disraeli der Königin gar noch alle seine Romane schenkte und in seine Gespräche häufig die Wendung „wir Schriftsteller" einfließen ließ, hatte er sie endgültig für sich gewonnen.

Zunächst hatte es den Anschein, als ob sich auch der schwerfällige Gladstone der Notwendigkeit bewußt sei, seiner Herrscherin zu gefallen. Der Dechant von Windsor hatte ihm Ratschläge gegeben, wie man die Hypochondrie der Königin und ihre tiefe Abneigung gegen öffentliches Erscheinen am besten

---

[1] Das „Albany" sind Häuser mit vornehmen Junggesellenwohnungen in Piccadilly, London. (Anmerkung des Übersetzers.)

behandeln könne. Der „preux chevalier" hatte erwidert: „Ehrerbietung, Mitgefühl und Anteilnahme verpflichten mich, soweit es in meinen schwachen Kräften steht, meine Beziehungen zu Ihrer Majestät genauestens zu durchdenken. Sie ist Frau und Witwe, liebt die Wahrheit, ist Herrscherin und Wohltäterin ihres Landes. Was für Ehrentitel!"

Man muß jedoch zugeben, daß es nicht so vergnüglich war, „Frau, Witwe und Wohltäterin des Landes" zu sein wie „Fee" und „Titania", ein zartes Wesen, das durch Bezauberung herrschte. Dieses Gefühl verstärkte sich, als die Wohltäterin des Landes zwei Schrifstücke erhielt: „Über den allgemeinen politischen Zweck und die Wirkung der Maßnahme" (d. h. des Gesetzentwurfs über die Entstaatlichung der Irischen Kirche) und eine trockene „Inhaltsangabe der Hauptbestimmungen des Gesetzes". Sobald sie diese Schriftstücke bewältigt hätte, werde Gladstone nach Osborne kommen, um die Angelegenheit zu besprechen. Aber die Königin konnte sie nicht bewältigen, ebensowenig wie Theodore Martin, an den sie sich in ihrer Verlegenheit gewandt hatte; als die Königin Gladstone bat, das Geheimnis zu lüften, antwortete er „in sechs sorgfältig mit Gründen versehenen Kapiteln".

Es war also klar, daß Ihre Majestät gelangweilt und mit Arbeit überlastet werden mußte; zu aller Schwerfälligkeit Gladstones kam noch hinzu, daß er auf ihre geschwächte Gesundheit gar keine Rücksicht nahm. Vergebens schickte ihm die Königin Berichte über ihre Krankheitserscheinungen, vergebens sprach ihr Arzt, Sir William Jenner, mit ihm und sandte ihm Bulletins. Er ließ sich nicht davon abbringen, daß sie sich in der Öffentlichkeit zeigen müsse. Ihr eigener Privatsekretär, General Grey, war, ohne daß sie es wußte, eines Sinnes mit ihm; ja, er trieb ihn noch zu weiteren Vorstößen an. Gladstone verstieg sich sogar zu dem Versuch, sie während ihres Erholungsaufenthaltes in Balmoral zu stören. Während einer dieser Ruhepausen war der Khedive Ismail, bei dem der Prince of Wales während seines Aufenthaltes in Ägypten zwei Monate lang zu Besuch geweilt hatte, nach England unterwegs. Würde Ihre Majestät ihn gastlich empfangen? Jawohl, Ihre Majestät wollte ihn für einen Abend nach Windsor einladen, falls er kein großes Gefolge mitführe. Sie müsse sich aber „auf das Entschiedenste gegen die Zumutung verwahren, in dem einzigen Schloß, das sie für sich habe, . . . sämtliche ausländischen Potentaten, denen es beliebe, zu ihrem Vergnügen hierher zu kommen, als Gäste zu empfangen".

Lord Russell und Lord Palmerston vertraten entschieden die Meinung, daß man von ihr als Frau ohne Gatten, die mit Regierungsgeschäften überbürdet und bei ihrer geschwächten Gesundheit den Anstrengungen der Repräsentation nicht gewachsen sei, nicht verlangen könne, wie früher Fürstlichkeiten in ihr Haus zu laden . . .

„Es macht sie ganz krank, daß sie nicht imstande ist, ihre Pflichten zu erfüllen. Aber sie kann es nun einmal nicht." Wenn Gladstone sie weiter damit quäle, ausländische Fürstlichkeiten zu empfangen oder das Parlament zu eröffnen, würde sie sich von ihrer Müdigkeit gar nicht erholen können. Das war noch nicht einmal alles!

Ihre Majestät sollte eine Brücke bei Blackfriars einweihen – bei ihrer angegriffenen Gesundheit und in der Julihitze! Das hätte ihr Disraeli niemals zugemutet! Ihre Majestät sagte ziemlich entschieden ab. Ihr Brief enthielt derartig viel unterstrichene und mit großen Buchstaben geschriebene Wörter, daß er sich wie ein stürmisches Meer ausnahm, auf dem ihre schwankende Gedankenfracht einem unbekannten, unberechenbaren Ziele zutrieb.

Die Parlamentsaussprache über die Irische Kirchenfrage stand bevor. Würde Ihre Majestät im Falle einer Krise ihre für Mitte August vorgesehene Rückkehr nach Balmoral nicht lieber aufschieben? Ihre Majestät erwiderte, sie würde ihre Reise, wenn es unbedingt nötig sei, um zwei bis drei Tage verschieben.

Unermüdlich drang Gladstone in sie. Er wies darauf hin, daß Balmoral viele hundert Meilen entfernt sei, und daß es nicht ratsam für die Herrscherin sei, während der Sitzungen des Parlaments so fern zu weilen. Ob sie nicht auch ihren Beschluß wegen der Brücke bei Blackfriars nochmals überprüfen wolle? Das Volk liebe es, mit der Königin in persönlichem Kontakt zu stehen. Es sei nicht bloß ein Gebot der Klugheit, sondern auch ihre Pflicht, sich von Zeit zu Zeit in der Öffentlichkeit zu zeigen. Sie fand sich wenigstens dazu bereit, die Brücke einzuweihen – allerdings nicht im Juli, denn die Hitze wäre wirklich zu anstrengend für sie, sondern im November. Trotz ihrer Abneigung bereitete ihr die Feier beinahe doch noch Vergnügen. „Diese höchst geglückte und angenehme Fahrt und Feier . . .", „die große Menschenmenge, die sich unter Hochrufen verneigte" . . . Sie erklärte, noch nie so viele begeisterte, anhängliche und freundliche Menschen gesehen zu haben. Das sei mitten im Herzen von London sehr bemerkenswert, wo, wie es heiße, die Leute nichts Gutes im Schilde führten und man ihnen alles mögliche zutrauen könne.

Die Königin bemerkte, sie „habe sich gefreut und erleichtert gefühlt, daß alles so gut vonstatten gegangen sei. Es hätte keinen angenehmeren Verlauf nehmen können." Dann folgte allerdings eine trübseligere Bemerkung: „Es war eine harte Prüfung für mich, so ganz allein mit meinen Kindern in einem offenen Wagen unter den Tausenden . . ."

Gladstone hatte durch seine ungeheure Energie und Entschlossenheit schon halb und halb gesiegt. Aber der Königin war dabei nicht wohl zumute, und in den nächsten fünf Jahren, von 1869 bis 1874, wurde ihr Unbehagen immer größer. Gladstone und sein Kabinett führten unermüdlich Reformen ein: Reformen der Irischen Kirche, des irischen Bodensystems, der Parlamentswahlen und der Justizverwaltung. Zwar hat Gladstone ihre Rechte in loyaler Weise immer wieder verteidigt, zum Beispiel, als es hieß, ihre Einkünfte seien so groß, daß sie die Heiratsausstattung für ihre Kinder ohne Sonderbewilligungen des Parlaments davon bestreiten könne. Er teilte auch ihre Besorgnisse über die wachsende Reiselust des Prince of Wales, die sie seiner inneren Ruhelosigkeit zuschrieb, und die ihn zuweilen in außerordentliche Gefahren brachte. Während seines Aufenthaltes in Amerika hätte er sich beinahe von Monsieur Blondin in einem Karren auf dem Drahtseil über die Niagarafälle fahren lassen.

Man konnte nicht behaupten, daß Ihre Majestät gegen Reformen war. Als der Gesetzentwurf zur Entstaatlichung der Irischen Kirche in Vorbereitung war, vertiefte sie sich mit Feuereifer in die Frage, ob man der Marine das Tragen von Bärten gestatten solle oder nicht . . . Nichts, was die Regierung ihres Landes betraf, war zu gering für das Interesse der Königin. In späterer Zeit mußte Lord Rosebery auf ihren Wunsch einem Gerücht nachgehen, wonach der Generalgouverneur von Kanada, Lord Aberdeen, einmal wöchentlich mit seiner Frau, seiner Familie und seinem Stabe in der Gesindehalle speiste. Obwohl Lord Rosebery Ihre Majestät darüber beruhigen konnte, ist das Gerücht nach vielen Jahren, als Lord Aberdeen Statthalter von Irland wurde, wieder aufgetaucht, doch wurde festgestellt, daß nichts dergleichen vorgekommen war. Ihre Majestät war, wie gesagt, Reformen nicht abgeneigt, fand aber Gladstones Reformen langweilig.

Sie konnte sich des Gefühls nicht erwehren, daß Gladstone umstürzlerische Absichten habe und daß ihm nicht zu trauen sei. Allerdings zeigte sich ihre Abneigung, wie Gladstone selbst berichtete, erst im Jahre 1876, als Disraeli überragenden Einfluß auf sie gewonnen hatte. Die Königin und der Prinzgemahl waren teilweise sogar dafür verantwortlich gewesen, daß Gladstone im Jahre 1852 Schatzkanzler wurde. Je mehr Disraelis Einfluß wuchs, desto mehr schmeichelte er dem, wie Lady Ponsonby es nannte, „Aberglauben der Königin an ihre Prärogative". Und diesem Aberglauben widersetzte sich Gladstone. Dies, seine unablässigen Aufforderungen, sich in der Öffentlichkeit sehen zu lassen und seine unverhohlene Verzweiflung darüber, daß er damit keinen Erfolg hatte, waren der Grund für ihre Abneigung gegen ihn. „Alles in allem", sagte er später zu Ponsonby, „ist die Neurasthenie der Königin die unangenehmste Erfahrung, die ich während meiner fast vierzigjährigen öffentlichen Wirksamkeit gemacht habe. Es gibt Schlimmeres, aber eine kleinlichere und erbärmlichere Ursache für den Verfall der Monarchien gibt es nicht. Sie gleicht dem Wurm, der die Rinde einer edlen Eiche anbohrt und ihren Lebensnerv zerstört."

Eine Rede Disraelis, in der er das Fernbleiben der Königin von öffentlichen Feiern verteidigte, verbesserte die Situation nicht gerade. Der Gegensatz zwischen den beiden Männern zeigte sich nur zu deutlich. Als Gladstone einen Monat nach dieser Rede nach Balmoral kam, glaubte die Königin, daß ihre angegriffene Gesundheit es ihr nicht erlaube, ihn während der nächsten Tage zu empfangen. Als sie ihm schließlich doch eine Audienz gewährte, erkannte er zum erstenmal „ihre Fähigkeit, abweisend zu sein, von der sie ausgiebig Gebrauch machen kann". Ihr Gesundheitszustand aber, der sie daran verhinderte, öffentlichen Feiern beizuwohnen, hielt sie nicht davon ab, „schnell einmal nach Baden hinüberzufahren".

Gladstone war über seinen Empfang gekränkt, blieb aber nach wie vor loyal gegen die Königin; nur fand er, daß ihre ständige Zurückgezogenheit zu einem ernsten Problem werde. Er erklärte Granville, seiner Meinung nach müsse man endlich den Prince of Wales mehr hervortreten lassen; denn das sei besser, als die Königin zu Pflichten zu zwingen, denen sie sich so heftig widersetze. Gladstone hatte recht. Aber der Vorschlag, den Prince of Wales 1871 als Vertreter der Königin nach Dublin zu entsenden, machte die Kluft zwischen der Königin und ihrem Minister unüberbrückbar.

Mit großer Erleichterung begrüßte sie deshalb im Jahre 1874 Disraelis Rückkehr. Nun war es vorbei mit den Vorlesungen, die sie hatte über sich ergehen lassen müssen, mit den öden, langatmigen Berichten und mit der ewigen Quälerei, sich in der Öffentlichkeit zu zeigen. Nun war alles romantisch; sie war wiederum die „Fee", und Disraelis Leben war ganz ihren Diensten gewidmet. Es war wohltuend, sich bitten zu lassen, alles zu vermeiden, was sie ermüden könnte, statt wie bisher dauernd überanstrengt zu werden. „Er hofft, daß Eure Majestät sich an Ihr Versprechen erinnern, abends gar nicht oder nicht viel zu schreiben. Er lebt nur für Sie, arbeitet nur für Sie, und ohne Sie ist alles verloren." Man hörte es gern, daß der kranke Ministerpräsident sagte, er werde wohl niemals ganz genesen können, wenn er Ihre Majestät nicht zu sehen bekomme, oder, bei einer anderen Gelegenheit, „daß ihn in seinem recht romantischen und phantastischen Leben nie etwas so gefesselt habe wie der vertrauliche Briefwechsel mit einem hochgestimmten und anregenden Menschen." Er hatte auch eine so reizende, romantische Art, ihr für Blumensendungen zu danken: „Er darf ehrlich sagen, daß sie ihm kostbarer sind als Rubine, da sie – in solch einem Augenblick – von einer angebeteten Herrscherin kommen." Er sah in ihr ganz offenbar nicht nur seine Herrscherin, sondern ein fast übernatürliches Wesen. Osborne war nicht etwa ein kleiner Fleck auf der Landkarte, sondern „Eurer Majestät Feeneiland", und die Primeln, die von dieser Insel stammten, hatten Faune und Dryaden auf Geheiß der Feenkönigin in ihren Wäldern gepflückt. „Gestern abend", schrieb er, „kam ein köstliches Kistchen mit Königlicher Aufschrift an; als er es aufmachte, dachte er zuerst, Eure Majestät hätten ihm huldvollst die höchsten Ordenssterne verliehen. Und wahrlich, diese reizende Vorstellung nahm ihn so gefangen, daß er der Versuchung nicht widerstehen konnte, sich für ein Bankett, das er gerade gab und auf dem viele Sterne und Ordensbänder zu sehen waren, nahe dem Herzen ein paar Schneeglöckchen anzustecken, zum Zeichen, daß auch er von einer gnädigen Herrscherin dekoriert worden sei . . . Mitten in der Nacht kam ihm dann der Gedanke, es könnte alles ein Zauber sein und stamme von einer Fee: Königin Titania habe mit ihrem Hofstaat auf einem lieblichen, meerumschlungenen Eiland Blumen gepflückt und sende ihm diese Zauberblüten, die, wie die Sage geht, dem Beschenkten den Kopf verdrehen."

Wie belustigt war sie, als er ihr am Valentinstag des Jahres 1880 mit einer ergötzlichen Mischung aus Unsinn und Romantik schrieb: „Er möchte an einem sonnigen Ufer ruhen wie Jung-Valentin auf dem hübschen Bild, das heute morgen von einer rosigen Wolke herniederschwebte" – aber die Träume des glücklichen Jünglings seien wohl recht verschieden von den seinigen. Es belustigte sie, wenn er von einem gewissen Minister sagte, er habe die Weisheit und die Gestalt eines Elefanten. Kein Wunder, daß die Königin erklärte, sie habe noch nie solche Briefe bekommen, und zum erstenmal in ihrem Leben werde ihr alles mitgeteilt. Sie setzte unbedingtes Vertrauen in ihn. Als die Regierung die Suezkanal-Aktien des Vizekönigs von Ägypten für vier Millionen gekauft und damit den Seeweg nach Indien für England vollkommen gesichert hatte, sagte sie zu Theodore Martin, dies sei einzig und allein Disraelis Verdienst; er habe eine sehr großzügige, klare und stolze Auffassung von der Stellung, die England zukomme, denn er sei gesitig viel bedeutender und freier und fasse große und kleine Dinge viel schneller auf als Gladstone. Und auf welch reizende Art hatte er der Königin die Neuigkeit mitgeteilt: „Sie haben es, Madame! Es gehört

Ihnen!" Auf diese Weise erschien das Ganze nicht nur als ein offizieller, sondern auch als persönlicher Sieg.

Mit allem Zauber, dessen sein orientalischer Geist fähig war, umgab er die Königin. Gladstone hatte eine Frau und eine Witwe in ihr gesehen, – was für Ehrentitel! Aber Disraeli schaute tiefer. In einem unbedachten Augenblick hatte er ihr eingegeben, die „Fee" sollte nicht nur den Titel einer Königin von England, sondern auch den einer Kaiserin von Indien führen. Der Gedanke berückte Ihre Majestät so, daß sich Disraeli nach kurzer Zeit gezwungen sah, für einen höchst unpopulären Gesetzentwurf einzutreten, der den Königlichen Titel in den einer Königin von Großbritannien und Kaiserin von Indien umwandelte. Das Gesetz wurde nach hitzigem Kampfe angenommen, und der Sieg durch ein Essen in Windsor gefeiert, bei dem der neugebackene Earl of Beaconsfield von der „Fee" bewillkommnet wurde. Sie hatte für diesen Anlaß ihre sonst so schlichte Kleidung abgelegt und erschien, wie es sich für die Kaiserin von Indien schickte, mit Juwelen geschmückt, die ihr die indischen Fürsten geschenkt hatten. Nach dem Essen beglückwünschte Lord Beaconsfield die neue Kaiserin von Indien in einer langen, blumenreichen Rede. Mit seiner ungewöhnlichen, uralten Weisheit, seinen zarten Sammethänden, die doch mit eisernem Griff zupacken konnten, schien er selbst ein Abgesandter jenes östlichen Reiches. Lächelnd tat sie ihm mit einer kleinen Verneigung Bescheid. Viele Jahre später, als er längst in seinem Grabe ruhte, nannte die Königin ihn in einem Brief „jenen guten, weisen, alten Mann". Sie verstand sich vortrefflich auf menschliche Charaktere. Vielleicht führte ihr Pflichtgefühl gegen ihr Volk dazu, daß sie die Arbeit von Männern wie Gladstone leicht unterschätzte; in späteren Jahren aber gelang es keinem Scharlatan, keinem Menschen mit niederer Gesinnung, auf sie Eindruck zu machen. Sie übte die große, unfehlbare Anziehungskraft einer königlichen Natur aus; sie hatte den Blick des Adlers und das Herz des Löwen. Der „gute, weise alte Mann" hatte sie geliebt und verehrt um ihrer Größe, ihrer Herzensklugheit und ihres Adlerblickes willen; er liebte den Glanz, den sie ausstrahlte, liebte die edle Schönheit ihres Ganges und ihre Liebe zu ihrem Volk. Sie hat ihm dafür ihre Freundschaft geschenkt.

War das wirklich noch die gleiche Frau, die vor kurzem geglaubt hatte, in der Öffentlichkeit nicht erscheinen zu können? Jetzt eröffnete sie auf Bitten ihres Ministers das Parlament, besuchte Krankenhäuser und verteilte Medaillen. Es gab aber auch Augenblicke, da diese neue Kraft Gefahren mit sich brachte. Rußland hatte Beaconsfields auswärtige Politik, sein Bestreben, England größer zu machen, und seinen Imperialismus nicht gerade günstig aufgenommen, so daß für England die große Gefahr bestand, in den Krieg zwischen Rußland und der Türkei verwickelt zu werden. Beaconsfield war sich darüber klar, daß jetzt Mut und Vorsicht, absolute Bestimmtheit des Vorgehens und Nervenkraft nötig waren. Aber nun kam die Schwierigkeit: die Königin entsann sich ihres alten Hasses gegen Rußland aus der Zeit des Krimkrieges und war entschlossen, der Türkei zu helfen. Tag und Nacht wurde der schon abgearbeitete Ministerpräsident mit Briefen und Telegrammen bombardiert, die ihn zu kraftvollem Vorgehen drängten. „Die Königin", schrieb sie, „ist schrecklich unruhig und fürchtet, wir könnten durch unser Zögern zu spät kommen und unser Ansehen für immer einbüßen. Das quält sie Tag und Nacht." „Ach, wäre die Königin ein Mann", hieß es in einem späteren Brief, „sie würde selbst hingehen und diesen Russen, denen man nicht trauen kann, eine gehörige Tracht Prügel geben. Wir werden nie wieder Freunde sein, ehe wir nicht mit ihnen reinen Tisch gemacht haben. Das steht für die Königin fest." „Die ,Fee', erzählte ihr Ministerpräsident der Lady Bradford, „schreibt täglich und telegraphiert stündlich, – beinahe im wahrsten Sinne des Wortes." Die Königin drängte ihn zum Handeln; sein Außenminister, der von einem gewaltsamen Kurse nichts wissen wollte, drang auf Mäßigung. Aber es sollte noch schlimmer kommen. Die Königin drohte nicht nur einmal, sondern mehrere Male, mit ihrer Abdankung. „Wenn England", erklärte sie ihrem Minister, „Rußland die Füße küssen will, mag sie mit dieser Erniedrigung nichts zu schaffen haben und würde die Krone niederlegen." Es stehe Lord Beaconsfield frei, dem Kabinett den Entschluß Ihrer Majestät zur Warnung mitzuteilen. „Dieses Zögern", klagte sie, „diese Ungewißheit, durch die wir im Ausland unseren Ruf verlieren, während Rußland im Vormarsch begriffen ist und binnen kurzem vor Konstantinopel stehen wird! Dann wird die Regierung auf das heftigste angegriffen und die Königin so erniedrigt werden, daß sie lieber sofort abdanken möchte. Fassen Sie Mut!" Und sie jammerte: „Sie fühlt, daß sie, wie sie schon sagte, nicht mehr Herrscherin eines Landes bleiben kann, das den großen Barbaren, die aller Freiheit und Zivilisation im Wege stehen, die Füße küßt." Als die Russen schon die Vororte Konstantinopels erreicht hatten, schrieb sie an einem Tage drei Briefe, die den Krieg forderten. Der abgekämpfte Ministerpräsident teilte Lady Bradford mit, daß nur eines ihn davon abgehalten habe, sein Amt niederzulegen, nämlich der Gedanke an den Auftritt, den es dann am Hofe geben würde. Strachey meint dazu ein wenig traurig: „Das war nun nicht mehr die Fee; das war ein Dämon, den Lord Beaconsfield unvorsichtigerweise aus seiner Flasche hervorgezaubert hatte, und der jetzt seine überirdische Kraft zeigen wollte."

Aber schließlich siegte Beaconsfield; die Kriegswut der Königin ließ nach, Lord Salisbury trat an Lord Derbys Stelle, und Beaconsfield errang auf dem Berliner Kongreß einen neuen Sieg für England. Als er nach England heimkehrte, erklärte er der Königin, sie werde bald die „Diktatorin Europas" sein. Leider waren die Tage seines Triumphes gezählt. Im Jahre 1880 kamen die Liberalen wieder an die Macht, und ein Jahr später wurde die Königin von einem noch schwereren Schicksalsschlag getroffen: Lord Beaconsfield, der „gute, weise alte Mann", der Freund der Königin, der seinem Lande edel und treu gedient hatte, lag auf dem Sterbebett. „Ich habe viel durchgemacht", sagte er zu seinen Ärzten, „wäre ich Nihilist gewesen, dann hätte ich, glaube ich, alles gebeichtet."

Achtzehnhundertsiebzig

Am 15. Juli 1870 lehnte sich im fernen Berlin Graf Bismarck auf-seufzend in seinen Sessel zurück. Es war ein Seufzer der Zufrie-denheit, nicht der Abspannung. Der Krieg zwischen Deutsch-land und Frankreich, auf den er lange gewartet, hatte begonnen. Durch diesen Krieg sollten alle deutschen Staaten unter Preu-ßens Hegemonie geeint werden.

Spanien war auf der Suche nach einem König halb und halb geneigt gewesen, den Prinzen Leopold von Hohenzollern-Sig-maringen als Thronanwärter zu wählen. Graf Bismarck wußte genau, daß Frankreich niemals ein Mitglied dieses Hauses als König von Spanien dulden würde, und hatte den Marschall Prim, der für den Plan eingetreten war, gebeten, auf ihm zu bestehen; mit dem Erfolg, daß nach mehrmonatigem Zögern Prinz Leopold mit Genehmigung des Königs von Preußen die Krone annahm.

Darüber herrschte in Frankreich grenzenlose Bestürzung. Anfänglich schien der Kaiser unentschlossen, welchen Kurs er einschlagen sollte. Aber Gramont und die gesamte Pariser Presse erhoben ein lautes Protestgeschrei und fanden bei der Kammer Unterstützung. Die Königin von England und ihre Re-gierung sowie der König der Belgier waren über die Wendung der Ereignisse beunruhigt und überredeten schließlich den Prin-zen Leopold zum Verzicht. Aber die französische Regierung und das französische Volk, die jetzt den Kopf verloren hatten, bestanden darauf, der König von Preußen müsse den Verzicht nicht nur gutheißen, sondern auch versprechen, daß die Kandi-datur nicht erneuert werden würde. In seiner Antwort auf diese Forderung erklärte der König, er billige den Verzicht, könne aber keine Versprechungen für die Zukunft machen.

Es ist schwer zu sagen, wo die Schuld des Krieges lag; denn in diesem wie in allen Kriegen glaubten beide Seiten an ihre Schuldlosigkeit. Beiden Parteien muß wohl der gleiche Vorwurf gemacht werden. Lord Granville schrieb an die Königin Victoria: „Alle scheinen im Unrecht zu sein."

Zwei Tage vor Kriegsausbruch versicherte der Kronprinz von Preußen der Königin Victoria, daß der Verzicht des Prinzen Leopold auf die spanische Krone Frankreich jeden Vorwand zum Kriege nehme. Jeder unparteiische Beobachter müsse zugeben, daß der König von Preußen durch sein Vorgehen seine ehrliche Friedensliebe bewiesen habe.

Deutsche wie Franzosen waren überzeugt, im Recht zu sein, beide fühlten sich bedroht. Die Kronprinzessin von Preußen schrieb drei Tage nach der Kriegserklärung an ihre Mutter: „Die Begeisterung, die jung und alt, arm und reich, hoch und niedrig, Männer wie Frauen beseelt, ist so ergreifend und schön, daß man sich selbst vergessen muß. Wir sind schwer im Nachteil in dem furchtbaren Ringen, das jetzt beginnt, und in das wir gegen unseren Willen getrieben werden. Aber es geht um unsere Existenz." Die Prinzessin setzte noch hinzu, sie wünsche weder Frankreich noch sonst einem Land etwas Böses; sie habe nur den einen Wunsch, Europa möge sich ein für allemal zusammenfinden, um zu verhindern, daß Frankreich eine andere Nation zum Kriege zwinge ... „Ach, warum hat England", schrieb sie in einem anderen Brief, „den Krieg nicht verhindert, indem es zusammen mit Rußland, Österreich und Italien erklärte, daß es gegen den Angreifer mit Waffengewalt vorgehen werde?"

Aber der Krieg nahm seinen Fortgang. Nach wenigen Wochen kam die Schlacht von Sedan, die Kapitulation MacMahons und die Nachricht, daß der rasende Pariser Mob über den Senat hergefallen sei und den Sturz der Dynastie verkündet habe. Das Kaiserreich war wie eine schimmernde Seifenblase zerplatzt, und die Republik wurde ausgerufen.

An einem kalten, rauhen Novembertag fuhr Victoria nach Chislehurst in Kent, dem Zufluchtsort der Kaiserin Eugenie. Wie ganz anders war es heute als an jenem schönen Sommernachmittag vor noch nicht allzu vielen Jahren, da die Königin mit ihrer Freundin, der Kaiserin, an der Küste bei Osborne entlanggefahren war!

Es war ein trauriger Anblick. Die einst strahlend schöne Frau, auf deren Lieblichkeit ein Schatten gefallen war, erwartete ihre Freundin an der Tür. Sie trug Schwarz und war sehr einfach gekleidet, ohne Schmuck. Sie sprach von den Schrecknissen der Revolution und erzählte, daß schon vor ihrer Flucht die Massen in die Gärten eingedrungen seien und daß es keine Truppen gegeben habe, die Widerstand hätten leisten können. In der Nacht vor ihrer Flucht habe sie sich in voller Kleidung niedergelegt. Dann kam der kleine kaiserliche Prinz herein, „ein netter, aber recht kleiner Junge". „Es war ein trauriger Besuch", schrieb die Königin in ihr Tagebuch, „er kam mir wie ein seltsamer Traum vor."

Im März empfing die Königin den Kaiser, der seiner Gattin nach England gefolgt war. Wehmütig schrieb sie, er sei sehr dick und grau geworden, und sein Schnurrbart sei nicht mehr gewachst und gekräuselt wie früher.

Deutschland schien vom Sieg überwältigt. Die Kronprinzessin von Preußen schrieb an die Königin von England bedauernd, ein solcher Sturz habe etwas Melancholisches, sei aber geeignet, eine tiefe Lehre zu geben. Den Krieg habe offenbar die Vorsehung beschlossen, um dem französischen Volk zu zeigen, wohin Leichtsinn, Überheblichkeit und Unmoral unvermeidlich führen müßten. Welch ein Gegensatz zwischen dieser Leichtfertigkeit und der Armut, den nüchternen Städten und dem arbeitsreichen, schweren und ernsten Leben der Deutschen, das sie stark und entschlossen gemacht habe! Die Franzosen hätten die Deutschen verachtet und gehaßt und sich für berechtigt gehalten, sie zu kränken. Nun seien sie dafür bestraft worden. Was den Krieg betreffe, so wisse die Kronprinzessin nicht, ob er noch weitergehen werde oder nicht. Aber sie meinte ganz naiv: „Da es keine französische Armee mehr gibt, weiß ich nicht, gegen wen wir noch kämpfen sollten."

Inzwischen begann Bismarck die Friedensbedingungen festzusetzen. Die Königin von England wurde von beiden Seiten ständig um ihre Meinung gebeten, da beide sich Nutzen davon versprachen. Sie war über die Schrecken des Krieges bekümmert

und hatte schon während des österreichisch-preußischen Streites einen sehr großherzigen Brief an den König von Preußen gerichtet, in dem sie ihn beschwor, alles zu tun, um einen Konflikt
abzuwenden. Aber jetzt schrieb sie in einer Denkschrift vom 9.
September 1870, daß jede Einmischung von seiten Englands den
Anschein erwecken könne, als wolle es Deutschland daran
hindern, sich von Frankreich ausreichende Sicherungen zur
Verhinderung weiterer Kriege geben zu lassen und damit einen
Dauerfrieden herzustellen. Sie fügte hinzu, „ein mächtiges
Deutschland könne niemals eine Gefahr für England sein". Es
sei dagegen eine Gefahr, im deutschen Volk, unserem natürlichen Verbündeten, „den Glauben zu erwecken, daß wir es
gering schätzen und seinen Aufstieg nicht wünschen".

Unterdessen bat ihr Schwiegersohn, der preußische Thronfolger, dringend darum, den Boden für das naturgegebene englisch-deutsche Bündnis, dem auch Österreich angehören solle,
allmählich zu ebnen. Diese drei mächtigen Reiche, erklärte er
seiner Schwiegermutter, würden im Bunde miteinander einen
dauernden Frieden sichern können. Denn wer sei mehr auf Frieden bedacht als Deutschland? Der Kronprinz schloß mit dem
innigen Wunsch, England möge endlich die friedliche Gesinnung Deutschlands einsehen, statt ihm Gewaltpolitik und
Militarismus vorzuwerfen.

Fast drei Jahre später, am 1. Oktober 1873, als Deutschland
geeinigt war, schrieb die Königin in einem Brief an ihre Tochter,
daß sie gegen König Victor Emanuel nicht mehr dieselben Gefühle hegen könne, seit er das Königreich seines eigenen Onkels
zerstört und es ebenso wie andere Länder annektiert habe. Es
bekümmere sie, daß sie nicht mehr voller Stolz erklären könne,
der Schwiegervater ihrer Tochter werde sich niemals wie der König von Italien zum Spielball seiner Minister machen lassen. Die
Königin habe, ebenso wie ihr lieber Mann, die Einigung
Deutschlands unter einem Oberhaupt und mit einem Heer und
einer Diplomatie gewünscht; sie habe aber nicht gewünscht,
daß andere Fürsten entthront und ihres Eigentums und ihrer
Schlösser beraubt würden. Die Königin würde es an Stelle des
Kaisers oder der Kronprinzessin niemals über sich bringen, in
einem dieser Schlösser zu wohnen. In ihrer Antwort dankte die

Kronprinzessin ihrer geliebten Mama auf das herzlichste für ihren Brief; alles, was sie über den König von Italien sage, sei vollkommen richtig, aber ihre Meinung über den Kaiser und die Wegnahme der Schlösser sei falsch: „Schlösser hat mein Schwiegervater niemals weggenommen; er hat dafür bezahlt, und sie sind sein rechtmäßiges Eigentum ... Wir hätten nie unseren Fuß in ein Schloß gesetzt, bei dem der leiseste Zweifel darüber bestanden hätte. Wo wir gewesen sind, da haben wir ebensoviel Recht zu wohnen, wie Du berechtigt bist, den Kohinoor zu tragen oder indische Waffen in die Waffensammlung zu Windsor aufzunehmen."

„Die Rechte der Eroberung", schrieb sie weiter, „sind gewiß hart; ich bewundere sie, weiß Gott, nicht. Aber sie sind oft, sehr oft, von größtem Nutzen gewesen: Englands Herrschaft über den Osten ist der beste Beweis dafür. Aber auch dort sind die Engländer keineswegs immer so gewissenhaft, menschlich, zivilisiert und aufgeklärt aufgetreten, wie es hätte sein sollen. Ich glaube also wirklich nicht, daß uns ein größerer Tadel trifft, wenn Du mir auch vielleicht entgegenhältst, daß Orientalen nicht Europäer sind und nicht ebenso behandelt werden können. Ich liebe die Freiheit und den Fortschritt wie keiner und glaube, daß die Ereignisse von 1866 unf 1870 sie fördern, – trotz der Leute, die den Krieg heraufbeschworen haben."

Die Antwort Ihrer Majestät auf diesen bemerkenswerten Brief ist nicht bekannt. Die Kronprinzessin verfolgte mit größter Anteilnahme die Machtausbreitung ihres Heimatlandes und ihres Adoptivvaterlandes. Sechs Jahre nach dem Brief über den Kohinoor schrieb sie ihrer „lieben Mama", daß alle Freunde Englands anläßlich des Krieges im Osten fürchteten, es könne die günstige Gelegenheit, Ägypten zu annektieren, verpassen. Sie fügte hinzu: „Wie ich höre, glauben manche Leute in England, daß Fürst Bismarck einen Hintergedanken habe, wenn er sich dahin ausspreche, England solle sich Ägypten nehmen. Er hat aber nur den einen Hintergedanken: Daß nämlich ein starkes England für Europa von großem Nutzen sei, und wir können uns nur freuen darüber, daß er so denkt und fühlt. Der angebliche Wunsch, Holland zu annektieren und Frankreich die Annexion Belgiens zu überlassen, ist eine Mythe, und zwar eine recht lächerliche." Ihre Majestät war jedoch in dieser Frage nicht der gleichen Meinung wie ihre Tochter, ebensowenig Lord Beaconsfield, dem sie den Brief zeigte. Er hielt es für möglich, daß der Brief vom Fürsten Bismarck diktiert war. Die Königin erklärte ihrem lieben Kind, es habe sie sehr überrascht, gerade von ihr einen solchen Vorschlag zu bekommen. Sie könne nicht begreifen, weshalb England einen so heimtückischen Angriff unternehmen sollte, da es weder von der Türkei noch von Ägypten irgendwie beleidigt worden sei. Vielleicht dachte die Königin an die Bemerkung über den Kohinoor und das indische Beispiel, als sie hinzufügte, daß es in England nicht wie in manchen anderen Staaten der Brauch gewesen sei, Länder zu annektieren, man sei denn dazu gezwungen gewesen wie im Falle der Transvaalrepublik. Es wäre sehr ländergierig, so zu handeln. Wie hätte England, fragt die Königin, gegen den russischen Überfall protestieren können, wenn es sich des gleichen Vergehens schuldig gemacht hätte?

Rußland, die russische Gefahr und Angst vor Rußland beherrschten die Gedanken der Königin. Ihre ständige Warnung an ihre Minister lautete: „Halten Sie sich bereit! Es könnte sonst zu spät sein."

Zurückgefunden

An einem feuchtkalten Nachmittag gegen Ende November des Jahres 1871 fuhren ein paar Kutschen in schweigendem Zuge langsam durch die Sandwüsten Norfolks, vorbei an Kiefernpflanzungen mit dürren Bäumchen und an Weideland, über das der Wind hinstrich . . . Schließlich wurde vor einem Hause haltgemacht, das in Gärten verborgen dicht an der Landstraße lag. Die Haustür öffnete sich, und eine hübsche junge Frau breitete stumm, mit Tränen in den Augen, ihre Arme nach einer kleinen Gestalt in Trauerkleidung aus, die tiefverschleiert dem vordersten Wagen entstieg. Hand in Hand mit ihrer Schwiegertochter ging die Königin durch die Korridore, die ihr wie düstere Alleen erschienen, und stieg nach oben. Sie betraten ein verdunkeltes Zimmer, in dem nur ein kleines Licht brannte. Hand in Hand standen sie dann am Bett und sahen auf den Kranken nieder, der unruhig schlummerte. Vor zehn Jahren, dachte die Königin, hatte sie am Bett eines anderen lieben Menschen gestanden, der in unbekannte Gefilde dahinschwand. War es denn wirklich schon zehn Jahre her? Das Dunkel jener furchtbaren Nacht umfing sie noch immer, und nun lag ihr ältester Sohn an derselben Krankheit darnieder, die ihr den Gatten entrissen hatte.

Ihre Fahrt nach Sandringham und die Rückkehr nach Windsor, die langen, zwischen Furcht und Hoffnung hingebrachten Tage waren wie ein endloser Traum. Die Nächte brachten ihr viele Erinnerungen, zauberten ein liebes Antlitz, eine geliebte Gestalt, die längst zu Staub geworden, vor sie hin und ließen sie dann grausam wieder entschwinden: Albert steht in einem von Sonnenlicht durchfluteten Zimmer in Windsor neben ihr . . . Er wiegt seinen ältesten Sohn auf den Armen, damit die Königin ihn sehen kann . . . Eduard läuft als kleines Kind auf das dunkel-

233

wogende Meer zu, das ihn verschlingen will . . . schon stürzt er
. . . gleich werden die Wellen über ihm zusammenschlagen . . .
aber Albert rennt hinterdrein, nimmt ihn auf und hält ihn hoch,
daß die dunkle Flut ihn nicht erreichen kann . . . Doch nein,
Albert ist ja nicht mehr da, und man hört jemanden weinen . . .
Wer kann es nur sein? . . . Alles ist dunkel . . .

Es war zwei Uhr nachts, und es dauerte noch Stunden, bis die
Königin den neuesten Krankheitsbericht erhalten konnte. Vor
dem fünfundzwanzigsten Tag konnte man nicht auf Besserung
rechnen, und bis jetzt waren erst sechzehn Tage seit der Erkrankung ihres Sohnes vergangen. Man schrieb den achten
Dezember.

Am Morgen trafen schlechtere Nachrichten ein. Die Königin
fuhr wieder nach Sandringham und wurde wiederum an der Tür
von der bekümmerten, schweigenden Gestalt empfangen. Die
Ärzte sprachen mit gedämpfter Stimme, und die einzige Lampe
im Schlafzimmer des Sohnes schien matter als sonst. Am nächsten Morgen weckten die Ärzte die Königin aus unruhigem
Schlaf. Der Prinz hatte einen sehr schweren Anfall gehabt. . . .
Kaum hatte man ihr dies mitgeteilt, als Sir William Jenner auch
schon mit der Nachricht wiederkam, der Anfall habe sich mit
solcher Heftigkeit wiederholt, daß man jeden Augenblick mit
dem Ableben ihres Sohnes rechnen müsse; die Königin möge
sofort kommen. Sie zog den Morgenrock über und eilte in das
Krankenzimmer, wo ihre Schwiegertochter, Prinzessin Alice,
die Ärzte und die beiden aufopfernden Krankenschwestern flüsternd beisammen standen. Nur ein paar trübe flackernde Kerzen brannten. Der Prinz lag schwer atmend, mit kaltem
Schweiß bedeckt, da. Nach einer Weile erklärten die Ärzte, es
scheine ihrem Sohne besser zu gehen. Sie begab sich wieder in
ihr Schlafzimmer und frühstückte. Der lange Tag schlich dahin.
Zuweilen nur vernahm man Stimmengeflüster. Aber noch
schrecklicher war die Stille.

Am nächsten Tag, dem 13. Dezember, ging es dem Prinzen
schlechter. Er war noch schwächer und phantasierte ständig.
Als er zwischendurch einmal schlief, ging seine Mutter für
kurze Zeit in den Garten. Die Luft war feucht, und der Schnee
am Boden taute. Ein paar Christrosen, deren zarte Schönheit im

dichten Nebel verging, hoben sich grün vom schmelzenden Schnee ab. Aber die Königin fühlte nur den kalten Nebel und die Trostlosigkeit in ihrem Herzen. Als sie in das Zimmer des Prinzen zurückkam, fand sie seine Gattin und seine Schwester Alice in der größten Erregung und Verzweiflung. Die drei Frauen brachen in Tränen aus und riefen: „Es gibt keine Hoffnung mehr!" Die Königin trat ans Bett, ergriff die Hand ihres Sohnes, bedeckte sie mit Küssen und streichelte seinen Arm. Er wandte sich um und sah sie verstört an. „Wer bist du?" fragte er . . . und nach längerer Zeit sagte er: „Das ist ja Mama!" „Mein liebes Kind", erwiderte sie flüsternd. Später sagte er: „Es ist lieb von dir, daß du da bist!" Seine Stimme klang fremd in der Stille . . . Der vierzehnte kommt immer näher, dachte sie voller Angst. Der fürchterliche, düstere, abgrundtiefe Augenblick naht; und das Heute ist wie ein Nachtmahr, wie ein Gespenst jenes Tages vor zehn Jahren, an dem die Welt für mich einstürzte. Und doch ist es auch wieder anders!

Aber der nächste Tag ging nicht über einem Sterbelager auf, wie die Königin gefürchtet hatte. Er brachte vielmehr die Nachricht, daß ihr Sohn mit einigen Unterbrechungen ruhig geschlafen hatte.

Zwei Monate später, am 27. Februar 1872, stand die Königin frühmorgens an einem Fenster des Buckingham-Palastes und blickte auf eine große Menschenmenge herab, die sie und ihren Sohn nebst Gattin und Kindern bei der Abfahrt zur St. Pauls-Kathedrale begrüßen wollte. Dort sollte ein Dankgottesdienst für die Genesung des Prinzen abgehalten werden. In einem offenen, von sechs Pferden gezogenen Landauer ging es durch das laut jubelnde Volk. Die Königin trug einen schwarzen Seidenmantel und ein mit Fehpelz besetztes Kleid, die Princess of Wales war in blauen, mit Zobel besetzten Samt gekleidet. Ihnen gegenüber saßen der Prince of Wales und Prinzessin Beatrice mit dem kleinen Prinzen Eddie. Unzählige Menschen drängten sich in den Straßen, ein Flaggenmeer wogte in der Frühsonne.

Beim Anblick der Menschenmassen, die sich aus Liebe zu ihr zusammengefunden hatten, nahm die Welt vor Victorias Augen ein verändertes Aussehen an. Die Rufe nach Revolution und Republik waren zu einem dumpfen Murren geworden und sollten bald ganz zum Schweigen kommen. Durch die Erkankung des Prinzen hatte die Königin die Liebe ihres Volkes erneut gewonnen; denn nun sah es in ihr wieder das leidende Menschenkind, den gleichen Gesetzen, der gleichen Liebe, der gleichen Hoffnung untertan wie es selbst. Sie war nicht mehr eine kostspielige Repräsentantin, ein Phantasiegeschöpf, das nur lebte, um dem Land, über das es herrschte, Geld abzunehmen.

Die Unzufriedenheit mit dem Königshaus und die zwar kleine, aber doch bedrohliche republikanische Bewegung hatten verschiedene Ursachen: vor allem hatte das zurückgezogene Leben der Königin dazu beigetragen. Zudem glaubte man, daß sie für sich persönlich große Summen zusammenraffe. Sie hatte damals die Liebe ihres Volkes verloren, das sich durch den Tränenschleier, der sie umhüllte, von ihr getrennt fühlte. Als sie sich aber im späteren Leben kraft ihres unbeugsamen Willens wieder aufgerichtet und, größer denn je als Führerin, Prophetin und Mutter, zu ihrem Volke zurückgefunden hatte, ist ihr mehr Liebe zuteil geworden als irgendeinem anderen Herrscher unseres Landes. Bis die Erkrankung ihres Sohnes sie dem Volk als ein lebendiges Wesen wiedergeschenkt hatte, war sie ihm eine Fremde gewesen, die nicht in seiner Sprache redete und an deren Kummer es nicht teilnehmen konnte.

Sie erschien selten bei öffentlichen Veranstaltungen, und man hatte das Gefühl, daß sie sich immer nur dann ihrem Volk zeigte, wenn sie vom Parlament gerade wieder einmal Geld für ihre Kinder bewilligt haben wollte. Bei solchen Anlässen ließ sie sich herbei, das Parlament zu eröffnen und ihren offiziellen Pflichten nachzukommen. Aber das Volk merkte recht gut, was sie dazu veranlaßte, von ihren Gewohnheiten abzuweichen. Prinzessin Luises Verlobung mit Lord Lorne hatte zwar die Mißstimmung für eine Weile beschwichtigt; denn seit der Ehe einer Tochter Heinrichs des Siebenten mit dem Herzog von Suffolk heiratete jetzt zum ersten Male ein Mitglied der Königlichen Familie einen Untertan. Es kam aber bei dieser Gelegenheit wieder zu neuen Geldforderungen. Als Ihre Majestät eine Woche nach der Hochzeit der Prinzessin (die am 21. März 1871 stattfand) mit Tochter und Schwiegersohn im offenen Wagen von Paddington nach dem Buckingham-Palast fuhr, wurde sie zwar von einer großen Menschenmenge höflich begrüßt; es wehte aber, wie die Königin spürte, ein sehr kühler Wind.

Loyal und ritterlich wie stets, hatte Gladstone die Königin gewarnt und ihr seine Befürchtung mitgeteilt, das Parlament könne sich ihrer Forderung von 30000 Pfund für Prinzessin Luise widersetzen. In diesem Falle irrte er sich. Als aber bei der Volljährigkeit des Prinzen Arthur für ihn ein Jahresgeld von 15000 Pfund beantragt wurde, stimmten dreiundfünfzig Abgeordnete für die Herabsetzung dieser Summe auf 5000 Pfund und elf gegen jede Zuwendung überhaupt. Broschüren erschienen, in denen die sehr erheblichen Einkünfte der Königin mit dem bescheidenen Jahreseinkommen von 10000 Pfund verglichen wurden, das der Präsident der Vereinigten Staaten bezog. Eine dieser Veröffentlichungen: „Zeitgemäße Betrachtungen oder: Was macht sie damit?" von Baumeister Salomon Temple, wies darauf hin, daß die Königin neben dem von der Nation gewährten Jahreseinkommen von 385000 Pfund noch 1000000 Pfund vom Prinzgemahl und 500000 Pfund von einem Millionär namens Neild geerbt habe, der ihr sein ganzes Vermögen vermacht hatte.

Der Verfasser führte Klage darüber, daß die Königin ihre Bezüge nicht für den Zweck verwende, für den sie gewährt würden. Das geschehe nämlich für die Aufrechterhaltung eines „Hofstaates und einer Königlichen Hofhaltung im Stile Williams IV.", weil ein glänzender Hof und eine großzügige Gastlichkeit den Handel des Landes belebten. Die Königin, hieß es, lege einen großen Teil ihres Einkommens beiseite und häufe damit ein riesiges Vermögen an, das man bereits auf fünf Millionen schätze. Zu solchen Ersparnissen sei sie nicht berechtigt. Die Broschüre erklärte, dies laufe geradezu auf Veruntreuung öffentlicher Gelder hinaus.

Es hatte für ihren zuverlässigen, treuen Beschützer Gladstone keinen Zweck, gegen diese Verdrehungen zu protestieren. Die Lügen waren nun einmal in die Welt gesetzt und wurden verbreitet, und die Republikaner im Lande griffen sie als Propagandamittel gegen die Königin gierig auf. Die Errichtung einer Republik in Frankreich war auch auf viele Engländer nicht ohne Einfluß geblieben, und man trat vielleicht zum erstenmal vielfach offen für eine englische Republik ein. Dieser Stimmung kam auch die veränderte Haltung des englischen Volkes Frankreich gegenüber zugute. Zu Beginn des Deutsch-Französischen Krieges war die Sympathie der Engländer auf Deutschlands Seite gewesen; aber nach dem Kriege änderte sich das. Die Vergeltungsmaßnahmen Preußens und die Härte seiner Friedensbedingungen trugen zu diesem Wandel bei. Gleichzeitig neigte man mehr und mehr dazu, der Königin Vorwürfe zu machen. Man wußte ja nichts von ihrem vornehmen, vorausschauenden Brief an den König von Preußen, in dem sie ihn gebeten hatte, dem besiegten Gegner nur annehmbare Friedensbedingungen aufzuerlegen. Man wußte auch nicht, daß sie von noch dringlicheren Vorstellungen nur abgesehen hatte, weil sie befürchtete, Deutschland könnte darin den Versuch erblicken, ihm seine Siegesbeute zu entreißen, und dadurch nur noch härter und unnachgiebiger werden. Das Volk war der Meinung, sie hätte bei Preußen vermitteln und den Jammer des französischen Volkes lindern müssen. Der Gemahl der Königin war Deutscher gewesen, und sie stand mit ihren beiden an deutsche Fürsten verheirateten Töchtern in Verbindung. Das schien hinreichend zu beweisen, daß ihre Sympathien Deutschland gehörten.

Die Unzufriedenheit wurde immer größer und erreichte 1871 ihren Höhepunkt. Im April dieses Jahres fand im Hyde Park eine Sympathiekundgebung für die Pariser Kommune statt, die nicht gerade ein großer Erfolg war; die Veranstalter hatten mit hunderttausend Menschen gerechnet, und es waren nur sechshundert erschienen. Aber im November ereignete sich etwas viel Unheilvolleres. Ein Mitglied des Parlaments, Sir Charles Dilke, sprach in Newcastle für eine englische Republik. Nach seinem eigenen Bericht war die Rede durch die Frage von Ausstattungen für die Kinder der Königin veranlaßt worden und enthielt „Anspielungen darauf, die treffend, aber möglicherweise unklug waren".

Voller Wut sagte die Königin zu Gladstone, es sei ihr zwar bekannt, daß er auf diese Rede angespielt und erklärt habe, er ziehe die gegenwärtige Regierungsform der von Sir Charles befürworteten vor. Wenn sie aber Gladstone richtig verstanden habe, so habe der Schluß seiner Rede den Eindruck erweckt, daß diese Frage überhaupt diskutabel sei. Wenn auch der Persönlichkeit von Sir Charles wenig Bedeutung zukomme, so hätten doch nach ihrer Meinung seine Angriffe gegen die Monarchie und gegen sie selbst Gladstone veranlassen sollen, den Beleidiger schärfer zurückzuweisen.

Hierauf erwiderte Gladstone, die Angelegenheit habe ihm schwere Sorgen bereitet; denn es sei beunruhigend, daß ein Mann von so geringem Ansehen wie Sir Charles Dilke solche Ansichten in einer öffentlichen Rede habe vorbringen können und sogar ein Dankesvotum dafür bekommen habe. Es hätten zwar nicht viele Menschen an der Versammlung teilgenommen, aber noch vor wenigen Jahren habe es selbst eine so geringe Zahl von Republikanern noch nicht gegeben. Er halte es für das beste, „die Anzeichen der Mißstimmung leicht, die Ursachen dagegen ernst zu nehmen". Aus diesem Grunde habe er von Sir Charles' närrischem Republikanertum nur so nebenbei gesprochen, dafür aber die Monarchie in den stärksten Ausdrücken gepriesen.

Gladstone war wirklich beunruhigt; denn durch Sir Charles Dilkes Rede wurden einige begeisterte Anhänger für die republikanische Bewegung gewonnen. Joseph Chamberlain, eine glänzende, schneidige Erscheinung, scharf wie ein Foxterrier, erklärte zum Beispiel: „Die Republik muß kommen, und zwar, wenn die Bewegung so um sich greift, noch zu unserer Zeit. Um so notwendiger ist es, ihre Grundlagen vorher zu erörtern und uns darüber klar zu werden, was wir dabei verlieren und was wir gewinnen können."

Gleichwohl fand die Idee einer englischen Republik nur wenige Anhänger, und als Dilke zu Anfang des Jahres 1872 im Unterhaus eine Untersuchung über die Zivilliste beantragte, erlitt er unter großer Unruhe des Hauses eine Niederlage.

Im Mai 1873 fand eine Zusammenkunft der Republikaner in Birmigham statt. Joseph Chamberlain war nicht zugegen, Hardie berichtet: „Bright sagte sich ausdrücklich von der Bewegung los. Die führenden Köpfe waren Bradlaugh und George Odger." Zwar ließ Joseph Chamberlain im Jahre 1883 einem abermaligen Ausbruch republikanischer Gesinnung freien Lauf, als er vor zwanzigtausend Menschen Brights Jubiläum als Abgeordneter für Birmingham feierte. Aber nach Hardies Meinung enthielt eine Rede, die er 1874 als Bürgermeister von Birmingham unmittelbar vor dem Besuch des Prince und der Princess of Wales in der Stadt hielt, „reiflicher durchgedachte Ansichten" über den Republikanismus. „Wenn Republikanertum bedeutet, daß man jedenfalls theoretisch in der Republik die beste Staatsform für ein freies und intelligentes Volk erblickt, das dem Verdienst den Vorrang vor der Geburt gibt, dann halte ich es für eine Ehre, in Übereinstimmung mit fast allen großen Denkern des Landes Republikaner zu sein. Ist jedoch ein Republikaner ein Mensch, der die bestehende Ordnung gewaltsam stören und die Ansichten und Gefühle der großen Mehrheit des Volkes mißachten und verletzen möchte, nur um eine abstrakte Theorie logisch durchzuführen, dann bin ich der letzte, der Republikaner wäre. Es gibt, meine Herren, ebensogut eine übertriebene Königstreue wie ein übertriebenes Republikanertum."

Die republikanische Bewegung in England war tot. Das Mitgefühl mit der Erkrankung des Prinzen und die Empörung über einen Vorfall, der sich zwei Tage nach dem Dankgottesdienst abspielte, hatten ihr den Garaus gemacht. Während der Prinz in Lebensgefahr schwebte, konnte der Vizekönig von Irland Ihrer Majestät versichern, daß sogar die „Home Rule Association" (Vereinigung für die Selbstregierung Irlands) sich aus Anlaß der Erkrankung vertagt habe. Zwei Tage nach der Feier für die Wiedergenesung des Prinzen ging eine Welle der Entrüstung durch das ganze Volk: Am 29. Februar 1872 kehrte die Königin in Begleitung zweier Söhne und einer Hofdame in einem offenen Landauer nach dem Buckingham-Palast zurück. Die Stallmeister waren schon abgesessen; auch der gute Brown war abgestiegen und wollte gerade den Wagentritt niederlassen. Während die Hofdame ausstieg, tauchte plötzlich ein Schatten neben der Königin auf. Sie dachte zuerst, es sei ein Lakai, der das Schutzdach aufschlagen wollte. Als sie sich aber umwandte, bemerkte sie einen Unbekannten, der sie anstarrte. Sie hörte eine fremde Stimme, sie sah eine erhobene Hand. Zum erstenmal in ihrem Leben zeigte die beherzte, von Sorge und Unruhe aber völlig erschöpfte Königin Furcht. Sie schrie „Hilfe!" und warf sich auf ihre Hofdame. Hinter sich hörte sie ein Handgemenge, Stimmen wurden laut. Im Augenblick hatte sie sich wieder gefaßt, richtete sich auf und sah sich um. Der gute Brown hielt mit festem Griff einen jungen Menschen gepackt. Nach kurzem, heftigem Kampf warfen Brown und die Stallmeister den Mann nieder. Brown hielt ihn dabei immer noch fest, damit er vor dem Eintreffen der Polizei nicht entwischen konnte. Jetzt hatte die Königin ihre Selbstbeherrschung wiedergewonnen. Im ersten Augenblick waren alle Anwesenden von Entsetzen gepackt; sie waren kreidebleich, wie die Königin sich später erinnerte; die Hofdame war dem Weinen, Prinz Leopold einer Ohnmacht nahe. Der Vorreiter deutete auf den Boden und schrie: „Da liegt sie!" Jetzt sahen die Königin und die Zuschauer erst eine kleine blitzende Pistole.

Dem braven Brown und seiner nie versagenden Geistesgegenwart, so erzählte die Königin, verdanke sie ihr Leben; denn er habe den Burschen vorstürzen sehen und sei ihm gefolgt. Zwar sei die Pistole nicht geladen gewesen, aber es hätte doch leicht der Fall sein können.

Bei der Untersuchung stellte sich heraus, daß der siebzehnjährige O'Connor sie nur hatte erschrecken und dadurch zwingen wollen, den Freilassungsbefehl für die im Gefängnis sitzenden Fenier zu unterzeichnen. Er wurde zu einem Jahr Gefängnis und zu einer Prügelstrafe verurteilt.

In den langen Jahren der Abgeschlossenheit der Königin hatte das Volk den Eindruck gehabt, als ob die so selten erblickte, in Trauerkleider gehüllte Gestalt ihm ferngehalten werde, weil sie nur wie eine unwirkliche, leblose Puppe sei, die als lebendige Frau aufgemacht würde.

Dennoch aber war Leben in ihr, und selbst in diesen Jahren fühlte man ihre außerordentliche Größe. Sobald es sich um den Ruhm oder das Wohl ihres Landes handelte, waren ihre Äußerungen nicht mehr alltäglich, hausbacken und rührend, – dann brauste in ihren Worten der Sturmwind der Geschichte, der alles vor sich hertrieb. Dieser Wind war in jeder Zeile ihrer Antwort an Earl Russell zur Zeit des Schleswig-Holsteinischen Konflikts zu spüren. Es sei nicht nötig, schrieb sie, die Königin an die Ehre Englands zu erinnern, denn die liege ihr mehr als jedem anderen am Herzen. Sie sei sich aber ebenso ihrer Verantwortung als Königin bewußt und lehne es ab, England um bloß eingebildeter Interessen oder Ehrenpflichten willen in einen Krieg zu verwickeln oder Maßnahmen zu billigen, die nur dazu geeignet seien, Europa in Brand zu setzen, der in allgemeine Anarchie ausarten könne.

Immer wieder hat Victoria mit dem Blick des Adlers, mit ungewöhnlicher Voraussicht und Klugheit Europa vor einem neuen Blutbad bewahrt. Ruhig, unerschütterlich und furchtlos kraft ihres Weitblicks, hielt sie die Waage in starken Händen. Als die Königin im Mai des Jahres 1875 von Deutschlands drohender Haltung gegenüber Frankreich hörte und Gerüchte vernahm, wonach Deutschland glaubte, Frankreich angreifen zu müssen, bevor die Franzosen einen Vergeltungskrieg anfangen könnten, erklärte sie Disraeli, Deutschlands Verhalten könne nicht geduldet werden. Das Gerede von einem Vergeltungskrieg sei barer Unsinn und England müsse an der Spitze der anderen Mächte Deutschland wissen lassen, daß Europa einen neuen Krieg nicht zulassen könne und wolle. Diesem unbeugsamen Willen gab Deutschland nach. Der Friede Europas war gerettet. Ihrer Größe und dem unübertroffenen Mut hatte die Schwermut, an der sie nach dem Tode ihres Mannes gelitten hatte, nichts anhaben können.

Die Zeit war gekommen, da man dieser Größe inne werden sollte!

Die Zeit vergeht . . .

Schnell waren die Jahre verflossen, und mit ihnen hatte sich die jugendliche Erscheinung der Königin und ihr glückliches, junges Gesicht gewandelt. Sie hatte jetzt die schwerfälligen, schlaffen Formen der mittleren Jahre. Ihr Antlitz, das in ihrer Mädchenzeit, „so lieb und schlicht" gewesen war und in dem späterhin Kummer, Verdruß, Wehleidigkeit und Launen tiefe Furchen hinterlassen hatten, war nun edel und weise geformt. Sie war großzügiger geworden, und ihre stets bereite Anteilnahme an allen Dingen hatte sich durch Erfahrung noch vertieft. Nichts entging ihr, wenn es sich um das Wohl ihres Volkes handelte. So durfte beispielshaber keine Sondersteuer für Streichhölzer erhoben werden; denn Streichhölzer wurden von den Ärmsten der Armen, darunter auch vielen Kindern, hergestellt, und ihnen könnte durch die Steuer der Lebensunterhalt genommen werden. Nie verließ sie der Gram über den Tod ihres Gatten. Aber jetzt rief doch nicht mehr jede Hochzeit ihrer Kinder, jede Geburt eines Enkels, jede einfache Feier in ihrem Haus und jedes öffentliche Fest einen Tränenausbruch bei ihr hervor.

Die Jahre hatten der Königin von England viel Schönes geraubt und ihr viel Liebes genommen. Kluge Stimmen, deren Klang sie aufrechterhalten hatte, freundliche Stimmen, die ein Teil ihrer verlorenen Jugend und ihres Eheglücks gewesen, waren verstummt. Im Jahre 1865 starb nach kurzer Krankheit der König der Belgier, dessen väterliche Liebe sie in ihrer Kindheit getröstet hatte. Nacheinander waren alle, die sie noch mit ihrer Jugend verbanden, dahingegangen. Auch die geliebte Halbschwester Feodora war nicht mehr, sie, deren feine Lebensart König Georg IV. bewundert hatte, – Feodora, die am zehnten Geburtstag der kleinen Schwester gerne als Vogel in ihr Fenster geflogen wäre, nur um ihr zu sagen, wie lieb sie sie hatte, – Feodora, das junge, lustige Menschenkind, das, wie es schien, niemals alt werden konnte. Der gute, kluge Dr. Macleod, ihr Freund in Balmoral, der ihren Gefühlen für das Mausoleum so viel Verständnis entgegengebracht und ihr geholfen hatte, Trost in der Religion zu finden, war auch schon zu Staub geworden. Tränen rannen der Königin über das Gesicht, als sie vor ihrem Toilettentisch saß und sich geistesabwesend das Haar glattstrich. Es war der 14. Dezember des Jahres 1878, die siebzehnte Wiederkehr jenes düsteren, eiskalten Tages, der ihr den Gatten geraubt hatte. Und gerade an diesem Tage mußte ihre Tochter Alice sterben. Sie war einer Diphtheritis erlegen, die sie sich bei der Pflege ihres Gatten und ihrer Kinder zugezogen hatte. Die Königin hatte die Nacht in unruhigem Schlafe verbracht. Als der Morgen endlich kam, ging sie, wie stets an diesem Tage, in das Zimmer ihres Mannes, um zu beten. Beim Verlassen des Zimmers stieß sie auf John Brown, der mit erschrockenem Gesicht ein Telegramm in der Hand hielt . . . Und nun sah sie Alice wieder vor sich, wie sie am Bette des Vaters stand, in jener Nacht, in der für die Königin die Welt eingestürzt war . . . Sie sah Alice an ihrem Hochzeitsmorgen zur Mutter ins Zimmer treten und sich niederbeugen, um ihren Kuß zu empfangen . . . Die Königin preßte die Hand auf die Augen, als wollte sie diese Erinnerungsbilder dort für immer festhalten. Die Jahre waren schnell vergangen, trotz der schweren Sorgenlast, die sie mit sich gebracht hatten. Aber sie hatten ihr auch lichte Freudenstunden und kleine Vergnügen, vor allem aber tieferes Verstehen beschert. Der Prince of Wales, dem sie viele Jahre lang eine Rolle in der Öffentlichkeit versagt hatte, nahm jetzt dank der ständigen Bitten Gladstones und Beaconsfields den Platz ein, der ihm als dem Thronerben zukam. Er war im Jahre 1875 als Vertreter der Königin nach Indien gegangen. Jetzt war ihr, als habe es nie eine Zeit gegeben, da sie ohne die Unterstützung ihres Sohnes gelebt hatte.

Mit der Festigung ihrer Gesundheit und der wiedererwachten Anteilnahme am Leben hatte die Königin auch wieder Freude an den Staatsbesuchen, die sie noch vor gar nicht langer Zeit so gefürchtet hatte. Am 20. Juni 1873 hatte sie der Schah von Persien in Begleitung des Großveziers mit großem Gefolge in Windsor besucht. Gute Beziehungen zwischen England und Persien waren mit Rücksicht auf Rußlands Vordringen in Asien sehr erwünscht. Um ein herzliches Verhältnis sowohl zu Rußland wie zu Persien herzustellen, hatte man den Zarewitsch und seine Gemahlin eingeladen, deren Schwester, die Princess of Wales, in derselben Zeit zu besuchen, für die man den Schah in Windsor erwartete.

Vor zehn Jahren hätte die Königin es nicht für möglich gehalten, daß ihr die für den Schah veranstaltete Gesellschaft so viel Vergnügen bereiten könnte. Der ganze Tag war voller Freuden. Die Juwelen des Schahs, die riesigen Rubine, die er als Knöpfe trug, sein Degengehänge, seine aus Diamanten zusammengesetzten Achselstücke und sein diamantener Hutschmuck strahlten im Blau des Sommertages; er erschien wie eine zweite Sonne. Die Herrscher tauschten Orden aus. Als der Schah der Königin einen Orden um die Schultern legte, hätte er ihr beinahe die Haube heruntergerissen. Der Großvezier und Prinzessin Beatrice rückten sie wieder zurecht. Dann flogen die Türen auf, und der Zug begab sich langsam in das Eichenzimmer, wo der Lunch aufgetragen war. Der Schah aß dauernd Obst und trank viel Eiswasser. Er unterhielt sich mit der Königin über ihr „Tagebuch unseres Lebens im Hochland", das er sich ins Persische hatte übersetzen lassen, um es lesen zu können. Nach dem Essen verabschiedete sich die Königin vom Schah, der sich, gefolgt von seinen Dienern, dem Mundschenk und dem Pfeifenträger, zur Ruhe begab. Als sie gegen halb vier Uhr aus dem Fenster schaute, sah sie ihn ohne seinen Hutschmuck, mit einer Brille bewaffnet, samt seinem Gefolge nach Virginia Water abfahren, wohin vor siebenundvierzig Jahren eine kleine Prinzessin mit dem „Ersten Gentleman Europas" in einem offenen Phaeton gefahren war.

Nicht allein durch ihre Gastfreundlichkeit, auch durch die Heiraten ihrer Kinder gewann die Königin immer größeren Einfluß. Als sie drei Wochen nach dem Besuche des Schahs mit Prinzessin Beatrice bei den Fichten und Steineichen in Osborne ihren Tee trank, erhielt sie vom Herzog von Edinburgh die telegrafische Nachricht, daß er sich mit der einzigen Tochter des Zaren verlobt habe. Am 7. März des nächsten Jahres begrüßte die Königin den Herzog und seine Gattin auf dem Bahnhof von Windsor; sie zitterte vor Aufregung über diese erste Begegnung mit der neuen Schwiegertochter. Alle Glocken läuteten, alle Musikkapellen spielten, Geschütze wurden abgefeuert und Fahnen flatterten, als die junge Frau aus dem Zuge stieg. Sie trug ein hellblaues Kleid mit langer Schleppe und einen weißen Tüllhut mit weißen Rosen und weißer Erika. Ihr liebes, angenehmes Gesicht, ihre strahlenden Augen und ihr freundliches Wesen waren so bezaubernd, daß die Königin das Zittern vergaß und sie zärtlich küßte.

Es kam ihr seltsam vor, daß ihr Sohn die Tochter des jungen Großfürsten geheiratet hatte, jenes reizenden jungen Mannes, in den sie sich einst – „im Scherz gesprochen" – wirklich ein bißchen verliebt hatte. Waren denn in der Tat schon fünfunddreißig Jahre vergangen, seit sie in Windsor mit ihm getanzt und geplaudert und unter Tränen von ihm Abschied genommen hatte? Zwei Monate nach der Ankunft seiner Tochter in der neuen Heimat stattete der Zar der Königin einen Staatsbesuch ab. Obwohl er sehr freundlich war, fand sie ihn furchtbar verändert. Sein Gesicht, so schrieb sie in ihr Tagebuch, war traurig, vergrämt und alt! Am folgenden Tage wurde ihm zu Ehren ein großes Essen gegeben. Die Königin und der Zar saßen Seite an Seite und plauderten von der Jugendzeit, da sie miteinander tanzten, ritten und sich ein wenig ineinander verliebt glaubten. Und wieder sah die Königin Tränen in seinen Augen; sie mußte an die Abschiedsstunde vor fünfunddreißig Jahren denken. Aber diesmal weinte er nicht über einen Abschied, sondern über die Güte der Königin gegen seine Tochter. Auch die junge Herzogin von Edinburgh war so überwältigt vor Rührung, daß ihre Schwiegermutter den Arm über den Zaren weg zu ihr ausstrecken und ihr aufmunternd die Hand drücken mußte. Der frühere Zwist zwischen England und Rußland wurde kaum erwähnt; nur einmal sagte der Zar bedeutungsvoll: „Sie waren schlecht beraten!" Das bezog sich, so nahm die Königin an, auf Palmerston.

Der Besuch nahm einen angenehmen Verlauf. Aber die Furcht der Königin vor Rußlands wachsender Macht und seinen undurchdringlichen Intrigen blieb bestehen. Achtzehn Monate nach dem Zarenbesuch sollten die Befürchtungen bis zu einem gewissen Grade Gestalt annehmen. Rußland, das die Macht der Türkei mit Neid betrachtete, nahm einen Aufstand der Balkanfürsten zum Vorwand, um seine eigenen ehrgeizigen Pläne durchzuführen. Es kündigte an, daß es, wie im Jahre 1854, seinen christlichen Brüdern zu Hilfe kommen werde. Beaconsfield erkannte, daß die britischen Interessen in Indien bis zu einem gewissen Grade die Aufrechterhaltung der Macht des Sultans verlangten, und war der Meinung, daß England unter allen Umständen die Türkei vor Rußland schützen müsse. Wie wir in dem Kapitel über Beaconsfield gesehen haben, bestärkte ihn die Königin nicht nur in seiner Ansicht; sie drängte ihn vielmehr zu allerschärfstem Vorgehen und beschwor ihn, um Gottes willen eine starke Sprache gegen Rußland zu führen und zu bedenken, daß es um Ehre und Würde Englands gehe und daß ihr großes Reich erhalten werden müsse. Lord Derby, ihr Minister des Auswärtigen, bekam zu verstehen, daß die Königin nichts von Schwierigkeiten, nichts von Unmöglichkeiten hören wolle, daß vielmehr Englands Rechte gesichert werden müßten.

Diese Politik führte dazu, daß der Vizekönig von Indien der Königin versichern konnte, England habe in den Augen der Inder seine alte, vornehme Rolle des Gesetzgebers und Richters wiedererlangt; das Land, das sich noch vor zwanzig Jahren gegen die englische Herrschaft aufgelehnt habe, wolle England jetzt Gut und Blut zur Verfügung stellen.

Beaconsfields Triumph auf dem Berliner Kongreß, der Europa den Frieden wiedergab, hatte nach Meinung der Königin auch das Ansehen und die Größe Englands wiederhergestellt. Es war nicht nur Prahlerei, wenn er sagte, daß es sein letztes Ziel sei, die Königin als Diktatorin Europas zu sehen. Aber Gladstone hatte sich von einer ganz anderen Seite gezeigt. Nachdem er seine Absicht kundgetan hatte, sich vom öffentlichen Leben zurückzuziehen, wählte er für seine Wiederkehr einen Augenblick, in dem die Regierung Ihrer Majestät eine Beunruhigung am wenigsten vertragen konnte, und wiegelte das englische Volk gegen die Türken auf wegen der von ihnen begangenen Greuel. Die Königin vermerkte in ihrem Tagebuch, daß es nach Gladstones Politik aussehe, als werde England seinen alten Platz nie wieder einnehmen ... Der Widerstreit zwischen den beiden großen, aber völlig unversöhnlichen Naturen war damals hoffnungslos. Gladstone hatte wenigstens bis zu einem gewissen Grade Verständnis für die Königin. Aber bei aller Hochherzigkeit und Einsicht, durch die sie beide groß waren, konnte zwischen ihnen keine Harmonie erzielt werden.

Während Gladstones zweiter Amtsperiode wurde das Mißtrauen der Königin noch größer. Ständig drängte sie auf einen siegreichen Abschluß der Kriege in Afghanistan und Südafrika, die die Regierung von ihrer Vorgängerin übernommen hatte. Die Königin befürchtete Rüstungsbeschränkungen und eine Herabsetzung der Heeresstärke. Unermüdlich in ihrer Pflichterfüllung, nahm sie Paraden ab, besichtigte das Schlachtschiff „Juno", das Verstärkungen nach Indien bringen sollte, und feuerte ihre Minister zu größerer Tatkraft an. Endlich unterwarf Sir Frederick, später Lord Roberts, die Afghanen. Nun wandte die Königin ihre Aufmerksamkeit dem Burenkrieg zu, der im Dezember 1880 ausgebrochen war. Als die Regierung einen schwachen und nach Meinung der Königin unwirksamen Frieden schloß, der den Buren die tatsächliche Selbsregierung wiedergab, hielt sie die Unzulänglichkeit Gladstones für unüberbietbar. In keinem Punkte waren sie einig, nur über die Verderblichkeit und Torheit der „Frauenrechte" waren sie einer Meinung. Trotzdem nahm die Königin immer noch ein freundliches, wenn auch schwaches Interesse an Gladstones Gesundheit.

Gladstone und die Königin hatten sich schon lange beunruhigt gefühlt durch die wachsende Neigung des weiblichen Geschlechts, sich seines Hauptreizes, der Zartheit, zu entäußern. Beide waren bestürzt gewesen, als im Jahre 1851 Mrs. Amelia Bloomer aus Seneca County, Ohio, in weiten, langen Hosen auftauchte. Diese Dame schien zur „eleganten Gesellschaft" zu gehören. Sie war Herausgeberin der „Lilie", einer New Yorker Zeitschrift, die sich hochmoralisch gebärdete. Ihre Hosen reichten bis zu den Knöcheln und waren dort mit Gummibändern befestigt. Durch sie sollte gegen die „Unart protestiert werden, zwölfmal am Tage die Kleider hochzuraffen, um dem Straßenschmutz und dergleichen zu entgehen". Aber als sie sich in England blicken ließ, erregte sie solches Aufsehen, daß öffentliche

Versammlungen zur Erörterung der Angelegenheit abgehalten wurden. Die Aufregung legte sich erst, als der Eigentümer eines großen Brauhauses alle seine Kellnerinnen ebenso kleidete.

Schon seit zwanzig Jahren beschäftigte sich die Königin, wie sie Martin versicherte, damit, „dieser verrückten, verderblichen Tollheit der Frauenrechte mit all ihren Abscheulichkeiten Einhalt zu tun. Das arme, schwache Geschlecht vergißt dabei jedes weibliche Empfinden und jeden Anstand". „Lady X", schrieb Ihre Majestät, „verdiente gehörige Prügel. Diese Sache versetzt die Königin in solchen Zorn, daß sie kaum an sich halten kann. Gott hat Mann und Frau verschieden geschaffen. Sie sollen beide bleiben, wie sie sind. Es gibt in ‚The Princess‘ von Tennyson ein paar schöne Zeilen über die Verschiedenheit von Mann und Frau. Die Frau würde zum abscheulichsten, herzlosesten und ekelhaftesten Geschöpf werden, wenn sie sich der Eigenschaften ihres Geschlechtes entäußern dürfte. Und wo bliebe der Schutz, den man vom Manne für das schwächere Geschlecht erwartet?"

Gladstone hegte gegen diese Gefahr den gleichen Abscheu wie die Königin. Als Disraeli seinerzeit die Regierung warnend auf den in Indien sich vorbereitenden Aufstand hinwies, war Gladstone viel zu sehr mit seinem Kampf gegen einen Gesetzentwurf beschäftigt, der den Frauen das Recht geben sollte, sich von ihren treulosen Männern scheiden zu lassen. Er schenkte daher dem heraufziehenden Sturm keine Beachtung. Für ihn hatte dieser Gesetzentwurf die beklagenswerte Tendenz, strenge Grundsätze aufzulockern; zum Gesetze erhoben, würde er auch den Armen etwas ermöglichen, das sich bisher nur die Reichen leisten konnten.

Die Abneigung gegen die Frauenbewegung war freilich das einzige Band zwischen Ihrer Majestät und ihrem Minister. Gladstone dachte nicht imperialistisch, zudem hatte die Königin den Eindruck, daß seine Haltung gegenüber der irischen Home-Rule-Bewegung etwas Revolutionäres an sich hatte. Mit seinem Freunde Tennyson fuhr er auf einer Jacht ins Ausland, ohne zuvor die Genehmigung der Königin einzuholen. Er hatte keine Voraussicht und war nicht um Englands Ehre besorgt.

Der Zorn der Königin gegen ihn erreichte im Jahre 1884 seinen Höhepunkt. Drei Jahre zuvor hatte ein Eingeborener aus Dongola im Sudan feierlich verkündet, er habe durch göttliche Eingebung den Befehl erhalten, die Gottlosen, die Heuchler und die Ungläubigen zu vernichten (und hinzuschlachten) und die gottesfürchtigen Stämme des südlichen Sudan zur Erfüllung dieser Sendung unter seinem Banner zu vereinigen. Leider fand dieses hohe Ziel nicht den Beifall der Regierung der Königin. Nach langer Beratung beschloß man, den Sudan zu räumen. Ein ungewöhnlicher Mann, ebenso fanatisch, kriegerisch, gottbegeistert und mutig wie der Mahdi von Dongola, wurde mit dieser Aufgabe betraut: der „Chinesen"-Gordon, der nach den Vorschriften der Bibel lebte, die Einsamkeit liebte, die Gefahr suchte, der sich nichts aus irdischen Gütern machte und seine ganze Habe den Armen opferte. Sein Äußeres war ebenso ungewöhnlich wie sein Charakter. Er war klein und mager, hatte einen ziegelroten Teint und feurige blaue Augen, die kindhaft unschuldig blickten. Sein gezierter, trippelnder Gang schien gar nicht zu seinem Wesen zu passen.

Dies war der Mann, der am 18. Februar 1884 als Generalgouverneur im Triumph in Khartum einzog und auf dem öffentlichen Platz die alten Marterwerkzeuge zerbrechen, zugleich aber verkünden ließ, daß die Sklaverei zugelassen sei. Seit dem Einzug in Khartum hatte er den Gedanken an eine Räumung des Sudans aufgegeben. Er, der von London ausgesandt worden war, um über die beste Art der Räumung Bericht zu erstatten, dachte und sprach über nichts anderes mehr als über die „Vernichtung des Mahdi mit Hilfe britischer und indischer Truppen". Die öffentliche Meinung in England schlug sich auf seine Seite, und kurz darauf trat auch Lord Wolseley entschieden für die Einverleibung des Sudans ein. Sir Gerald Graham wurde daher mit einer großen Armee nach Suakin geschickt. Aber dann wurde die Regierung wieder schwankend. Denn General Gordon hatte gewünscht, daß England den Rebellenführer von Darfur, Zobeir, mit Geld unterstützen und ihm die „Aufsicht über den Sudan" übertragen solle. Zobeir war der größte Sklavenjäger, den es je gegeben; Gordon hatte jahrelang Krieg gegen ihn geführt und seinen Sohn hinrichten lassen. War Gordons Wunsch mit dem öffentlichen Gewissen Englands zu vereinbaren? Die

„Gesellschaft gegen die Sklaverei" erhob ein lautes Geschrei. Aber General Gordon blieb bei seiner Forderung; denn der Gedanke, daß seine Vereinigung mit Zobeir in Khartum zur Vernichtung des Mahdi führen werde, entsprang, wie er sagte, einem „mystischen Gefühl" und konnte deshalb nicht angezweifelt werden. Leider hatte die Regierung keine Beziehungen zum Mystizismus, und ihre Begeisterung für Gordon begann zu schwinden. Auch die imperialistische Stimmung in England ließ nach, und plötzlich faßte das Kabinett einen verhängnisvollen Entschluß: Sir Gerald Graham und seine britische Armee wurden aus dem Sudan abberufen. Der Mahdi hatte die Oberhand, und seine Streitkräfte, denen nur Gordon und die ägyptische Besatzung gegenüberstanden, rückten allmählich auf Khartum vor.

Schließlich begriff man in England doch die Gefahr. Aber schon lange, ehe man sie erkannte, erinnerte die Königin die Minister an ihre Verantwortung . . . „Es ist beängstigend", lautete ihr Telegramm vom 25. März an Lord Hartington, „General Gordon schwebt in Gefahr, Sie müssen ihn retten. . . . Sie haben eine furchtbare Verantwortung auf sich geladen . . ." In öffentlichen Versammlungen wurde dringend gefordert, daß Gordon gerettet werden müsse, koste es, was es wolle. Unter dem Oberbefehl Lord Wolseleys wurde ein Expeditionskorps zu Gordons Befreiung ausgeschickt. Aber es war zu spät. Die Belagerung hatte schon begonnen, die Menschen verhungerten, und Gordon hatte bereits Schießpulver in die Keller des Palastes schaffen lassen, um ihn lieber dem Erdboden gleichzumachen, als sich dem Mahdi zu ergeben. Aber selbst das war vergeblich. Als Gordon eines Morgens im Schlafrock auf dem Dach des Palastes stand, sah er, daß der Angriff begann. Er konnte gerade noch in sein Schlafzimmer stürzen, die Uniform anlegen und Pistole und Degen ergreifen. Schon wurden die Tore des Palastes gesprengt, und die Derwische brachen herein. Oben auf der Treppe stand der Mann, den sie suchten. Einen Augenblick lang herrschte Schweigen. Dann schrie der vorderste Derwisch laut: „Fluchwürdiger, deine Stunde ist gekommen!" und stieß Gordon seine Lanze durch den Leib. Einen Augenblick später war er schon in Stücke zerhackt. Der Kopf wurde abgeschnitten und auf Befehl des Mahdi zwischen die Zweige eines Baumes an der Landstraße genagelt, wo alle, die vorübergingen, ihn steinigen konnten.

Als die Nachricht in England eintraf, kannten die Empörung und der Schmerz der Königin keine Grenzen. Gladstone hatte alle ihre Warnungen überhört und ihren treuen Diener im Stich gelassen. Sein Tod, erklärte sie, komme über Gladstones Haupt. Ihr Zorn war so groß, daß sie an Gladstone und an Lord Hartington Telegramme „en clair" schickte, damit sie gelesen werden konnten: „Diese Nachricht aus Khartum ist entsetzlich, und der Gedanke, daß durch ein rechtzeitiges Vorgehen all dies hätte vermieden und das Leben vieler Menschen hätte gerettet werden können, ist furchtbar."

Diese Telegramme wurden von den Postbeamten gelesen, und der Zorn der Königin wurde bekannt. Gladstone war über die öffentliche Bekundung ihres Mißtrauens tief gekränkt. In seiner Erwiderung wies er darauf hin, daß die Militärbehörden an der Verzögerung schuld seien, die zum Tode Gordons geführt habe, da sie sich über die Marschroute nicht hätten schlüssig werden können. Aber die Königin ließ sich nicht beschwichtigen und schrieb: „Mr. Gladstone und die Regierung – die Königin fühlt es mit Schrecken, – haben das Blut des unschuldigen, edlen, heldenhaften Gordon auf dem Gewissen. Niemand, der sich vergegenwärtigt, wie man ihn ausgesandt und wie man sich dann von ihm abgewandt hat, kann es leugnen! Es ist fürchterlich . . . Mögen sie es fühlen und mögen sie es zu fühlen bekommen."

Die Königin hat ihrem Minister nie verziehen. Er blieb in ihren Augen ein ebenso wankelmütiger wie eigensinniger, ebenso hitziger wie schwächlicher Mann, bei dem unbändige Tatkraft und haltlose Schwerfälligkeit miteinander abwechselten, ein Staatsmann ohne Voraussicht und Urteil. Diese Schwächen waren ihrer Ansicht nach ebenso verantwortlich für die Morde im Phönix-Park zu Dublin wie für Gordons Tod. Hätte Gladstone bei der Behandlung der irischen Aufrührer mehr Festigkeit bewiesen, so hätten Lord Frederick Cavendish und Burke nicht ihr Leben lassen müssen.

Gladstone konnte seine Schuld nicht einsehen. Lange nach Gordons Ende schrieb er an einen Freund, er müsse weiter im stillen leiden: „Gordon war ein Held, ein Heros unter Helden. Aber wir hätten wissen müssen, daß ein Heros nicht der geeignete Mann ist, um an einem fernen Ort und unter den schwierigsten Umständen wie ein gewöhnlicher Sterblicher zu handeln. Es war ein Unglück, daß er die Vorrechte eines Heros für sich in Anspruch nahm, und alle Gedanken und Absichten, mit denen er England noch verlassen und die man offiziell gebilligt hatte, auf den Kopf stellte und von innen nach außen kehrte . . . Ich habe über das Ganze nur eine Meinung: daß wir soviel zu seiner Rettung unternommen haben, ist schwerer zu rechtfertigen, als wenn wir gar nichts getan hätten. Wenn die zu seiner Rettung ausgesandte Abteilung Khartum erreicht hätte, wäre er (wie ich vermute) doch nicht fortgegangen, und dadurch wäre, in anderer Form, eine neue Schwierigkeit entstanden."

Die beiden Männer waren bei äußerster Gegensätzlichkeit doch typische Engländer: Gladstone ruhig, eigensinnig, entschlossen und unkompliziert; General Gordon feurig, hartnäckig und überspannt. So traten sie für den Ruhm Englands und seiner Königin auf den Plan.

Tag des Triumphes

Schon seit Tagesanbruch hatte man im Buckingham-Palast gehört, wie draußen die Truppen sich sammelten. Musikkapellen spielten, und die Menschenmassen jubelten. Und jetzt sah die erwartungsfreudige Menge, wie zwei fleischige, beringte Hände den Fenstervorhang im Chinesischen Zimmer beiseite zogen und wie eine kleine, gedrungene Gestalt in Schwarz erschien. Einen Augenblick später war der Vorhang auch schon wieder geschlossen.

Die Königin von England betrachtete ihr Volk, das sich zum fünfzigsten Jahrestag ihrer Thronbesteigung zusammengefunden hatte. Dann verließ sie das Fenster und ging in den Ankleideraum, um sich für den Dankgottesdienst in der Westminster-Abtei zurechtzumachen.

Fast fünfzig Jahre waren vergangen, seit eine kleine Gestalt im Goldgewand mit der Krone auf dem Haupt in der Abtei gestanden und den Segen des Himmels auf ihre Werke und ihr Volk herabgefleht hatte. Jetzt kam eine kleine alte Dame im schwarzen, mit weißer Alençonspitze besetzten, ordengeschmückten Kleid, mit einem Witwenhut und um den Hals eine Perlenkette die Treppe des Buckingham-Palastes herab und trat in den großen Schloßhof hinaus, um sich mit ihrem Volke zur Dankesfeier zu vereinigen. Und um sie waren ihre unvergessenen geliebten Toten: ihr Gemahl in unsterblicher Jugend und Treue, Onkel Leopold, ihre beiden verstorbenen Kinder, Lord Beaconsfield, der „gute, weise alte Mann", die liebe Lehzen und der getreue Stockmar. . . . auch der arme Lord Melbourne im Tode geläutert von allen menschlichen Schwächen . . .

Es war ein heller, warmer, strahlender Tag. Sechs Ponies zogen die goldene Kutsche, in die sie stieg. Ihre Tochter, die

Deutsche Kronprinzessin, und die Princess of Wales saßen ihr gegenüber. Unmittelbar vor dem Wagen ritten zwölf indische Offiziere, vor ihnen die drei Söhne der Königin, fünf Schwiegersöhne und neun Enkel. Der Kutsche der Königin folgten in weiteren Wagen ihre anderen Töchter, drei Schwiegertöchter und die Enkelinnen mit Gefolge. Die übrigen Fürstlichkeiten, der König und die Königin der Belgier, der König von Dänemark, der König von Sachsen, der König und die Königin von Portugal, Kronprinz Rudolf von Österreich und viele andere bildeten einen besonderen Zug. Die Stammutter so vieler Geschlechter, die Großmutter des künftigen Deutschen Kaisers und der künftigen Kaiserin von Rußland, sah den Schatten ihrer Macht sich über die Erde breiten. Die Menschenmenge war größer – jedenfalls kam es der Königin so vor – als vor fünfzig Jahren, da sie die kleine achtzehnjährige Königin begrüßt hatte. Jetzt waren ihr alle in Liebe zugetan; alle Unzufriedenheit, aller Zweifel waren vergessen. Welch prächtigen Anblick bot das königliche Geleit, boten die schimmernden Uniformen, die mitmarschierenden Musikkapellen, die gewaltigen, überwältigenden Menschenmassen, die ihr zujubelten, ihren Namen riefen und Tücher schwenkten.

In dem glückverheißenden Sonnenlicht lag auch kein Schatten mehr auf dem Antlitz ihres lieben Fritz. Sie hatte es wohl bemerkt, denn sie hatte ihn voller Sorge beobachtet. Er sah so gut und stattlich aus. Die Ärzte hatten unrecht; sie hatten sich geirrt. Er konnte doch nicht so krank sein, wie sie sagten. Und doch waren erst fünf Wochen seit dem furchtbaren, sorgenvollen Tag vergangen, an dem sie die angsterfüllten Briefe und Telegramme der Kronprinzessin erhalten hatte. Sie hatte sie um neue Spezialärzte gebeten, die den Kehlkopf des Kronprinzen untersuchen sollten.

Wie mitfühlend war doch ihr Minister, Lord Salisbury, gewesen, als die Königin ihm ihren Kummer anvertraute! Er war ihr immer eine Stütze; seine Hilfe und seine Teilnahme waren unschätzbar. Zwar konnte niemand je den lieben Lord Beaconsfield ersetzen. Aber sie fand jetzt, da er tot war, wenigstens bei seinem Schüler Zuflucht.

Die Königin mußte lächeln, als sie den Prinzen Heinrich von

Battenberg, den Prinzessin Beatrice am 23. Juli 1885 geheiratet hatte, zum erstenmal seine britische Uniform tragen sah. Er nahm sich hübsch darin aus. Die Königin liebte ihn wie einen eigenen Sohn. Er war fröhlich und liebevoll und hatte Glück in ihr Heim gebracht. Auch er liebte Musik, veranstaltete im Schloß Konzerte und hatte veranlaßt, daß Sullivans berühmte neue Opern bei Hofe aufgeführt wurden. Seit er da war, hatte sich das Leben ganz verändert, und die Königin konnte kaum glauben, daß noch vor wenigen Jahren jedes kleine und große Ereignis bei ihr einen Tränenausbruch hervorgerufen hatte.

Der Zug hatte nun die Westminster-Abtei erreicht. Dort stand der Erzbischof von Canterbury mit dem Dechanten. Diese hatten die gleichen Chormäntel aus Gold und Samt an, die vor nahezu fünfzig Jahren zur Krönung der Königin getragen worden waren. Sie trat in das Dunkel der Abtei und schritt, von Musik begleitet, langsam mit der ihr eigenen, unvergleichlichen majestätischen Würde durch das Kirchenschiff zu dem Sitz empor, auf dem sie allein Platz nehmen mußte – ohne den Mann, der ihr Trost in ihrer königlichen Stellung gewesen war. Als sie auf dem Throne saß, mußte sie wieder an ihren geliebten Toten denken. Nach der Feier verneigten sich ihre Söhne, Schwiegersöhne und Enkel vor ihr und küßten ihr die Hand. Sie küßte ihre Töchter. Dann erhob sie sich und ging durch das Dunkel zurück ins Sonnenlicht – zu ihrem Volk.

Als sie ins Schloß kam, begab sie sich in ihr Zimmer und vertauschte den Hut mit ihrer Haube. Erst um vier Uhr wurde der Lunch aufgetragen. Sie ging am Arm des Königs von Sachsen ins Speisezimmer. Nach dem Lunch stand sie auf dem kleinen Balkon des Blauen Zimmers, das nach der Gartenseite lag, und sah sich den Vorbeimarsch der Blaujacken an. Dann ging sie in den kleinen Ballsaal, wo sie das Geschenk ihrer Kinder, ein kostbares Stück für die Tafel, und viele andere Gaben entgegennahm. Darunter befand sich auch ein eigenartiges Geschenk der Königin von Hawaii: ein Kranz aus ganz seltenen Federn rund um ihr Monogramm, das ebenfalls aus Federn auf schwarzem Grunde gebildet war.

Die Königin war jetzt von der großen Hitze und Aufregung erschöpft und fühlte sich einer Ohnmacht nahe. Sie ließ sich daher im Rollstuhl in ihr Zimmer zurückfahren. Dort ruhte sie auf dem Sofa und las die Depeschen aus allen Teilen ihres Reiches. Bald darauf kamen ihre kleinen Urenkel, um sich zu verabschieden.

Ein aufreibender Tag! Jetzt war es schon an der Zeit, sich zum Essen und für die große nachfolgende Feier anzukleiden. Sie legte ein mit Rose, Klee und Distel in Silber besticktes Kleid und alle Diamanten an. Der König von Dänemark führte sie zum Essen. Sie saß zwischen ihm und ihrem Vetter, dem König der Belgier. Nach dem Essen empfing sie die indischen Fürsten und das diplomatische Corps, bis sie halbtot war vor Anstrengung. Es war schon sehr spät, als sie sich endlich zurückziehen konnte. Sie ließ sich in das Chinesische Zimmer rollen, um die Festbeleuchtung zu betrachten. Die Lichter im Zimmer wurden ausgemacht, die Tür wurde geschlossen. Nun war die Königin allein im bläulichen Mondschein, der den Raum durchflutete. Alle Geräusche im Schloß vernahm sie nur wie aus weiter Ferne, aber immer noch klang ihr der Lärm der Menge draußen, der schon am Tag zuvor eingesetzt hatte, in den Ohren; er setzte sich bis in die ersten Morgenstunden fort. Die Königin war enttäuscht, daß sie zwar noch immer die Menschen draußen jubeln und schwatzen hören konnte, aber nur wenig vom Feuerwerk zu sehen bekam.

Am nächsten Morgen ließ sich während des Frühstücks im Chinesischen Zimmer keine Menge und keine Musik mehr hören. Das Gestern war wie ein Traum. Aber später am Tage merkte sie, daß der Traum noch nicht vorüber war. Es fand eine große Lunchgesellschaft statt, und nachher empfing sie die Mitglieder ihres Hofstaates und des Hofstaats der Prinzessin Beatrice und nahm ihre Geschenke entgegen. Erst um einhalb sechs Uhr verließ sie den Buckingham-Palast und begab sich nach Windsor. Die Londoner Straßen hingen voller Fahnen. Schulkinder sangen „God Save the Queen“; aber sie sangen ganz falsch. Ein süßes kleines Mädchen reichte ihr einen Blumenstrauß mit Bändern. Darauf stand: „Gott segne unsere Königin, nein, nicht nur Königin, sondern Mutter, Königin und Freundin." Die Königin trat in Slough, wo ihr eine Adresse überreicht wurde, aus dem Zug und verließ ihn in Windsor, das einem Fahnenmeer glich. Auf dem Schloß wurde im Familienkreis gegessen. Dann brachten die Etonschüler, die an diesem Tage als Tempelritter gekleidet waren, einen Fackelzug. Die Königin rief, so laut sie konnte: „Ich danke euch!" Der Round Tower erstrahlte in Festbeleuchtung. Aber die Königin war zu erschöpft, um noch irgend etwas sehen zu können. In einem Brief versicherte ihr Lord Roseberry bald danach, daß alles Ihrer Majestät und ihres Reiches würdig gewesen sei; die Feier habe die Grundlagen der weltbeherrschenden Monarchie, die das einträchtige Streben von dreihundert Millionen Menschen verkörpere, gefestigt und vertieft. Die Königin erwiderte, sie wisse jetzt, daß fünfzig Jahre der Sorge und harten Arbeit und daß auch ihr Mitgefühl mit den Bekümmerten, Leidenden und Geringen Anerkennung gefunden hätten.

Die Königin stand den Herzen der verschiedenen Völker ihres Reiches jetzt näher denn je. Die Jubiläumsfeier in Kalkutta bescherte den staunenden Indern, die nach der Versicherung des Vizekönigs Lord Dufferin an pyrotechnischen Vorführungen leidenschaftliche Freude hatten, ein Feuerwerk, das ihre kühnsten Erwartungen übertraf. Sie bekamen den Kopf der Königin in feurigen Umrissen und den Prince und die Princess of Wales inmitten eines riesigen flammenden Rosenbusches zu sehen. Kein Wunder, daß ein Ausbruch patriotischer Gefühle die Folge war! Bilder der Königin-Kaiserin wurden durch die Straßen getragen, und Umzüge feierten sie mit Jubelgeschrei.

Am 30. Juni empfing die Königin in Windsor eine Abordnung indischer Fürsten, beschenkte sie mit ihrem Porträt auf Emaille und verlieh ihnen das Großkreuz des indischen Kaiserreichs. Als Gegengabe schenkte ihr Sir Partab Singh eine Perlenverzierung von seinem Degengehänge, nachdem er ihr seinen Degen zu Füßen gelegt und ihr versichert hatte, daß ihr all sein Besitz zu Diensten stehe. Die Maharani von Kuch Behar gab ihr einen Schmuck aus Diamanten und einen Rubin mit Gravierung. Als sie vor den Eingang traten, kam der Thakur von Morir auf einem gepanzerten Pferd der Chettawa-Rasse angeritten, das ein Amulett am Bein trug, stieg ab und bat sie, es zum Geschenk zu nehmen.

Ein Jahr zuvor hatte die Königin verschiedene Vertreter ferner Volksstämme, die unter ihrer Herrschaft lebten, empfangen:

Singhalesen, die ihr außerordentlich schwarz vorkamen; prachtvoll aussehende Kaffern, nur in Decken gehüllt, die ihre herrlichen Arme und Beine sehen ließen; abscheulich häßliche kleine Buschmänner; Malaien vom Kap und Eingeborene aus Britisch-Guinea, die die Königin fürchterlich fand und die nur einen Lendenschurz trugen. Es waren auch ein paar interessant aussehende Chinesen aus Hongkong und einige Cyprioten dabei. Die meisten fingen zum Zeichen ihrer Ergebenheit zu singen an oder spielten Musikinstrumente. Es dauerte ziemlich lange, bis die Königin glaubte, sich zurückziehen zu können. Sie nahm die Mühe auf sich und empfand nicht nur eine leichte Belustigung, sondern auch Freude und Dankbarkeit. Waren doch alle diese Menschen ein Symbol für die wachsende Macht des Imperiums! Sie war beglückt, ihre treue Anhänglichkeit zu besitzen. Ihre Länder waren groß, ihre Macht nahm zu. Sie sagte zu Lord Salisbury, daß Lord Beaconsfield Englands Macht von 1874 bis 1880 wie durch ein Wunder aufgerichtet habe. Mr. Gladstone und Lord Granville hätten sie dann „in jenen fünf Jahren ihrer verderblichen, unheilvollen Mißregierung" zerstört. Aber Lord Salisbury habe sie nun in nur sieben Monaten vor aller Welt wiederhergestellt. Schon lange hatte die Königin gewünscht, Gladstone möge sich ins Privatleben zurückziehen. Seine heftigen Angriffe gegen seine früheren Kollegen und seine Unfähigkeit, auch nur einmal einzusehen, daß er im Unrecht und die anderen im Recht waren, hatten ihm so geschadet, daß sein Rücktritt ihrer Meinung nach in seinem eigenen wie in Englands Interesse lag. Seine Angriffe auf die wohlhabenden und gebildeten Klassen kamen hinzu. Die Königin betonte ihrem Minister gegenüber, daß diese Angriffe tief zu beklagen seien. Aber der eigensinnige alte Herr erwiderte bloß, er habe in langen Jahren die Beobachtung gemacht, daß in allen wichtigen Fragen, bei denen es einfach nur auf Menschlichkeit und Gerechtigkeit angekommen sei, die Leute von Besitz und Rang immer unrecht gehabt hätten, die Masse aber recht. Was wollte man mit einem solchen Menschen anfangen? Er war unverbesserlich, und es hatte keinen Sinn, mit ihm zu streiten. Als er im Januar 1886 Lord Salisbury gestürzt hatte und an seiner Stelle – freilich nur auf kurze Zeit – Ministerpräsident geworden war, mußte die Königin bemerken, daß er ein irisches Parlament schaffen wollte. Sie machte dazu die bittere Anmerkung: „Er redet sich ein, dadurch eine Revolution zu vermeiden."

Jetzt aber atmete die Königin auf; denn an seine Stelle war wiederum der entschlossene, kluge, gerechte, höfliche, kultivierte und unterhaltsame Lord Salisbury getreten; Lord Salisbury, der Gelegenheiten abzuwarten und dann zu nutzen wußte, mit Entschiedenheit handeln konnte und sich ebenso auf rückhaltlose wie auf ausweichende Handlungen verstand. Für Erfindungen und wissenschaftliche Entdeckungen hatte er ein so unstillbares Interesse, daß Hatfield House einmal beinahe durch eine Explosion in die Luft geflogen wäre und daß die Füße seiner Gäste immer in Gefahr waren, sich in Telefondrähte zu verwickeln. Aber Explosionen und Verwicklungen in Europa verstand er zu verhindern.

Die Königin war zufrieden, als Lord Salisbury Minister wurde; Lord Salisbury dagegen weniger. Er erklärte, er sei durchaus imstande, mit zwei Ressorts fertigzuwerden, sehe sich aber durch die Tücke des Schicksals gezwungen, mit deren vier fertig werden zu müssen: mit dem Amt des Ministerpräsidenten, dem Auswärtigen Amt, der Königin und – Lord Randolph Churchill. Unglücklicherweise herrsche zwischen den beiden letzteren Ressorts Kriegszustand; denn die Königin halte Lord Randolph für wunderlich, verrückt, ungezogen, treulos und unzuverlässig. Einmal wurde dem abgearbeiteten Lord Salisbury bedeutet, „die Königin sei sehr wütend über jemanden („jemand" ging auf Lord Randolph!), der zu behaupten wage, daß sie einen Krieg mit Rußland anfangen wolle, um dem Fürsten Alexander wieder zu seinem Throne zu verhelfen". Fürst Alexander war der Bruder des Prinzen Heinrich von Battenberg; er hatte durch Rußlands Machenschaften den bulgarischen Thron verloren. Lord Randolph hatte offenbar sein Gerede in Londoner Klubs wiederholt und sollte nun die tiefe Empörung der Königin zu spüren bekommen.

Solchen Schwierigkeiten sah sich Lord Salisbury ausgesetzt. Aber die Königin war mit ihrem neuen Minister durchaus zufrieden. Leitete sich nicht seine Außenpolitik unmittelbar von der Lord Beaconsfields her? Im Jahre 1887 wirkten die Königin

260

und er bei der Verhinderung eines neuen Krieges zwischen Frankreich und Deutschland mit. Bismarck hatte erklärt, Deutschland müsse zum Kriege schreiten, wenn Frankreich seine Vorbereitungen nicht einstelle. Die Königin bat Lord Salisbury, beide Länder dringend zu der feierlichen Versicherung England und den anderen Großmächten gegenüber zu veranlassen, daß sie keine Angriffsabsichten gegeneinander hegten. Im Verlaufe dieser Verhandlungen hatte Lord Salisbury ein merkwürdiges Gespräch mit dem deutschen Botschafter. Nach der Versicherung, daß Deutschland keinen Krieg wünsche, sagte dieser zu dem Ministerpräsidenten: „Es könnte England nichts Heilsameres passieren, als in einen guten Krieg verwickelt zu werden."

Lord Salisburys Gegenwart war für die Königin ein Trost; denn er war, wie sie bemerkte, gerecht und großherzig; er zeigte viel Mitgefühl für ihre Einsamkeit und Abgeschiedenheit und hatte ihr fest versichert, daß er alles, was in seinen Kräften stehe, tun werde, um ihr zu helfen. Sie bedurfte wirklich einer Stütze; denn sie hatte in ihrem Familienleben letzthin viele Sorgen gehabt. Da war zum Beispiel die peinliche Affäre des Sir Charles Mordaunt. Dieser hatte im Scheidungsprozeß gegen seine in Geisteskrankheit verfallene Frau den Prince of Wales unter den wegen Ehebruchs Mitbeklagten vor Gericht geladen. Die vollkommene Schuldlosigkeit des Prinzen wurde klar bewiesen; aber die anderen Mitbeklagten gehörten zu seinem Freundeskreis. Das liebenswürdige, zärtliche Kind, das an Baron Stockmar von seinem Interesse für Mörder geschrieben hatte, zeigte nun als Mann Interesse und Spaß an Leuten, die sein Vater in moralischer Beziehung kaum über Mörder gestellt hätte.

Trotz ihrer persönlichen Kümmernisse konnte nichts den Stolz der Königin über den wachsenden Ruhm Englands beeinträchtigen. In jedem Jahre kamen neue Länder unter englische Schutzherrschaft oder wurden dem Reiche einverleibt. Ihr Einfluß in Europa wuchs mit jeder Heirat ihrer Kinder, Enkel und Großenkel. Und mit der Zeit schweißten wissenschaftliche Erfindungen ihre Länder enger zusammen; denn neue Möglichkeiten eröffneten sich der Nachrichtenübermittlung. Eines Abends, neun Jahre vor dem Jubiläum, sah und hörte die Königin in Osborne nach dem Essen eine seltsame neue Erfindung: das

Telefon. Professor Bell erläuterte ihr den ganzen Vorgang, der höchst ungewöhnlich schien. Man hatte eine Verbindung mit Osborne House hergestellt, und die Königin konnte sich mit Sir Thomas Biddulph unterhalten. Sie hörte auch deutlich Gesang, aber ziemlich schwach, obgleich sie den Hörer ganz dicht ans Ohr hielt. Die Erfindung setzte die Königin sehr in Erstaunen, obwohl doch Telegrafendrähte schon lange im Gebrauch waren. Eines der ersten Telegramme war 1858 die Glückwunschdepesche des Kaisers Napoleon III. an die Königin anläßlich der Einnahme von Delhi gewesen.

Mit ihrer neuerwachten Anteilnahme am Leben bekam die Königin auch Geschmack am Reisen. Im April 1888 besuchte sie Florenz. Nach der Ankunft machte ihr das italienische Königspaar einen Besuch in der Villa Palmieri, wo sie wohnte. Am gleichen Tage fuhr sie um vier Uhr nach dem Palazzo Pitti zum Gegenbesuch. Am nächsten Morgen empfing sie den Kaiser und die Kaiserin von Brasilien mit ihrem jungen Enkel Prinz Pedro. Sie fand, daß die dunklen Gesichter der kaiserlichen Majestäten sehr gealtert und krank ausgesehen hätten. Als sie fort waren, fuhr sie durch Florenz zum Lunch beim italienischen Königspaar in den Palazzo Pitti. Bei dieser Gelegenheit fiel ihr bei dem radikalen Minister Crispi der völlige Mangel an Lebensart auf; er blieb im Zimmer, starrte sie unter seinen schwarzen Augenbrauen unausgesetzt finster an und fiel ihr lästig.

Am selben Tage erhielt sie die Nachricht, daß Fürst Bismarck von seinem Amt zurücktreten wolle, weil Kaiser Friedrich und seine Gemahlin die Verlobung ihrer Tochter Viktoria mit dem Prinzen Alexander von Battenberg begünstigten. Die Königin hatte die Absicht, nach Berlin zu fahren, um ihre Tochter und den im Sterben liegenden Schwiegersohn zu besuchen. Aber Lord Salisbury war über den Besuch in diesem Augenblick beunruhigt. Denn er wußte, daß Bismarck auf die Königin sehr ärgerlich war, weil er, ganz zu Unrecht, glaubte, sie dränge ihre Tochter dazu, auf der Heirat zu bestehen. Er wußte auch, daß Kronprinz Wilhelm unter Bismarcks Einfluß stand. Er kannte Wilhelm und kannte Wilhelms Großmutter, und erklärte der Königin ganz offen, der Prinz könnte vielleicht bei Erwähnung irgendeiner heiklen Frage eine unpassende Äußerung tun; zöge

ihm diese dann einen Verweis von seiner Großmutter zu, so
könnte er das krumm nehmen und daraus könnte sich in Zukunft eine Störung der englisch-deutschen Beziehungen ergeben. Die Königin ließ sich aber nicht abhalten und brach am 23.
April nach Berlin auf. Sie unterbrach ihre Reise in Innsbruck,
um mit Kaiser Franz Joseph zu frühstücken, der sie nach sieb-
zehnstündiger Fahrt von Wien auf dem Bahnsteig erwartete. Es
war ein schöner, warmer Tag. Die Dörfer nahmen sich „wie
wachsfarbene Begonien zwischen grünen Blättern" aus. In der
romantischen Gegend konnte sich die Königin gar nicht vorstellen, daß sie zu einem Sterbenden fuhr.

Die Königin, Prinzessin Beatrice und ihr Mann aßen mit dem
Kaiser in einem kleinen, blumengeschmückten Raum. Dann
ging die Reise weiter. Um sechs Uhr kam die Königin in Mün-
chen an, wo sie die Königin-Mutter von Bayern auf dem Bahnsteig traf. Sie war wie eine schöne, schwermütige Schatten-
gestalt; denn sie trug immer Trauer um ihren vor zwei Jahren
ertrunkenen Sohn Ludwig und um den König, seinen Nachfolger, ihren geisteskranken Sohn. Sie gab der Königin einen Ro-
senstrauß; aber die Rosen waren blaß und hatten einen
eigentümlichen, traurig stimmenden Duft.

Am nächsten Morgen um dreiviertel acht Uhr traf sie in Charlottenburg ein und wurde von ihrer Tochter abgeholt, die nur
mühsam ihre Tränen zurückhielt. Seit der Erkrankung ihres
Mannes führte sie das Leben einer Gehetzten. Der finstere Schatten Bismarcks und die Angriffe in der Presse verfolgten sie. Es
hieß, daß nach der Verfassung ein von unheilbarem Siechtum
befallener Prinz den preußischen Königsthron nicht hätte beste-
gen können, da er unfähig sei, seine Herrscherpflichten zu erfüllen. Am schmerzlichsten für sie aber war Wilhelms Verhalten.
Von Tag zu Tag erweiterte sich die Kluft zwischen dem Prinzen
und seiner Mutter. Sie hatten beide einen gewissen Dünkel, waren beide eigensinnig und herrschsüchtig. Schon als Kronprinzessin hatte sie sich bei ihrer Mutter darüber beklagt, daß er „so
unhöflich, ungezogen und unangenehm wie möglich" sei, sich
einmische und aufdränge. Doch wenn wir nach dem Charakter,
der sich in den Briefen der Kaiserin offenbart, urteilen dürfen,
so ist wohl auf beiden Seiten Schuld zu suchen. Zweifellos war

dem Prinzen die Stellung, in die er durch den Tod seines Großvaters und die Krankheit seines Vaters gerückt war, zu Kopf gestiegen. Vor dem Tode des alten Kaisers unterzeichnete sein Enkel alle Staatsurkunden. Obwohl dies unbedingt notwendig war, so waren sich doch, wie Benson betont, bei jeder Unterschrift der Prinz und seine Mutter, der eine mit Dünkel, die andere mit Besorgnis, bewußt, daß bald der Tag kommen mußte, da der Prinz in seinem eigenen Namen als Deutscher Kaiser unterzeichnen würde. Jetzt trug die in Aussicht genommene Vermählung seiner Schwester mit dem Prinzen Alexander von Battenberg noch zur Verschlechterung ihrer Beziehungen bei; denn Wilhelm teilte Fürst Bismarcks Standpunkt und setzte sich leidenschaftlich gegen die Heirat ein.

Königin und Kaiserin fuhren ins Schloß, und die Königin ging in das Zimmer ihres Schwiegersohnes hinauf. Er lag zu Bett; sein ihr so liebes Gesicht schien unverändert. Voll Freude über das Wiedersehen hob er die Hände und reichte ihr einen kleinen Blumenstrauß. Dann führte die Kaiserin ihre Mutter von seinem Krankenlager in ein reizendes kleines grünes Zimmer mit silbernen Rokokoornamenten. Dort frühstückten sie zusammen mit den drei Töchtern der Kaiserin, der Prinzessin Beatrice und Prinz Heinrich von Battenberg. Die drei jungen Prinzessinnen sahen in ihren schwarzen, hochgeschlossenen Kleidern mit Tournüren entzückend aus. Ihre blonden Haare waren an der Stirn in Locken hochfrisiert. Das Laub vor den Fenstern warf grünschimmernde Schatten ins Zimmer, und die Prinzessinnen plapperten mit hellen Vogelstimmen mit ihrer Großmutter. Und doch war alles so schrecklich, und die Kaiserin weinte fast ununterbrochen.

Nachmittags fuhr die Königin durch die heißen, verträumten Straßen Berlins zur alten Kaiserin. Auch dieser Besuch war wie ein böser Traum. Die Königin ging allein hinauf und fand die alte Frau ganz in Schwarz vermummt auf einem Stuhle sitzend. Sie trug einen langen Witwenschleier und war eingeschrumpft und totenblaß.

Am nächsten Tage führte die Kaiserin etwas nach zwölf Uhr den Fürsten Bismarck als Besuch zur Königin. Solange sie noch weit von ihm in England saß, hatte er sich über den Ausgang eines Streites zwischen ihm und der „kleinen alten verwitweten Dame" mit großem Selbstbewußtsein geäußert und sie in seinen Gesprächen „Mama" und „die Ehestifterin" genannt. Nun begegnete er, als die Tür sich öffnete, den Augen der Königin. Wellington, Peel, Palmerston und Gladstone hatten alle nacheinander diesen Blick kennengelernt. Jetzt war der unbezwingliche Fürst Bismarck an der Reihe! Irgendwie brachte er es doch zuwege, auf den Stuhl zu gelangen, den sie ihm anbot, und auf ihre höflichen Bemerkungen zu erwidern. Sie schrieb in ihr Tagebuch, sie sei angenehm überrascht gewesen, ihn so liebenswürdig und freundlich zu finden. Den wahren Grund scheint sie nicht erkannt zu haben. Er sprach lange und ernst zu ihr von der Größe der deutschen Armee und von der gewaltigen Anzahl Soldaten, die man im Ernstfalle ins Feld stellen könne. Er erklärte ihr, es sei sein Hauptziel, Krieg zu vermeiden, und die Königin betonte, daß dieses Ziel in auffallender Übereinstimmung mit den Zielen Englands und Frankreichs stehe. Der Fürst pflichtete ihr bei, fügte aber hinzu, die französische Regierung sei so schwach, daß sie in alles mögliche hineingetrieben werden könne. Nach einer halben Stunde beendete die Königin die Unterhaltung.

Die Zeit verging beängstigend schnell. Die Königin wußte, daß sie ihren Schwiegersohn wahrscheinlich zum letzten Male lebend sah, und doch schien es ihr unfaßbar. Sie nahm lange Abschied von ihm, und als sie ihn küßte, bezwang sie sich, nicht in Tränen auszubrechen, und sagte zärtlich zu ihm, wenn er sich erst wieder kräftiger fühle, müsse er sie besuchen wie in den alten glücklichen Zeiten. Dann machte sie sich zurecht und fuhr mit ihrer Tochter zum Bahnhof. Als der Zug aus Charlottenburg hinausdampfte, sah sie die Tochter trotz ihrer Umgebung von Hofleuten ganz verlassen in Tränen auf dem Bahnsteig stehen, und ihr wurde weich ums Herz.

An einem dunklen Novembernachmittag, sieben Monate später, vernahm der Hof zu Windsor das Trompetensignal der Eskorte, und eine in tiefstes Schwarz gekleidete Frau, bis zu den Füßen in einen dichten Kreppschleier gehüllt, stieg aus dem Wagen und reichte allen die Hand. Aber sie konnte nicht sprechen. Sie weinte bitterlich.

Im hohen Alter

Bereits vor dieser Zeit hatte die heimliche Fehde zwischen der Königin und ihrem Enkel, dem neuen Deutschen Kaiser, begonnen. Er hatte sich nicht sehr verändert seit der Zeit, da er als guter, kleiner Junge auf der Hochzeit seines Onkels Eduard es fertig gebracht hatte, den Rauchtopas aus seinem schottischen Dolch herauszuklauben und durch das Kirchenschiff zu werfen, um seine jungen Onkel zu ärgern. Kaum war sein Vater tot, da machte er sich auch schon in seiner eigenartigen Mischung aus Hochmut und Scheu daran, seine Großmutter, soweit er es wagen durfte, herauszufordern. Aber seltsam genug: er vergaß keinen Augenblick seine Liebe und seine Achtung für sie. Seine Entgegnungen auf ihre freundlichen Verweise waren zwar etwas großsprecherisch im Ton; man merkte ihnen jedoch eine heilsame Furcht an. Gelegentlich scheint er sich auf seinen Eigensinn etwas eingebildet zu haben. Er rühmte sich Sir Edward Malet gegenüber, daß seine Mutter und er den gleichen Charakter hätten, die gute, hartnäckige englische Art, die nicht nachgeben konnte; sollten seine Mutter und er einmal uneins sein, dann würde sich eine schwierige Situation ergeben. Er hatte die Vermählung seiner Schwester mit dem Prinzen Alexander von Battenberg untersagt. Auf die freundlichen Vorhaltungen seiner Großmutter gab er kecke Antworten und erklärte ihr in aller Ehrerbietung, er sei entschlossen, genau das Gegenteil von dem zu tun, was sie vorschlüge. Denn ihre Ratschläge schienen ihm sehr oft nach Einmischung zu schmecken. Sie hatte ihm Vorschläge über den künftigen Witwensitz seiner Mutter gemacht und ihn ernstlich gebeten, mit ihr Geduld zu haben, wenn sie nach ihrer langen und furchtbaren Prüfung jetzt manchmal gereizt und erregt sei. Sie schrieb, er „solle sich nichts daraus ma-

chen". Das beweist, daß die Königin durchaus wußte, daß seine
Geduld auf die Probe gestellt wurde. Sie sprach in freundlicher
Weise die Erwartung aus, daß die Gerüchte nicht richtig seien,
die ihm die Absicht nachsagten, andere Herrscher zu besuchen,
da doch sein lieber, geliebter Papa erst seit drei Wochen bei-
gesetzt sei. Auf all dies erhielt sie eine ziemlich deutliche und
etwas prahlerische Antwort. Er tue doch sein Bestes, den Wünschen seiner Mutter zu entsprechen; er habe auch schon seine
Absicht zu erkennen gegeben, ihr etwas von seinem Kapital zu
übertragen; aber über ihre Wünsche wegen ihres Wohnsitzes be-
finde sich Onkel Bertie wohl im Irrtum. Hinsichtlich der Besuche bei anderen Herrschern glaubte der Kaiser sein Verhalten
am besten selbst beurteilen zu können. Allerdings sagte er das
seiner Großmutter nicht. Er schrieb nur, er beabsichtige, gegen
Ende des Monats die Flotte zu besichtigen und die Ostsee zu besuchen, wo er den Zaren im Interesse des europäischen Friedens
zu treffen hoffe. Wäre es möglich gewesen, den Besuch zu verschieben, dann hätte er es natürlich getan. Aber die Staatsinteres-
sen müßten privaten Gefühlen stets vorgehen. Und dann kam
die Wendung: „Wir Kaiser".

Am besten scheinen die Beziehungen zwischen dem Kaiser
und seiner Großmutter gewesen zu sein, wenn sie ihm Gelegenheit gab, sich neu zu kostümieren und in irgendeiner neuen Pose
aufzutreten; denn sobald er eine neue Uniform verliehen bekam, sah er sich sofort in der dazu passenden Rolle. Man konnte
sich keine größere Freude für den Kaiser denken als bei der Mitteilung des britischen Botschafters, daß er Admiral der britischen Flotte werden solle. „Welche Überraschung!" rief er aus,
„sich vorzustellen, daß man dieselbe Uniform wie St. Vincent
und Nelson trägt, – das genügt, einen ganz schwindlig zu machen!" Aber trotz seines Schwindelgefühls war er entschlossen,
in der ihm übertragenen Stellung sein Äußerstes zu leisten. Er
machte sich also daran, seiner Großmutter über die Ausgaben
für die Marine Ratschläge zu erteilen. Zunächst schien ihm die
vorgeschlagene Bewilligung von 21 Millionen Pfund für einen
Siebenjahresplan ausreichend. Aber nach einiger Zeit fühlte er
sich verpflichtet, die Königin darauf hinzuweisen, daß sieben
neue Schlachtschiffe zur Vergrößerung der Mittelmeerflotte zu

bauen seien, und später erklärte er, daß der Voranschlag von 21 Millionen Pfund verdreifacht werden müsse; denn es sei zu befürchten, daß sich Frankreich und Amerika gegen England zusammentun könnten.

Leider wurden sein Stolz und seine Freude über den Admiralsrang in der britischen Flotte vorübergehend durch die Aussicht getrübt, in Admiralsuniform aufs Pferd steigen zu müssen, um in diesem Aufzuge eine Parade der britischen Armee abzunehmen. Oberst Swaine erzählte Sir Henry Ponsonby, er habe erfahren, daß der Kaiser, der diese Möglichkeit vermeiden möchte, sich über die Verleihung einer britischen Militäruniform freuen und daß er am liebsten die Hochländertracht tragen würde. Aber aus irgendeinem Grunde mochte die Königin ihren Enkel nicht in einem Kilt sehen, und nichts konnte sie hier zum Nachgeben veranlassen. Er wurde jedoch nach drei Monaten zum Ehrenoberst der „Royals"[1] ernannt. Dadurch gehörte er, wie er seiner Großmutter erklärte, zur „thin red line of England"[2]. Er freute sich sehr, sein neues Regiment zu besuchen und „mit so vielen netten Waffengefährten zusammensein zu können".

Der Kaiser war für solche Gelegenheiten dankbar. Aber er fürchtete seine Großmutter ebenso, wie er sie liebte. Seltsam berührt eine Bemerkung in seinem Brief zu ihrem dreiundsiebzigsten Geburtstag: er bat, sie möge der Nestor oder die Sibylle Europas bleiben, geachtet und verehrt von allen, aber gefürchtet nur von den Bösen.

Seine Beziehungen zum Prince of Wales waren nicht mit der Ehrfurcht übertüncht, die er seiner Großmutter entgegenbrachte. Onkel Bertie hatte ihm früher immer das Gefühl der Unterlegenheit eingeflößt: er fühlte sich weniger weltgewandt, weniger selbstsicher und auch weniger sicher in seiner Kleidung. Aber jetzt war Onkel Bertie immer noch nichts weiter als der englische Thronerbe; sein Neffe dagegen war Deutscher Kaiser! Künftig sollte es Onkel Bertie zu fühlen bekommen, wer der Überlegene war. Kurz nach Kaiser Friedrichs Tode ereignete

---

[1] 1. Garde-Infanterieregiment. (Anmerkung des Übersetzers.)
[2] Spielt auf die rote Uniform an. (Anmerkung des Übersetzers.)

sich ein peinlicher Vorfall. Es wurde dem Prince of Wales berichtet, sein Neffe, der Kaiser, lehne es ab, mit ihm in Wien zusammenzutreffen. Hierfür gebe er – allerdings nicht dem Prinzen gegenüber, da kein Briefverkehr zwischen beiden bestand – folgende Gründe an:

1. Der Prinz habe zu einem russischen Großfürsten, der diese Bemerkung prompt weitergab, gesagt, daß Kaiser Friedrich, wenn er noch lebte, gewisse Zugeständnisse hinsichtlich des Elsaß, Nord-Schleswigs und der Ansprüche des Herzogs von Cumberland gemacht haben würde;

2. Prince und Princess of Wales hätten beide die Ansprüche des Herzogs von Cumberland dem Fürsten Bismarck in einer Privatunterhaltung dringend vorgestellt; dieser habe sich durch die Anwesenheit der Prinzessin gezwungen gesehen, freundlich zu antworten; der Prinz habe sich diesen Umstand zunutze gemacht, eine kurze Aufzeichnung der Antworten aufgesetzt und Bismarck zur Bestätigung vorgelegt;

3. Der Prince of Wales behandle ihn als Neffen und nicht, wie man einen Kaiser behandeln müsse.

Die Königin war sehr ungehalten und sagte zu Lord Salisbury, des Kaisers Beschwerde, er werde vom Prinzen als Neffe und nicht als Kaiser behandelt, sei zu niedrig und sinnlos, um Glauben zu verdienen. Es sei eine vollkommene Verrücktheit. Er werde genau wie sein geliebter Vater behandelt und wie sie selbst von ihrem Onkel, dem König der Belgier, behandelt worden sei. „Wenn er sich so etwas einredet", fügte sie hinzu, „ist es besser, er kommt niemals hierher. Die Königin wird diese Beleidigung nicht einstecken."

Schließlich gab der Kaiser bis zu einem gewissen Grade nach und ließ durch den Prinzen Christian mitteilen, daß die Behauptung, er habe den Prince of Wales nicht sehen wollen, eine Erfindung sei. Er wüßte gern, von wem diese Nachricht stamme. Der Prince of Wales erwiderte freundlich, er sei bereit, seinem Neffen aufs Wort zu glauben; er halte es für das beste, wenn ihm der Kaiser ein paar Zeilen des Bedauerns darüber schriebe, daß er einen solchen Eindruck hervorgerufen habe; dann wäre die Sache beigelegt. Auf diesen Vorschlag ging der Kaiser nicht ein. Er erklärte, daß er über eine Bemerkung, die er gar nicht gemacht habe, auch sein Bedauern nicht aussprechen könne. Er setzte aber hinzu, daß es ihm am Herzen liege, gegenseitiges Einvernehmen herbeizuführen und daß er den Prinzen in England zu sehen hoffe, – ein Umstand, der, wie Sir Henry Ponsonby zur Königin bemerkte, die Situation eher erschwerte als milderte. Der Prince of Wales gab sich jedoch in seiner gewöhnten Höflichkeit mit der Erklärung seines Neffen zufrieden, und der Zwischenfall führte schließlich dazu, daß der Kaiser seine langbegehrte Admiralsuniform erhielt; denn es mußte doch etwas geschehen, um die wieder angeknüpften freundschaftlichen Beziehungen zu festigen. Und dann kam es auch zu einem glücklichen Familientreffen.

Der Friede war wiederhergestellt, und der Geburtstag der Königin im nächsten Jahr bot ihrem Enkel Gelegenheit zu seinen gewohnten überschwenglichen, begeisterten Glückwünschen. Jeder Geburtstag war ein Familienereignis und vereinigte alle Mitglieder des Königshauses, die nur irgend zusammengebracht werden konnten. Die Königin wurde mit Sträußen und aber Sträußen von Maiblumen überschüttet. Ihre Enkelkinder kamen frühmorgens in ihr Schlafzimmer gelaufen, hüpften auf ihr Bett, schlangen ihre Ärmchen um sie und riefen ihr herzliche Glückwünsche zu. Dabei bestreuten sie sie ganz mit Maiblumen. Etwas später besichtigte sie das feierliche Aufziehen der Garde. Und am Abend spielten ihre kleinen Enkel und Urenkel ein Stück „Großmutters Geburtstag", das sie stets zu Tränen rührte.

Im Sommer frühstückte die Königin in Osborne morgens unter einem großen grünen Schirm auf dem Rasen und sah den Schatten zu, die über das Gras hinspielten. Nach dem Frühstück öffnete sie ihre Schreibmappe. Eine Weile später nahm sie Unterricht in Hindostani bei einem ihrer indischen Diener, die ihr seit dem Tode des guten Brown ständig aufwarteten; denn der Orient übte einen großen Zauber auf die Phantasie der Königin aus. So hatte sie zum Beispiel dem Kaiser von China die „Tagebuchblätter unseres Lebens im Hochland", die „Weiteren Tagebuchblätter" und „Das Leben Seiner Königlichen Hoheit des Prinzgemahls" zum Geschenk gemacht. Der Sohn des Himmels geriet über die verheißenen Gaben in einen solchen Erwartungs-

taumel, daß die Audienz, in der sie ihm überreicht werden sollten, auf seinen Befehl sofort stattfinden mußte. Die Bücher wurden in einer Sänfte in seinen Palast gebracht und vor dem Kaiser
auf den Tisch gelegt. Das ist nach chinesischer Sitte die höchste
Ehrung und Achtungsbezeugung. Von einer königlichen Hand
in das Land der Erika und des schottischen Fleischpuddings entrückt, sah der Sohn des Himmels das Band zwischen ihm selbst
und dem Britischen Reich gefestigt und das Einvernehmen
gefördert.

Inzwischen waren in den Jahren unmittelbar vor und nach
dem Regierungsjubiläum der Königin politische Verwicklungen
entstanden und wieder vorübergegangen. Aber jetzt im Alter
schien sie besser mit ihnen fertig zu werden. Schon im Jahre
1886 hatte das Home-Rule-Problem Ihrer Majestät große Sorge
bereitet, und sie war so weit gegangen, an Goschen und an „alle
gemäßigten, loyalen und wirklich vaterlandsliebenden Männer",
denen das Wohl des Reiches und der Krone am Herzen liege,
persönlich die Aufforderung zu richten, „sich über die Parteipolitik zu erheben und wahre Patrioten zu sein". Der Zorn der
Königin richtete sich wie gewöhnlich auch bei dieser Gelegenheit
gegen Gladstone. Sie erklärte Goschen, seine Pflichten gegen
Königin und Land gingen seinen Verpflichtungen Gladstone gegenüber vor. Dieser vermöchte anscheinend kraft irgendeiner
Magie sich selber einzureden, daß alles, was er tue und für das
er sich einsetze, richtig sei, selbst wenn man deswegen Schwarz
Weiß und Unrecht Recht nennen müßte. Nichts konnte die Königin davon überzeugen, daß Gladstone sich sehr für die Ehre
und die Macht seines Landes einsetze. Lord Palmerston, sagte
sie zu Lord Granville, habe diese hohe Eigenschaft besessen,
ebenso Lord Beaconsfield. Aber für Gladstone komme das
Wohl des Unterhauses und die Parteipolitik an erster Stelle, so
sehr sie auch anerkenne, daß er sich von der lautersten Gesinnung leiten lasse.

Neue Männer erschienen am Horizont. Einer der ungewöhn-
lichsten war Joseph Chamberlain, vor kurzem noch Republikaner, jetzt aber strenger Imperialist. Die Königin fand zunächst
keinen Gefallen an ihm. Im Jahre 1882 äußerte sie zu Lord
Granville, er sei Gladstones böser Geist. Zwar freute sie sich

zwei Jahre später über seine feste politische Haltung Ägypten gegenüber und fand ihn entschieden angenehmer und auch weniger aufdringlich in seinem Benehmen als Sir Charles Dilke. Aber dann nahm sie doch wieder Anstoß, als er sich einige Zeit danach in einer Rede mit der Zukunft des Oberhauses beschäftigte. Von nun an quälte die Königin Gladstone, er solle Chamberlain zurechtweisen, zurückhalten, die Heftigkeit seiner Reden zügeln, ihn verleugnen oder zumindest zwischen sich und seinem auf Abwege geratenen Kollegen einen Scheidestrich ziehen. Schließlich sah sich Gladstone genötigt, Ihrer Majestät zu erklären, daß er weder Macht noch Oberaufsicht über die Reden seiner Kollegen habe, soweit sie nicht etwa gegen eine Zusicherung verstießen, die er mit ihrer Genehmigung der Königin gegeben habe. Darauf beklagte sich Ihre Majestät bei Sir Henry Ponsonby darüber, daß Gladstone Chamberlains wegen Ausflüchte mache. So vornehm und ritterlich er war, er konnte doch seiner Herrscherin, der er mit Hingebung diente, nichts recht machen. Eine undurchdringliche Mauer trennte ihre völlig entgegengesetzten Charaktere; hinzu kam noch Gladstones herbe Art. Als er im Jahre 1892 Lord Salisbury in der Ministerpräsidentschaft ablöste, sah die Königin nur die furchtbare Gefahr, die für England, für ihr Riesenreich und für ganz Europa darin lag, daß „so große Interessen der zittrigen Hand eines alten, ungestümen und unbegreiflichen Mannes von zweiundachtzig und einem halben Jahr" anvertraut wurden.

Als Lord Landsdowne zum Abschluß seiner Amtsperiode als Vizekönig von Indien für das außerordentliche Großkreuz des Bath-Ordens vorgeschlagen wurde, machte Gladstone die Königin darauf aufmerksam, daß er selber das einfache Großkreuz des Bath-Ordens erst erhalten habe, nachdem er drei Kabinetten angehört hatte. Die Königin erwiderte, sie könne auch nicht für einen Augenblick zugeben, daß „Parteiverdienste großen politischen Diensten an Herrscher und Vaterland gleich zu erachten seien". Dies dürfte der schwerste Schlag gewesen sein, der den alten Mann jemals getroffen hat. Nun begriff er wohl auch, wie tief der Bruch zwischen ihm und der Königin war. Drei Wochen danach, am 27. Februar 1894, bat er um seinen Abschied. Als Gründe gab er sein hohes Alter und seine zunehmende Er-

blindung und Schwerhörigkeit an. Am folgenden Tage gewährte
ihm die Königin eine Audienz. Sie bemerkte, daß er sehr alt aussah und sehr schwerhörig zu sein schien. Sie bot ihm Platz an
und sprach ihr Bedauern über den Anlaß zu seiner Amtsnieder-
legung aus. Aber sie sagte nicht, daß sie sein Scheiden aus ihren
Diensten bedaure. Er redete sehr wenig und bemerkte nur, seine
Erblindung habe seit seinem Aufenthalt in Biarritz zugenom-
men. Dann sprach er von Auszeichnungen für einige seiner
Kollegen und von anderen gleichgültigen Dingen.

Drei Tage später machten Mr. und Mrs. Gladstone ihren letzten Besuch in Windsor. Am 3. März hatte die Königin nach dem
Frühstück ein Gespräch mit Mrs. Gladstone. Diese erklärte ihr
unter vielen Tränen, daß ihr Mann, welche Fehler er auch immer
begangen haben mochte, Ihrer Majestät und der Krone tief ergeben gewesen sei. Unter Tränen wiederholte sie es und bat um die
Erlaubnis, ihrem Manne sagen zu dürfen, daß auch die Königin
daran glaube. Die Königin stimmte zu. In ihrem Tagebuch bemerkte sie, sie sei überzeugt, daß es so gewesen sei. Aber
manchmal hätten seine Taten es ihr schwer gemacht, daran zu
glauben.

Das war alles! Kein Wort des Dankes für seine Ergebenheit, für
seine niemals versagende Ritterlichkeit, für seine Dienste war
gefallen. Er konnte es einfach nicht glauben, daß sie so von ihm
Abschied genommen haben sollte. Wohl in der Hoffnung auf
ein tröstliches Wort dankte er ihr in einem Brief für die „ihm bei
so vielen Gelegenheiten allergnädigst erwiesene Huld". In ihrer
Antwort sagte sie, sie möchte seinen Brief nicht gerne unerwi-
dert lassen und schreibe daher, um ihm zu sagen, daß er ihrer
Meinung nach recht daran getan habe, sich nach so vielen Jahren
schwerer Arbeit und Verantwortung in seinem Alter von seinen
Amtspflichten entbinden zu lassen. Sie wünsche ihm einen
friedlichen Lebensabend mit seiner trefflichen Gattin, Gesundheit, Glück und Besserung für sein Augenleiden. Sie würde ihm
mit Freuden die Peerswürde verleihen; aber sie wisse, daß er sie
nicht annehmen würde. Das war alles. Späterhin schrieb Gladstone in sein Tagebuch: „Der gütige, warmherzige Abschied
von Ponsonby mußte mir den Abschied von meiner Herrscherin
ersetzen." Drei Jahre später, am 22. März 1897, fand eine Wie-

derbegegnung zwischen der Königin und ihrem treuen, nun achtundachtzigjährigen Diener statt. Der alte Mann schrieb darüber: „Sie war ausgesprochen freundlich, wie ich sie eine ganze Zeitlang bis zu meinem endgültigen Scheiden aus dem Amt nicht gesehen habe. Sie gab mir die Hand, was sie, wie ich weiß, bei Männern ziemlich selten tut. Sie hatte mir mein ganzes Leben hindurch niemals die Hand gegeben, obgleich es doch wohlgemerkt auch Zeiten ganz entschiedener Gewogenheit gegeben hat."

Unterdessen war Lord Salisbury als Ministerpräsident und Minister des Auswärtigen durchaus nicht ohne Sorgen geblieben. Die Schwierigkeiten wurden dadurch vermehrt, daß Seine Majestät der König der Belgier, Onkel Leopolds Sohn, neue Gedankengänge in die auswärtige Politik eingeführt hatte und darauf brannte, Lord Salisbury zu seinem Vertrauen zu machen. Seine Eröffnungen waren tatsächlich so ungewöhnlich, daß dem bestürzten und doch so belustigten Lord Salisbury vor Staunen fast der Atem verging. Es begann damit, daß Seine Majestät Lord Salisbury am 5. Dezember 1895 im Auswärtigen Amt aufsuchte und „sich beinahe unvermittelt auf das Niltal stürzte". Er erging sich in dunklen Reden und spielte viel auf Geheimnisse an, die nicht bekanntwerden dürften, sowie auf Gelegenheiten, die nie wiederkommen würden. Er drang darauf, England solle sich Frankreich in die Arme werfen, ohne sich um Deutschland zu kümmern. Denn Frankreich reiße, wie es scheine, Rußland und Rußland reiße Deutschland mit sich. Die Sache sei daher sehr einfach; denn wenn England erst Frankreichs Unterstützung habe, sei es nur logisch, daß es auch bei Rußland und Deutschland Unterstützung finden werde. Auf Grund seiner beispiellosen Beliebtheit in Paris habe der König der Belgier von Frankreich gewisse Nachrichten bekommen, die ihn zu dem Wunsche veranlaßten, England möge einen Termin für die Räumung Ägyptens festsetzen. Als Lohn für diese Politik werde es Frankreichs Gunst erlangen und in der Lage sein, auf irgendeine geheimnisvolle Weise China dem indischen Reiche einzuverleiben, ohne auch nur einen Schilling auszugeben oder einen einzigen Soldaten zu verlieren. Sollte aber China unglücklicherweise zerfallen, dann würde, so versichere er Lord Salisbury, Ägypten an England zurückgegeben werden. Vor allem aber sei es schon in Englands eigenem Interesse nötig, daß es bei seinen Verhandlungen mit Ägypten den Khediven überrede, die Konzession für das Niltal von Khartum aufwärts einer bestimmten Persönlichkeit zu überlassen, die in den afrikanischen Angelegenheiten auf dem Laufenden sei. Lord Salisbury bemerkte, daß Seine Majestät zu bescheiden war, die besagte Persönlichkeit beim Namen zu nennen. Er sagte zu Sir Arthur Bigge, der König führe ganz offenbar Unfug im Schilde; er habe den Verdacht, daß er alle englischen Rechte, deren er im Niltal habhaft werden könne, an Frankreich verkaufen wolle. Lord Salisbury sagte dem König Artigkeiten über das höchst aufschlußreiche Gespräch, und damit war die Unterhaltung zu Ende.

Aber dabei hatte es noch nicht sein Bewenden. Am 17. Juni 1896 suchte Seine Majestät Lord Salisbury wieder auf und kam darauf zurück, daß der Khedive ihm auf Veranlassung Englands den zur Zeit in den Händen der Mahdianhänger befindlichen Teil des Nils verpachten solle. Diese Pacht schien er ausschließlich in Englands Interesse übernehmen zu wollen. Mit leidenschaftlichem Eifer verweilte er bei den großen militärischen Fähigkeiten der Mahdianhänger und wies auf den Nutzen hin, den England von ihren Diensten haben könnte. Wer aber sei geeigneter, sie willfährig zu machen, als der König der Belgier? Wenn er sie erst „gebändigt und zu gefügigen Werkzeugen Englands gemacht haben würde", so fuhr er fort, „dann stünden sie England für jede gewünschte Aufgabe zur Verfügung". Natürlich müsse England ihnen etwas Geld zahlen; aber das sei die einzige Vorbedingung. Es wäre eine glänzende Idee, sie für einen Einfall nach Armenien und für die Besetzung dieses Landes zu benutzen und auf diese Weise den fürchterlichen Metzeleien ein Ende zu bereiten, die damals die Welt in Schrecken versetzten. Lord Salisbury war sehr gerührt und belustigt von „der Vorstellung, daß ein englischer General an der Spitze eines Heeres von Derwischen von Khartum nach dem Wan-See marschieren sollte, um Mohammedaner an Christenmißhandlungen zu hindern". Seine Majestät hielt mehrmals in seinen Ausführungen inne; er wollte Lord Salisbury Gelegenheit geben, ihn um die Herbeiführung dieser wünschenswerten Neuerungen recht dringend zu bitten.

Aber Lord Salisbury hielt unerschütterlich an der Rolle des Zuhörers fest, und „schließlich blieb Seiner Majestät nichts anderes übrig, als sich verzweifelnd zu empfehlen, was unter vielen höflichen Redensarten geschah". Der kleinen alten Dame, die zu Osborne unter ihrem grünen Schirm auf dem Rasen saß, bereitete Lord Salisburys Bericht über diesen Besuch viel Vergnügen.

Wie sie da im Schein der Wintersonne saß, deren Wärme den Frühling ankündigte, wirkten die Schatten, die über ihr Greisenantlitz huschten, wie Spuren des Kummers, der über sie gekommen war. Vor fünf Jahren war ihr Enkel, der Herzog von Clarence, bald nach seiner Verlobung mit Prinzessin Mary von Teck an Lungenentzündung gestorben. Jung und geliebt, war er an der Schwelle des Glücks aus der Welt gegangen, die seiner bedurfte. Und jetzt sollte sie ein neuer Schicksalsschlag treffen. Ihr Schwiegersohn, die Sonne ihres Hauses, war zum Kampf ins Aschantiland ausgerückt. Bald kamen schlechte und immer schlechtere Nachrichten von ihm. Am 10. Januar 1896 trat Prinzessin Beatrice ins Zimmer der Königin, als sie sich gerade zum Essen zurechtmachte, und gab ihr ein Telegramm. Prinz Heinrich war an Fieber erkrankt; das Fieber war jedoch leicht. Es folgten sorgenvolle Tage zwischen Hoffnung und Angst – – und dann stand im Tagebuch der Königin: „Ein furchtbarer Schicksalsschlag hat uns getroffen." Sie hörte die Stimme ihrer Tochter sagen: „Das Leben hat mich verlassen." Dann herrschte Stille.

Die schnell dahinschwindenden Jahre hatten aber auch Freuden gebracht. Am 3. Mai 1893 hatte ihr Enkel Georg telegraphisch um ihre Zustimmung zu seiner Verlobung mit seiner Kusine, der Prinzessin Mary von Teck, gebeten. Fünf Tage darauf hatte sie mit ihm die Hochzeitsvorbereitungen besprochen. Sie hatte dabei im Garten des Buckingham-Palastes unter den Zweigen von rosa und weißem Hagedorn in ihrem Ponywagen gesessen. Dann kam der Hochzeitstag am 6. Juli, strahlend und schön, aber überwältigend heiß. Wie der Lärm zahlloser Bienenschwärme drang das Summen der Menge bis zum Bett der Königin. Als sie das Festkleid anlegte, ihre Hochzeitsspitze über einem leichten schwarzen Stoff und den Hochzeitsschleier unter einem kleinen Diadem, kam es ihr vor, als bestünde der

Julihimmel aus lauter blauen Blumen, Vergißmeinnicht und Eh-
renpreis. Die Braut trat in das Zimmer der Königin. Sie trug ein
schlichtes weißes Seidenkleid mit einem Muster von silbernen
Rosen, Klee, Disteln und Orangenblüten. Es war eine riesige
Menschenmenge versammelt, und alle schienen glücklich zu
sein. Nach der Trauung fand ein großes Essen statt, bei dem
alles fröhlich war und lachte. Dann fuhr die neue Herzogin von
York, jung und lieblich in ihrem weißen Popelinekleid, an der
Seite ihres Gemahls nach Sandringham.

Sechzehn Monate später heiratete wieder eine Enkelin, die
Tochter der verstorbenen Großherzogin Alice. Wie seltsam,
dachte die Königin an diesem Hochzeitstag, daß die sanfte,
schlichte kleine Alicky einst die großmächtige Kaiserin von
Rußland sein wird.

Mit der Weisheit des hohen Alters hatte die Königin ihren
Willen vollständig in ihre Gewalt bekommen. Dies und ihr ungewöhnlicher Weitblick machten ihre Größe aus. Die Selbstkon-
trolle befähigte sie jetzt auch, das Ungestüm anderer Menschen
zu bändigen. Ihrem Enkel Wilhelm, so überlegte sie sich beim
Durchlesen eines Berichts über seine jüngste Heldentat, mußte
etwas Verständnis dafür beigebracht werden, was er seiner ver-
antwortlichen Stellung schuldig war. Er mischte sich ein, gab
ungefragt seine Ansicht zum besten und war unberechenbar.
Das Jahr 1896 hatte mit einem Sturm in Südafrika begonnen, der
der Königin und ihrem Kolonialminister Chamberlain schwere
Sorgen bereitete. Drei Tage vor Neujahr fiel Dr. Jameson, der
Verwaltungsdirektor der British South Africa Company in Rho-
desia, mit vier- bis fünfhundert Mann in Transvaal ein, um vom
Präsidenten Krüger das Bürgerrecht, das er den „Uitlanders"
versagt hatte, zu erzwingen. Chamberlain telegraphierte sofort
an den Oberkommissar für Südafrika, daß er den Überfall miß-
billige, und befahl ihm, ein Ende zu machen. Aber Dr. Jameson
gehorchte dem Oberkommissar nicht und setzte seinen Marsch
fort, bis er am 2. Januar bei Doornkop auf eine Streitmacht der
Buren stieß. Er wurde nach mehrstündigem Gefecht geschlagen
und mußte sich ergeben. Nun war für Kaiser Wilhelm die Gelegenheit da, wieder einmal eine theatralische Pose anzunehmen.
Er verzichtete für einen Augenblick auf seine Rolle als Mitglied

der „thin red line", trat vielmehr als Streiter für die Unterdrückten auf und sandte zur grenzenlosen Verwunderung seiner Großmutter ein Telegramm an den Präsidenten Krüger, in dem er ihn beglückwünschte, daß er „gegen die bewaffneten Banden, die als Friedensstörer in sein Land eingefallen seien, die Ordnung wiederhergestellt habe". Diese Depesche rief einen Sturm der Entrüstung hervor, und der Prince of Wales sprach, wie schon öfter, die Erwartung aus, daß der Kaiser in diesem Jahre nicht bei der Regatta in Cowes erscheinen werde. Aber Ihre Majestät hielt es nicht für angebracht, ihren Enkel allzu scharf zurückzustoßen, da seine Mißgriffe auf Ungestüm und Selbstüberschätzung beruhten und deshalb Ruhe und Festigkeit die mächtigsten Waffen gegen ihn seien. Sie schrieb ihm daher einen entsprechenden Brief, der auch den gewünschten Erfolg hatte; denn der Kaiser erklärte seiner Großmutter, seine Depesche sei nur von Empörung eingegeben gewesen, da er in den Jameson-Räubern Rebellen gegen seine Großmutter erblickte, und er habe lediglich im Interesse des Friedens und der deutschen Kapitalanlagen in Transvaal gehandelt. Als der Brief Lord Salisbury gezeigt wurde, riet er Ihrer Majestät, alle Erklärungen des Kaisers gelten zu lassen, ohne ihre Stichhaltigkeit allzu genau nachzuprüfen. Der Kaiser habe stets die tiefste Liebe und Verehrung für seine Großmutter an den Tag gelegt; er habe das Telegramm wahrscheinlich in der Erregung abgefaßt. So wurde allmählich der Friede wiederhergestellt. Aber drei Jahre später schrieb die Königin an den Zaren, Wilhelm nehme leider jede Gelegenheit wahr, dem britischen Botschafter in Berlin zu versichern, daß Rußland alles, was es nur irgend tun könne, zum Schaden Englands unternehme, daß es anderen Mächten Bündnisangebote mache und sich tatsächlich mit dem Emir von Afghanistan gegen England verbündet habe. Sie fügte hinzu, daß sie, Lord Salisbury und der Botschafter von diesen Geschichten kein Wort glaubten; sie fürchte aber, er könnte sich zu Rußland genau so über England äußern. In diesem Falle hoffe sie, in Kenntnis gesetzt zu werden, damit man diesem schädlichen Treiben Einhalt gebieten könne. Und drei Monate danach schrieb der Kaiser an seine Großmutter in derartigen Ausdrükken über Lord Salisbury, daß sie sich veranlaßt sah, ihm mitzuteilen, sein Brief habe sie sehr in Erstaunen versetzt und sie zweifle, ob jemals ein Herrscher in solchen Ausdrücken an einen anderen Herrscher geschrieben habe, noch dazu, wenn dieser Herrscher die eigene Großmutter wäre.

Dieser Vorfall ereignete sich nur wenige Monate, nachdem er seiner geliebten Großmutter geschrieben hatte, er könne sich ihr Erstaunen darüber gut ausmalen, daß „der winzige kleine Balg, den sie oft in ihren Armen gehalten und den der liebe Großpapa in einem Tuch herumgeschwenkt habe", nun vierzig Jahre alt geworden sei. Er beglückwünschte sich selbst zu der Liebe einer sehr gütigen Großmutter und fügte hinzu, er wage zu hoffen, daß „wenn auch manchmal die Herrscherin über die Streiche ihres querköpfigen und ungestümen Kollegen den Kopf schütteln müsse, doch das gute und kluge Herz seiner Groß-mutter sich vergegenwärtige, daß, wo er irre, es niemals aus Treulosigkeit, böser Absicht und Unaufrichtigkeit geschehe. Und deshalb werde sie hoffentlich das Kopfschütteln durch ein heiteres Lächeln herzlicher Sympathie und Anteilnahme mil-dern". Aber das Kopfschütteln überwog das heitere Lächeln in der Tagebuchbemerkung seiner Großmutter: „Wilhelms vier-zigster Geburtstag. Ich wünschte, er wäre verständiger und we-niger impulsiv in diesem Alter."

Das Jahr nach dem mißglückten Jameson-Einfall brachte das diamantene Regierungsjubiläum der Königin. Sie erhielt Ge-schenke aus allen Teilen des Reiches, darunter vom Bürgermei-ster von Coventry als Gabe der Stadt ein Fahrrad. Dieses Ge-schenk machte Lord Salisbury einiges Kopfzerbrechen. Aber seine Bedenken wurden von der Königin zerstreut, und das Fahrrad wurde angenommen.

Am 21. Juli 1897, zehn Jahre nach der letzten Feier inmitten ihres Volkes, fuhr die Königin durch die dicht mit Menschen ge-füllten Straßen unter einem Triumphbogen mit der Inschrift „Unsere Herzen Dein Thron" hindurch von Paddington nach dem Buckingham-Palast. In der folgenden Nacht war es sehr warm, und die Königin konnte keine Ruhe finden. Wie anders war doch diese Nacht als jene vor sechzig Jahren, da ein junges Mädchen in seinem kleinen weißen Bett im Kensington-Palast lag und der fernen Musik lauschte . . . Jetzt ließ sich draußen vor dem Schloß keine Musik vernehmen, nur das Stimmengewirr der Menge.

Am nächsten Morgen frühstückte sie mit ihren verwitweten Töchtern, der Deutschen Kaiserin-Mutter und Prinzessin Beatrice, im Chinesischen Zimmer und sah dann eine kleine Weile dem Festzug zu. Welche Enttäuschung, daß die Spitze des Zuges mit den Kolonialtruppen schon am Schloß vorübergezogen war, ehe sie sich noch an den Frühstückstisch gesetzt hatte! Um viertel nach elf Uhr fur sie in einer offenen Staatskutsche ab, die von cremefarbenen Pferden gezogen wurde. Ihr gegenüber saß die Princess of Wales, die in ihrem lila Kleid schön und blaß aussah. Der Prince of Wales ritt neben ihr her. Die Menge jubelte, doch die Augen der Königin waren so trübe, daß sie kaum unterscheiden konnte, ob die Hunderttausende von Gesichtern Blumen oder Wellen oder Sterne waren . . .

Während ihrer vier letzten Lebensjahre sollte sie noch viele Veränderungen mit ansehen. Sie erlebte, wie Gordons Blut von Kitchener gerächt wurde, wie man die britische und die ägyptische Flagge über Gordons Palast in Khartum hißte und das Grab des Mahdi zerstörte. Sie wußte, daß ein Krieg „eine furchtbare Verantwortung vor Gott und den Menschen" bedeutet. Es gelang ihr auch, Krieg abzuwenden, indem sie zur Zeit des Faschoda-Zwischenfalls den Franzosen eine Demütigung ersparte. Aber Südafrika vermochte sie nicht vor dem Sturm zu bewahren, der im Oktober 1899 losbrach. Damals erteilte der Deutsche Kaiser wieder als Mitglied der „thin red line" militärische Ratschläge und beklagte sich am Weihnachtstag bei seiner Großmutter darüber, daß zwar die Engel gesungen hätten „Frieden auf Erden und den Menschen ein Wohlgefallen", daß es den Menschen aber schwerfalle, ihr Leben nach diesen guten und schlichten Worten einzurichten. Das alles sollte sie mit ihrem versagenden Augenlicht noch sehen, aber keinen Tag mehr, der den Glanz ihres Lebens so widerstrahlte, wie jener, da sie, von der Liebe ihres Volkes umbrandet, im Triumph durch die Straßen fuhr.

Letzte Ausfahrt

Es war am 15. Januar 1901. Eine Kutsche mit zwei alten Damen fuhr durch das violette Dämmerlicht der Wälder von Osborne. So tief war das Schattendunkel unter den Zweigen, daß man hätte meinen können, im Walde warteten schon die blassen, zarten Blumen auf den Vorfrühling. Aber es zeigten sich noch keine Knospen auf dem Waldboden, und die ersten Blätter regten sich noch nicht.

Die Königin von England und die verwitwete Herzogin von Sachsen-Koburg-Gotha fuhren Seite an Seite, halb im Traum, dahin. Die Königin war sehr müde. Der südafrikanische Krieg hatte ihr viel Kummer und Sorgen bereitet. Die Mutter des Volkes hatte im Vorjahre auf ihren Winteraufenthalt in Südfrankreich verzichtet, um Irland zu besuchen, das viele Rekruten für ihre Armee gestellt hatte. Unerschrocken fuhr die kleine Gestalt durch die Straßen, obwohl mit einem Anschlag auf ihr Leben gerechnet wurde. Sie war einundachtzig Jahre alt. Aber ihr kam es nur darauf an, ihre Pflicht gegen ihr Volk zu erfüllen. Sie verteilte Medaillen an ihre Soldaten, wie nach dem Krimkrieg vor vielen Jahren. Sie beschäftigte sich mit allen Einzelheiten des Feldzuges, mit der Brauchbarkeit der Uniformen und mit der Krankenpflege. Sie empfing Lord Roberts bei seiner Rückkehr aus Südafrika. Sie gewährte dem Kolonialminister Chamberlain eine Audienz und besprach mit ihm südafrikanische Angelegenheiten. Aber jetzt war sie müde und sehnte sich nach Schlaf.

Ihr war ein langes Leben zuteil geworden. Sie hatte den Beginn eines neuen Zeitalters erlebt. Am Tage ihres diamantenen Regierungsjubiläums hatte sie durch den Druck auf einen elektrischen Knopf ihrem Volk in den Dominien ihre Botschaft zukommen lassen. Ihre Welt war eine andere gewesen als die ihres

Vaters und ihrer Oheime. Sie hatte ein Telefon benutzt, war mit der Eisenbahn gereist; ihre Stimme war auf einer Grammophonplatte aufgenommen worden; ihre Photographie war bei ihren Untertanen verbreitet. Die Einrichtung der Krankenhäuser war von Grund auf reformiert, und das Chloroform, das Mr. Greville einst so in Staunen gesetzt hatte, befand sich jetzt allgemein im Gebrauch. Das Gesundheitswesen arbeitete gut und das Land wurde nicht mehr von entsetzlichen Typhus- und Cholera-Epidemien heimgesucht. Die Strafgerichtsbarkeit hatte Änderungen erfahren; die Schrecken der Deportation und der öffentlichen Hinrichtung waren beseitigt. Die Arbeitshäuser waren nicht mehr Bastillen für ihr Volk, und es gab auch keine Schuldgefängnisse mehr. Die Lebensbedingungen der Arbeiter waren wesentlich verbessert und die Löhne erhöht worden. Die Scheidungsgesetze waren nicht mehr so hart, und es wurden mehrfach Versuche unternommen, das so schwere Leben der unehelichen Kinder zu erleichtern.

All dieses Streben zum Licht, all diese Verbesserungen des menschlichen Schicksals waren während ihres Lebens aufgekommen. Aber jetzt war die Königin von England müde und ruhebedürftig. Es war still in den Bäumen, um die das Geheimnis des kommenden Frühlings wob. Als die Kutsche unter den violetten Zweigen dahinfuhr, schienen die Schatten länger zu werden; doch die Königin wußte, daß sie sich vor vielen Jahren ein Stelldichein gegeben hatte – – mit jemandem, der sie sicherlich hinter der Wegbiegung im Walde erwartete, dort, wo die Bäume am dunkelsten waren . . .

Und während sie im Halbtraum durch den Wald fuhr, sah sie einen jungen Menschen und ein junges Mädchen Hand in Hand zwischen den Winterbäumen dahinwandeln . . . Sie konnte die Stimme des jungen Menschen sprechen hören . . . eine Stimme, die sie gekannt hatte . . . vor vielen Jahren, als sie selbst noch jung gewesen . . . Wenn er sich doch umwenden und sie anschauen wollte! Sicher würde sie sein Gesicht erkennen.

Sonderbar! Sie hatte eigentlich geglaubt, in Osborne zu sein. Aber als sie die jugendliche Gestalt, das junge Gesicht erblickte, wußte sie, daß sie nun wieder in Windsor war . . . Es war der Tag, an dem Albert und sie sich fürs Leben vereinigt hatten.

Lebensdaten der Königin Victoria

Lebensdaten
der Königin Victoria

24. Mai 1819: Geboren im Kensington-Palast in London.

20. Juni 1837: Thronbesteigung.

28. Juni 1837: Krönung.

10. Februar 1840: Vermählung mit ihrem Vetter, dem Prinzen Albert von Sachsen-Koburg-Gotha.

14. Dezember 1861: Tod des Prinzgemahls.

1876: Annahme des indischen Kaisertitels.

21. Juni 1887: Fünfzigjähriges Jubiläum der Thronbesteigung.

22. Januar 1901: Tod der Königin.

Die neun Kinder der Königin: 1. Prinzessin Victoria, geb. 21. Nov. 1840, seit 1858 vermählt mit dem späteren Deutschen Kaiser Friedrich III. 2. Albert Eduard, Prince of Wales, später König Eduard VII., geb. 9. Nov. 1841, vermählt 1863 mit Alexandra, Tochter Christians IX. von Dänemark. 3. Prinzessin Alice, geb. 25. April 1843, vermählt 1862 mit Prinz Ludwig, später Großherzog von Hessen. 4. Prinz Alfred, Herzog von Edinburgh, geb. 6. August 1844, vermählt 1874 mit Großfürstin Marie von Rußland; wurde Herzog von Sachsen-Koburg-Gotha. 5. Prinzessin Helene, geb. 25. Mai 1846, vermählt 1866 mit Prinz Christian von Schleswig-Holstein. 6. Prinzessin Luise, geb. 18. März 1848, vermählt mit Marquis von Lorne. 7. Prinz Arthur, Herzog von Connaught, geb. 1. Mai 1850, vermählt 1879 mit Luise Margarete, Tochter des Prinzen Friedrich Karl von Preußen. 8. Prinz Leopold, Herzog von Albany, geb. 7. April 1853, vermählt 1882 mit Prinzessin Helene von Waldeck. 9. Prinzessin Beatrice, geb. 14. April 1857, vermählt mit Prinz Heinrich von Battenberg.

Bildrechte: Bild 1: Ullstein Bilderdienst – Bild 2, 5, 7 und 8: Deutsche Presse Agentur – Bild 6: AP – Die Bilder 3 und 4 verdanken wir den Verlegern der englischen Originalausgabe, Messrs. Faber & Faber Ltd., London.

CIP-Kurztitelaufnahme der Deutschen Bibliothek

Sitwell, Edith:
Victoria von England / Edith Sitwell. Dt. von
C. F. W. Behl. – Nachdr. – Frankfurt am Main:
Societäts-Verlag, 1986.
    Einheitssacht.: Victoria of England ⟨dt.⟩
    ISBN 3-7973-0438-2